毛陽光　主編

洛陽流散唐代墓誌彙編續集

中

國家圖書館出版社

洛陽流散唐代墓誌彙編續集

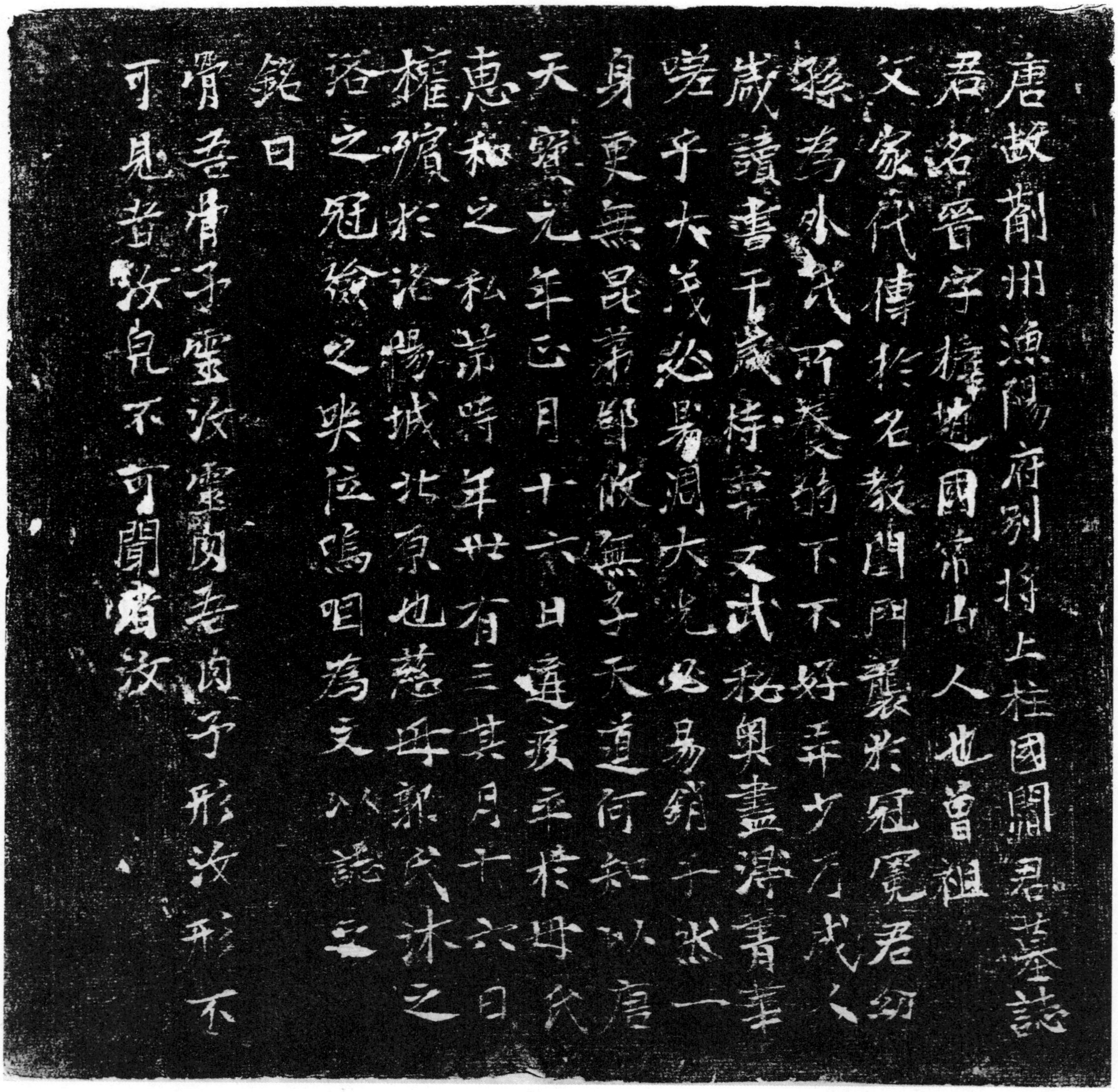

一五二 唐故薊州漁陽府別將上柱國閻君（晉）墓誌

天寶元年（七四二）正月十六日葬。

誌文十四行，滿行十六字。正書。誌長、寬均三十二厘米。

誌蓋篆書：大唐故閻府君墓誌銘

唐故薊州漁陽府別將上柱國閻君墓誌

君名晉，字搖，趙國常山人也。曾祖〔一〕，父。家代傳於名教，闔門襲於冠冕。君幼孫爲外氏所養，弱不不好弄〔二〕，少乃成人。歲讀書，干歲持華。文武秘奧，盡得菁華。嗟乎，大茂必易凋，大光必易銷。孑然一身，更無昆弟。鄧攸無子，天道何知。以唐天寶元年正月十六日遘疾卒於母氏惠和之私第，時年卅有三，其月十六日權殯於洛陽城北原也。慈母郭氏，沐之浴之，冠殮之。哭泣嗚咽，爲文以誌之，銘曰：

骨吾骨兮靈汝靈。肉吾肉兮形汝形。不可見者汝貌，不可聞者汝。

〔一〕此處空兩格，未刻字。

〔二〕此處衍出「不」字。

大唐故
高夫人
墓誌銘

一五三　大唐兵部常選高金胤妻夫人高氏墓誌銘

天寶元年（七四二）正月二十六日葬。

誌文二十七行，滿行二十七字。正書。誌長、寬均四十八厘米。

高金胤撰。

誌蓋篆書：大唐故高夫人墓誌銘

大唐兵部常選高金胤妻夫人高氏墓誌銘并序

故夫人高氏，左領軍衛將軍第二女也。夭桃二八，穠李千嬌。窈窕幽閑，處乎蘭室。胤叨承門裔，籍冑華宗。不揆己愚，將窺高媛。桄柯禮往，仰慕匡床。幸得秦恩，以成晉匹。娘子於是去將軍家之女，禮降胤室以婦儀。姿質越群，南國慚而屏氣；冀缺忠孝獨步，班婕愧以吞聲。於家母儀，於夫婦禮。心思箅尚，無能爲之，言口何欲乎談述。孟光爲婦，徒陳舉案齊眉；成夫，虛設如賓之禮。胤自設同牢，以申合巹〔一〕。類苔生依石，葛藟喬枝。喜荷榮宗，以成家業。願青松比固，白髮生容。何期禍忽斯生，良妻少夭。痛之之痛，酷復復酷。二孩幼小，一母尊年。長夜啼號，永日悲念。天何昧察，不矜慈母之心，不愍赤子之志。胤與孤鸞並翼，乖雙鳳翻空。感痛七年之重恩，亞二親之勞德。若□□成人，不求人庇。何憚自毀，以與同棺乎。撫育稚息，是存不亡。生相知心，死豈不察。嗚呼！日月遄速，遷運不駐。亡背秋末，俄及春初。痛切肝心，鏤銘肌骨。明識雖背，骸骨若存。當不忍即遷窆於佳城，權留斂於居室。雖言談有隔，眷志恒存。居不離左，起不遠傍。左執小孩，右懷長子。號念慈顔，悲傷重德。若凌虛折翮，濟海殘舟。彼岸達欲，何時翔霄，期無有日。痛哉！春秋卅有六，不幸而亡。何負愆享，不終百年之限。嗚呼，生死有異，人鬼殊途。同宅難安，久居違禮。鑽龜宅兆，筮卜決疑。大唐天寶元年歲次壬午正月丁未朔廿六日壬申遷殯國門南圓壇之前原也。牛崗岌岌，馬鬣峩峩。空白楊以颼飅，唯青松以蕭索。痛乎玉質凋零，仁心喪斃。禮無安室，瘞此荒墟。氣塞胸懷，痛貫心腐，乃成銘曰：

爲善餘慶，積惡禍因。仁德何或，矯述妄陳。若也其實，事運歸真。猗旟娘子，曷喪其身。談觝幼敏，忠孝爲親。加笄長達，温雅於人。松筠植性，皎鏡冰津。無垢無瑕，絶染埃塵。三星在户，爰奉嘉姻。四德馳譽，子以採蘋。愚情喜荷，敬奉如神。夭夭桃李，灼灼含春。何期風樹，薤露晞晨。胸塞荼苦，心結蓼辛。痛兮永別，七載同茵。悲傷瘞此，四絶其鄰。猗旟玉貌，蒿里長淪。孤心無託，號仰倉旻。勒銘鐫石，慟感□旬。

大唐天寶元年歲次壬午正月丁未朔廿六日壬申建

〔一〕「合巹」似爲「合卺」之誤。

一五四　唐故清河郡長史徐國公劉府君夫人解氏（淑）墓誌銘

天寶元年（七四二）十一月二十九日葬。

誌文十九行，滿行二十字。正書。誌長、寬均三十七厘米。

唐故清河郡長史徐國公劉府君夫人解氏墓誌銘

并序

夫人諱淑，其先雁門人也。曾祖抱，仕隨爲協律郎。祖顒，晦迹丘園，銷光衡泌。父子路，皇任漢州什邡縣令。惟祖惟父，或乂或謀。名器各擅於時，出處皆適其道。餘慶不泯，鍾美於斯。夫人即什邡府君之季女也。神授正性，天資令色。動且合儀，舉無遺事。甫自笄歲，歸於徐公。閫則必聞，閨風載穆。保是柔懿，和如瑟琴。親無間焉，家之肥也。鳲鳩之仁既遠，螽斯之慶實多。不吊昊天，徐公早世，而夫人撫幼稚訓以嚴慈，初聞孟母徙鄰，終見大家隨子。以此貞範，宜膺景福。穹蒼不惠，大禍遄臻。粵天寶元年正月廿四日終於滎陽郡之官舍，享年五十有四，即以其年十一月廿九日遷窆於洛陽縣清風鄉之原，從先夫，禮也。長子會，前清河郡臨清縣尉。次子爲，前滎陽郡參軍。並充窮永慕，欒棘摧心。喪致其哀，人見二連之泣；葬之以禮，吾□伯魚之孝。刻是貞石，紀是遺芳。銘曰：

宗雁門兮夫徐國，李爲顏兮蘭爲德。表陰政兮光閫則，命不淑兮神所惑。記同穴於高崗，北邙山兮南 帝鄉。兆永慕□不忘，鬱松柏之蒼蒼。

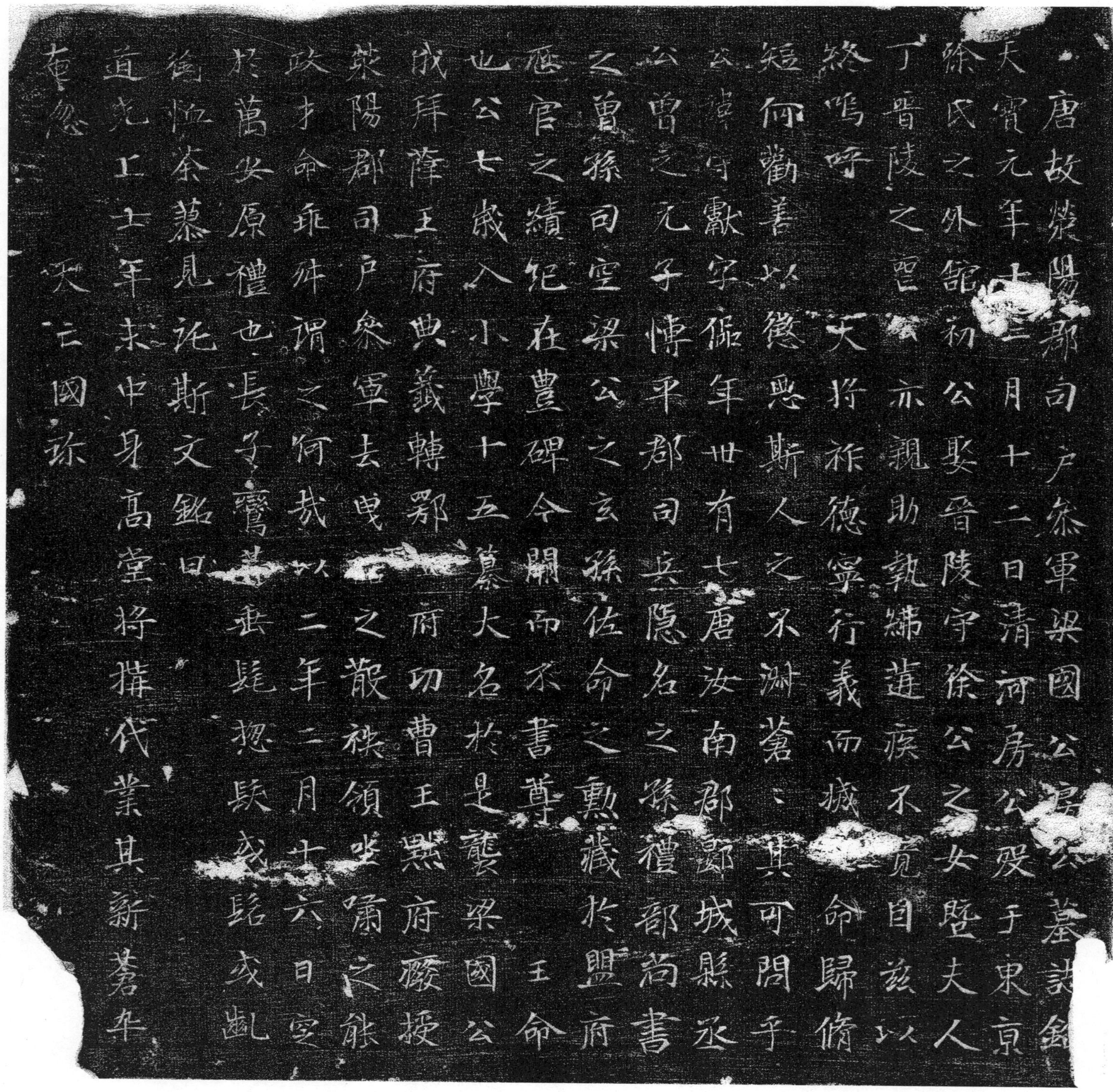

一五五　唐故滎陽郡司户參軍梁國公房公（守獻）墓誌銘

天寶二年（七四三）二月十六日葬。
誌文十八行，滿行十八字。正書。誌長、寬均三十八厘米。

唐故滎陽郡司户參軍梁國公房公墓誌銘

天寶元年十二月十二日清河房公歿於東京徐氏之外館。初公娶晉陵守徐公之女，暨夫人丁晉陵之喪。公亦親助執紼，遘疾不竟，因茲以終。嗚呼！　天將祚德，寧行義而滅□；命歸脩短，何勸善以懲惡。斯人之不淑，蒼蒼其可問乎。公諱守獻，字偘，年卅有七。唐汝南郡郾城縣丞公曾之元子。博平郡司兵隱名之孫。禮部尚書之曾孫。司空梁公之玄孫。佐命之勳，藏於盟府；歷官之績，紀在豐碑。今闕而不書，尊　王命也。公七歲入小學，十五纂大名，於是襲梁國公。俄拜薛王府典籤，轉鄂王府功曹。王黜府廢，授滎陽郡司户參軍。去曳裾之散秩，領坐嘯之能政。才命乖舛，謂之何哉。以二年二月十六日窆於萬安原，禮也。長子鸞□垂髫總髮，或髫或齔。銜恤荼蓼，見託斯文。銘曰：

道光上士，年未中身。高堂將構，代業其新。蒼卒奄忽，　天亡國珍。

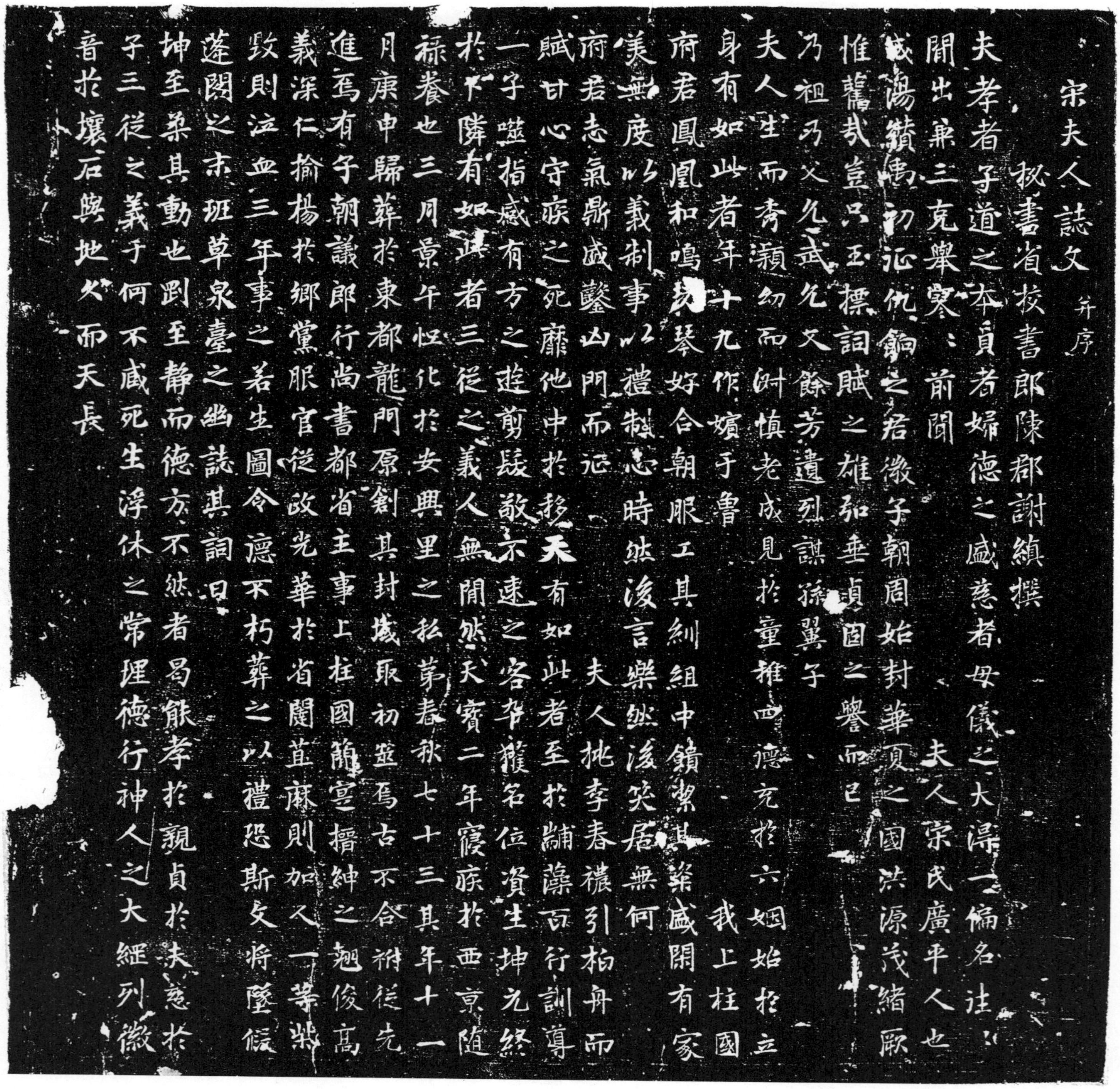

宋夫人誌文 幷序
秘書省校書郎陳郡謝縝撰
夫孝者子道之本貞者婦德之盛慈者母儀之大得一偏名往〻
聞出兼三克舉寔〻前聞 夫人宗氏廣平人也
盛湯績禹初泯仇餉之君微子朝周始封華夏之國洪源茂緒厥
惟舊哉豈只玉標詞賦之雄弘垂貞固之譽而已
乃祖乃父允武允文餘芳遺烈謀孫翼子
夫人生而秀穎幼而附慎老成見於童稚四德充於六姻始於立
身有如此者年十九作嬪于魯 我上柱國
府君鳳凰和鳴琴瑟好合朝服工其紃組中饋潔其粢盛閑有家
美無度以義制事以禮制志時然後言樂然後笑居無何
府君志氣鼎盛鑿山門而泯〻 夫人挑李春禯引柏舟而
賦甘心守疾之死靡他中於移天有如此者至於黼藻百行訓導
一子嗤指感有方之遊剪髮敬京速之客夲獲名位資生坤元終
於下隣有如此者三從之義人無間然天寶二年寢疾於西京隨
祿養也三月景午恆化於安興里之私第春秋七十三其年十一
月庚申歸葬於東都龍門原劉其封域取初蓋焉古不合祔從先
進焉有子朝議郎行尚書都省主事上柱國簡宣搢紳之翹俊高
義深仁揄揚於鄉黨服官從政光華於省闥苴麻則加人一等哭
致則泣血三年事之若生圖令德不朽葬之以禮恐斯文將墜假
蓬閣之末班草泉臺之幽誌其詞曰
坤至柔其動也剛至靜而德方不然者曷能孝於親貞於夫慈於
子三從之義于何不咸死生浮休之常埋德行神人之大經列徽
音於壤石與地久而天長

一五六　宋夫人誌文

天寶二年（七四三）十一月二十五日葬。

誌文二十四行，滿行二十五字。正書。誌長五十七厘米、寬五十六・五厘米。

謝縝撰。

誌蓋篆書：大唐故宋夫人墓誌銘

大唐故
宋夫人
墓誌銘

宋夫人誌文并序

秘書省校書郎陳郡謝縝撰

夫孝者，子道之本；貞者，婦德之盛；慈者，母儀之大。得一偏名，往往間出，兼三克舉，寥寥前聞。夫人宋氏，廣平人也。成湯纘禹，初征仇餉之君；微子朝周，始封華夏之國。洪源茂緒，厥惟舊哉。豈只玉標詞賦之雄，弘垂貞固之譽而已。　乃祖乃父，允武允文。餘芳遺烈，謀孫翼子。　夫人生而秀穎，幼而淑慎。老成見於童稚，四德充於六姻。始於立身，有如此者。年十九作嬪於魯，　我上柱國府君。鳳凰和鳴，瑟琴好合。朝服工其紃組，中饋潔其粢盛。閑有家，美無度。以義制事，以禮制心。時然後言，樂然後笑。居無何，　府君志氣鼎盛，鑿凶門而征；　夫人桃李春穠，引柏舟而賦。甘心守疾，之死靡他。中於移天，有如此者。至於黼藻百行，訓導一子。噬指感有方之遊，剪髮敬不速之客。卒獲名位，資生坤元，終於卜鄰，有如此者，三從之義，人無間然。天寶二年寢疾於西京，隨禄養也。三月景午怛化於安興里之私第，春秋七十三。其年十一月庚申歸葬於東都龍門原。創其封域，取初筮焉，古不合祔，從先進焉。有子朝議郎、行尚書都省主事、上柱國簡，寔搢紳之翹俊。高義深仁，榆揚於鄉黨；服官從政，光華於省闥。苴麻則加人一等，柴毀則泣血三年。事之若生，圖令德不朽；葬之以禮，恐斯文將墜。假蓬閣之末班，草泉臺之幽誌。其詞曰：

坤至柔其動也，剛至静而德方。不然者，曷能孝於親，貞於夫，慈於子。三從之義，于何不臧。死生，浮休之常理；德行，神人之大綱。列徽音於壤石，與地久而天長。

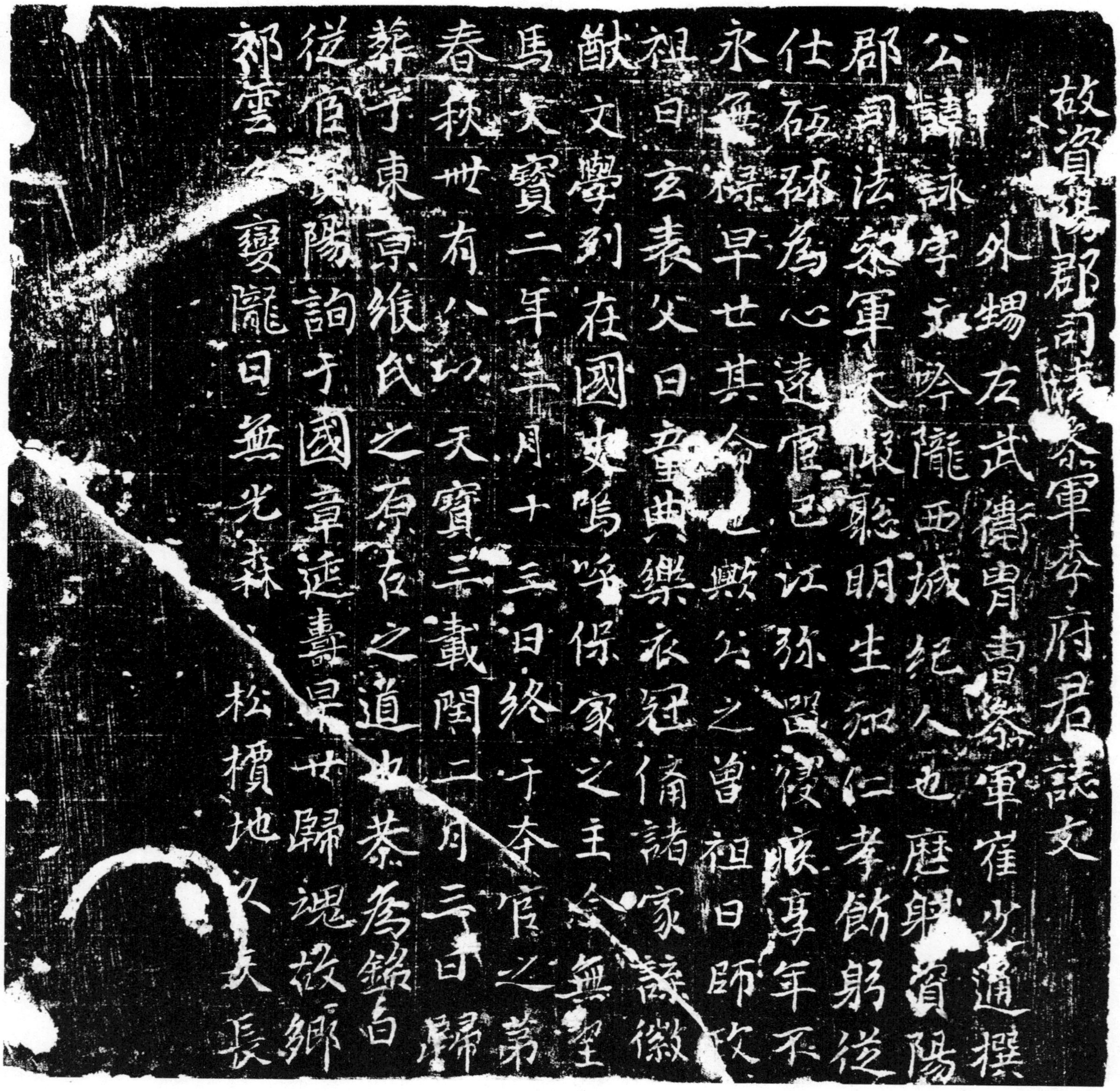
故資陽郡司法參軍李府君誌文
外甥左武衛冑曹參軍崔少通撰
公諱詠字文吟隴西城紀人也歷躬資陽
郡司法參軍天假聰明生知仁孝飭躬從
仕砥礪爲心遠宦巴江弥留寢疾享年不
永無祿早廿其命嗚呼公之曾祖曰師政
祖曰玄表父曰童典樂衣冠備諸家諜徽
猷文學列在國史嗚呼保家之主今無望
馬天寶二年三月十三日終于李官之第
春秋卌有八以天寶三載閏二月三日歸
葬于東京維氏之原古之道也恭爲銘曰
從官資陽詢于國章延壽早世歸魂故鄉
郊雲□變隴日無光森森松檟地久天長

大唐故
李府君
墓誌銘

一五七　故資陽郡司法參軍李府君（詠）誌文

天寶三載（七四四）閏二月三日葬。

誌文十三行，滿行十六字。正書。誌長、寬均三十一厘米。

崔少通撰。

誌蓋篆書：大唐故李府君墓誌銘

故資陽郡司法參軍李府君誌文

外甥左武衛胄曹參軍崔少通撰

公諱詠，字文吟，隴西城紀人也。歷職資陽郡司法參軍。天假聰明，生知仁孝。飭躬從仕，砥砯爲心。遠宦巴江，彌留寢疾。享年不永，無禄早世，其命也歟。公之曾祖曰師政，祖曰玄表，父曰童。典樂衣冠，備諸家諜。徽猷文學，列在國史。嗚呼，保家之主，今無望焉。天寶二年三月十三日終於本官之第，春秋卌有八，以天寶三載閏二月三日歸葬於東京緱氏之原，古之道也。恭爲銘曰：

從宦資陽，詢於國章。延壽早世，歸魂故鄉。郊雲色變，隴日無光。森森松櫝，地久天長。

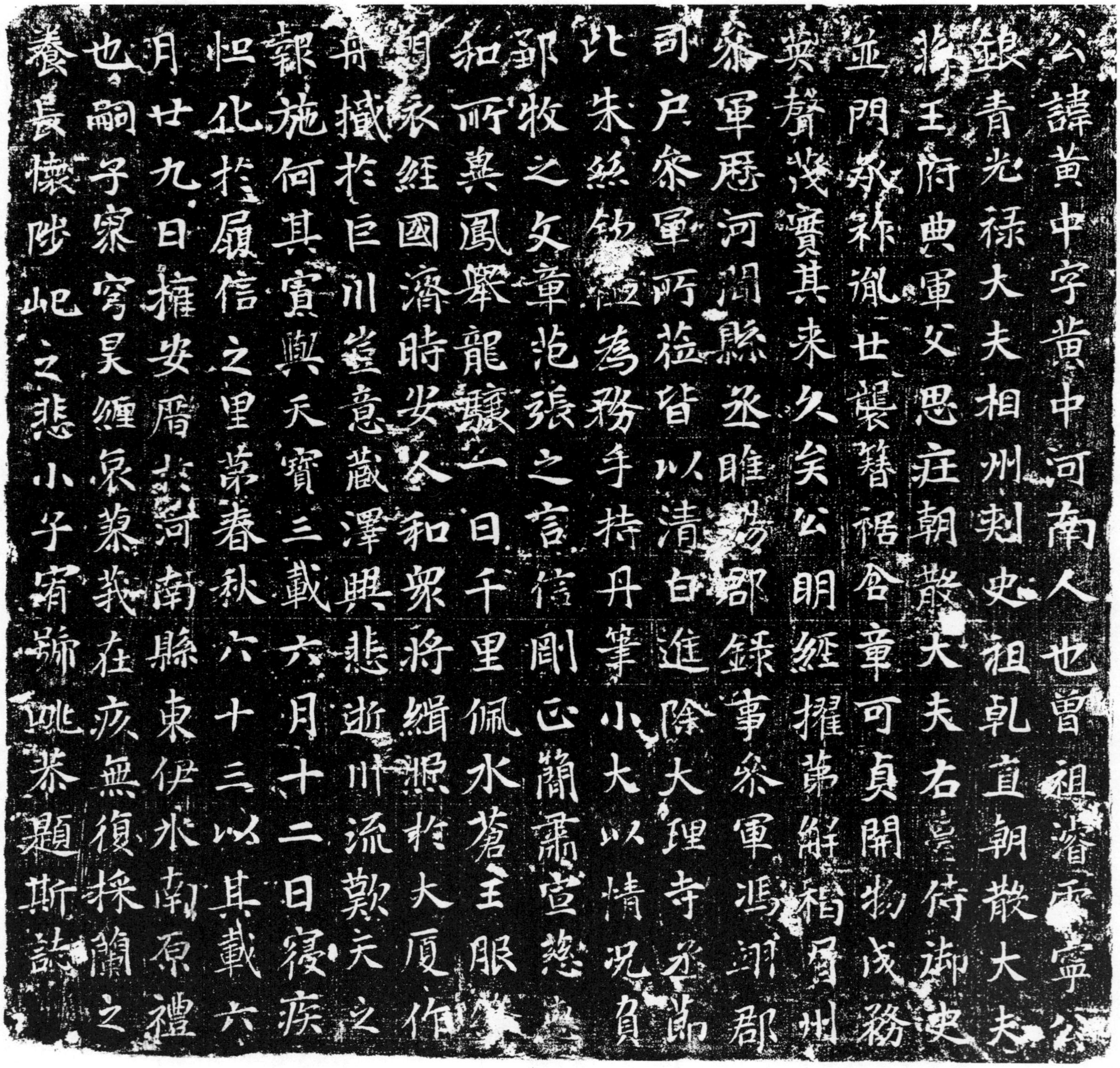

公諱黄中字黄中河南人也曾祖濬雲寧公
銀青光禄大夫相州刺史祖乹直朝散大夫
洛王府典軍父思莊朝散大夫右臺侍御史
並門承祚胤世襲簪裾含章可貞開物成務
英聲茂實其來久矣公明經擢第解褐貝州
參軍歷河間縣丞睢陽郡録事參軍馮翊郡
司户參軍所莅皆以清白進除大理寺丞節
比朱絲鉛極為務手持丹筆小大以情况負
鄒牧之文章范張之言信剛正簡肅宣慈惠
和所與鳳舉龍驤一日千里佩水蒼玉服[illegible]
朝衣經國濟時安人和衆將縉紳於大厦作
舟檝於巨川豈意藏澤興悲逝川流歎天之
録施何其實與天寶三載六月十二日寢疾
怛化於履信之里第春秋六十三以其載六
月廿九日權安厝於河南縣東伊水南原禮
也嗣子家窮昊纏泉慕義在疚無復採蘭之
養長懷陟屺之悲小子宥跡晚恭題斯誌

一五八　元黄中墓誌

天寶三載（七四四）六月二十九日葬。

誌文十七行，滿行十七字。正書。誌長、寬均三十四厘米。

元宥撰。

公諱黃中，字黃中，河南人也。〔一〕曾祖濬，圜寧公、銀青光禄大夫、相州刺史。祖乾直，朝散大夫、蔣王府典軍。父思　，朝散大夫、右臺侍御史。並門承祚胤，世襲簪裾。含章可貞，開物成務。英聲茂實，其來久矣。公明經擢第，解褐眉州參軍。歷河間縣丞、睢陽郡録事參軍、馮翊郡司户參軍，所莅皆以清白進。除大理寺丞。節比朱絲，欽恤爲務。手持丹筆，小大以情。況負鄒牧〔二〕之文章，范張之言信。剛正簡肅，宣慈惠和。所冀鳳舉龍驤，一日千里。佩水蒼王，服□朝衣。經國濟時，安人和衆。將緝熙於大厦，作舟楫於巨川。豈意藏澤興悲，逝川流嘆。天之報施，何其寡與。天寶三載六月十二日寢疾怛化於履信之里第，春秋六十三。以其載六月廿九日權安厝於河南縣東伊水南原，禮也。嗣子寥，穹昊纏哀，蓼莪在疚。無復採蘭之養，長懷陟屺之悲。小子宥，號咷恭題斯誌。

〔一〕墓誌無首題，誌蓋亦未見。據《唐代墓誌彙編》廣德〇〇一《元復業墓誌》記載：「曾祖濬，皇隨州刺史、左武衛大將軍、襲雲寧公。祖乾直，泗州刺史。父思莊，朝散大夫、右肅政台侍御史。」與該墓誌其家族世系記載基本吻合。則墓誌主姓元氏，黃中與復業爲兄弟關係。

〔二〕「牧」當爲「枚」之誤。

一五九　大唐故處士河南元府君（乘寶）墓誌銘

天寶三載（七四四）七月十二日葬。

誌文十八行，滿行十九字。正書。誌長、寬均三十厘米。

大唐故處士河南元府君墓誌銘并序

府君諱乘寶，字寶。左衛長史君尚客之孫，洛州司馬君彝憲之子。自後魏昭成皇帝歷周隨，洎　聖唐，衣冠禮樂，世爲遐範。君系中庸之元休，膺上德純祉。温恭茂淑，抑有令問。由是宗室少長，咸所冀焉。以爲高門有閲，君其克舉。嗚呼！天實不吊，殲我善人。以景龍元載十一月十五日終於立行里之私第。爾其　府君之資忠足以事君，體信足以變友，敏識足以辯物，强學足以通〔一〕。粤宜其以介眉壽，誕彰厥猷，命何言哉。爰速降禍，志或不遂，良可悲夫！矧乃伯道無子，安仁喪妻，則皆有之一，已甚矣。夫人太原郭氏，鄱陽太守懷仁公之孫，臨邛縣令襲志之女。允配兹德，宜爾室家。亦既令終，眷彼合祔。姪孟寬以仁崇敬，感乎窀穸。以天寶三載七月十二日從是龜兆，同窆於平樂原，禮也！恐代祀滋遠，名迹莫宣。俾昭厥庸，永固貞石。銘曰：

嗟嗟逝者兮盛德不滅，必齊之姜兮爰與同穴。佳城一閉兮不復發，松柏蕭蕭兮照秋月。

〔一〕「通」後疑有脱字。

大唐博陵崔君夫人隴西李氏墓誌銘并序
夫人姓李氏隴西成紀人也自京兆武昭王
以後一門三公為四海著族國史家諜詳
之矣祖雲麾將軍右衛將軍上柱國信都
開國男父朝散大夫濟王府諮議夫人
生而純懿長而敦睦故宗黨挹其芳猷中
[illegible]欽其令範年甫初笄適博陵崔君稟書
太家之明訓執宗伯姻之貞節由是閨門
之內睦如也嗚呼降年不永以天寶三載
八月十日終於河南縣政俗坊里之私第
粤以其月廿二日權窆於國南龍門鄉禮
也秋日蒼茫野亭蕭瑟痛游魂之不返託
貞石而為記乃為銘曰
洎洎逝川兮不復歸杳杳孤魂兮何所依悽涼
王[illegible]秋光輝兮寞松扃歌露晞

一六〇　大唐博陵崔君夫人隴西李氏墓誌銘

天寶三載（七四四）八月二十二日葬。

誌文十五行，滿行十六字。正書。誌長三十四厘米、寬三十六厘米。

大唐博陵崔君夫人隴西李氏墓誌銘并序

夫人姓李氏，隴西成紀人也。自凉武昭王以後，一門三公，爲四海著族，國史家諜詳之矣。祖雲麾將軍、右衛將軍、上柱國、信都縣開國男。父朝散大夫、濟王府諮議。夫人生而純懿，長而敦睦。故宗黨挹其芳猷，中外欽其令範。年甫初筓〔一〕，適博陵崔君。禀曹大家之明訓，執宋伯姬之貞節，由是閨門之内睦如也。嗚呼！降年不永，以天寶三載八月十日終於河南縣政俗坊里之私第。粵以其月廿二日權窆於國南龍門鄉，禮也！秋日蒼茫，野亭蕭索。痛遊魂之不返，託貞石而爲記。乃爲銘曰：

滔滔逝□不復歸，杳杳孤魂何所依。悽凉玉貌秘光輝，寂寞松扃歌露晞。

〔一〕「筓」疑爲「笄」之誤。

一六一　大唐故義王傅南陽張府君（敬輿）墓誌銘

天寶三載（七四四）十一月二十三日葬。

誌文三十五行，滿行三十六字。正書。誌長、寬均九十七·五厘米。

席豫撰，席巽書。

原石藏洛陽金石文字博物館。

大唐故義王傅南陽張府君墓誌銘并序

禮部尚書席豫撰

左拾遺席巽書

公諱敬輿，字敬輿，南陽西鄂人也。軒轅之胄，有文在手，左弓右長，以字成張，因得其姓焉。後因官太原，又爲祁人也。高祖伯珍，唐朝佐命功臣、開府儀同三司。曾祖偉度，屯田郎中、東萊太守。當撥亂之際，方識忠良；處承平之時，尤推政績，唐實録載矣。祖萬頃，晉陵郡別駕。考景慎，侍親不仕。龐統高才，終聞展驥；曾參至行，本自因心。考妣趙郡李氏，父玄素，通川郡石鼓縣令。胄實參華，道不偶俗。安卑下位，爲時所嗟。公弱不好弄，髫年知禮。專經下帷，昇堂入奥。宿衛附學，孝廉擢第解褐，判登甲科。授丹陽郡曲阿主簿，四載昇進，改魏郡昌樂尉。三載以清白遷京兆府雲陽尉。又以才能理劇，錐不處囊。制攝長安尉。又以離宮改葺，使奏判官。有功遷河清縣丞。未幾以府君寢瘵彌留，辭官侍疾。居家二載，丁府君憂。號泣無時，哀毀踰制。服闋，補益府兵曹掾，時本府長史兼採訪使竇懷貞坐嘯推賢，輶軒藉佐，以能見用，分按巴梁。課奏第一，拜監察御史。無何，以使主譴累，貶益府倉曹。未上，改廣陵郡江都縣令。絃歌周月，邑人大理，復拜監察御史。豈唯直指無回，抑乃方書見用，遷殿中侍御史兼東京留臺。鐵冠埋輪，則豺狼當路；繡衣持斧，則朝廷側目。遷户部員外，轉本司郎中，遂委公董逋逃勾隱没。能聲甚著，遷左司郎中。　皇上以神州務殷，赤縣難理，親擇茂宰，遂遷洛陽令。公乃革故弊，創新術，奸人斂迹，豪右折首，遷光禄少卿。且虞卿再徵，三珪遽執；馬安四至，九棘坐遷。除濟陰郡太守，改江陵郡長史，轉清河郡太守。或邑居齊魯，入禮義之鄉；或地處荆蠻，當梟離之俗。公乃隨事設教，觀風爲法。其俗不覺而易，其政不嚴而理。爰因會計，獻括户、安人策數條。　聖上美之，編諸恒典，遂見徵用，遷户部侍郎。屬江漢無年，黎人乏食，委公爲賑給使，復除江陵郡長史。下車數日，又以公學行通深，遷太子右庶子。在官二載，又以分憂寄重，除絳郡太守、滎陽太守。凡履歷臺省，中外遞遷。五十餘年廿五政，美聲善迹，不可勝紀。理絳郡、滎陽郡，猶江陵、清河也。且卓茂以德化見求，鄧彪以才名獲用，遂遷義王傅。於是西園雅宴，正陪飛蓋之樂；東逝馳波，屢有閲川之歎。常願避榮去職，有慕掛冠。辭老頻有誠請，　天心允從。遂遇疾以天寶三載九月十一日薨於河南府河南縣道德里私第，春秋七十有九。嗚呼哀哉！公藴德懷才，秉忠行孝。及褰帷侯服，步玉禮闈。遥思顧復之慈，願展哀榮之贈。表章頻請，　神鑒未迴。或甘露降於邑中，靈芝生於舍下。福應若此，餘可知焉。夫人潁川陳氏，懷淑順之儀，禀温柔之德。閨門之内，人無間言。享年卌，先君而逝。高祖叔達，陳義陽王。唐侍中、江國公。祖貞，水部郎中。考季江，吳郡吳縣令。兄義，秘書監、恒王傅。外叔祖竇懷貞，左僕射。則帝子帝孙，既賢且哲。宴會於室，則見聚星之文；遇盜於梁，遂有過庭之訓。衣冠禮樂，代所欽矣。啓彼舊塋，同歸新穴。以天寶三載十一月廿三日祔葬於河南縣梓澤鄉西邙原，禮也。吳江之劍，一夕還并；潘岳之魚，重泉再合。嗣子泚，前光禄寺丞。次子沐，平原郡蓨縣令。次子溢，平原郡將陵縣尉。莫不從事以忠，居家以孝。袁安之後，曰逢曰湯；楊震之胤，惟彪惟秉。咸執喪過禮，欒棘居心。投我故交，乃爲銘曰：

堂堂茂族兮諤諤英賢，挺生稀代兮偶運千年，宦因忠達兮名以孝傳。六典郡兮仁風扇矣，三執憲兮秋霜凛然。凡所在位，目牛無全。天道茫茫，哲人云亡。白駒何速，玄夜何長。朝發高堂，暮歸窀穸。千秋萬歲，音容永隔。唯有令名，存之貞石。

天寶三載歲次甲申十一月廿三日壬午建

大唐故南充郡太守太原郭府君京兆韋夫人誌銘并序
夫人諱華字文昭京兆城南人也家傳累葉長戟門羅禮樂衣
冠非君一族未軒耀野顧盼生風碩量洪儒著在青史
父諱建吳興郡司戶氣亮沖雅風神肅清動用知微貞而不
諒府君諱仙忠以奉　主邦家有聞潔白如玉行無塵點志
道術鍊丹致霄俄而炎生遂歸大夢嗚呼昊天不弔光掩
夜臺去天寶二載葬于伊闕之原所也將爲歲月未便啓納
有違擇吉將通後崇大禮　夫人賢明早修禮儀洗
著才超謝婦德越曹家鸞鏡縱明不搖其思方期壽踰金
石而景命不融倏焉禍至將歸泉戶天寶四載歲在乙酉
夏五月遘疾十九日丙子終於尊賢里之私第春秋卌
以其載秋七月丁亥朔十七日癸酉權殯河南縣龍門
鄉南王村北之原禮也嗣子郎々等歸天胃鷲擗地
滂血卜其宅地用措幽魄介其地連鳳闕勢接龍塏居
之中川帶山原之形勝營霸凝野愁雲靄空万歲窮泉
千秋松栢用飛翠琰遂勒休芳銘曰
彼美賢良嘉也無忒恭勤舅姑有典有則訓子以義誡之
以德哀哀劬勞永懷罔極其一亭亭孤墳寂寂長夜風
搖隴草日照松下羅幃蕙歇瑤琴響罷勒石幽
扃千齡靡化其二

一六二　大唐故南充郡太守太原郭府君（仙）京兆韋夫人（華）誌銘

天寶四載（七四五）七月十七日葬。

誌文二十行，滿行二十四字。正書。誌長三十七・五厘米、寬三十八・五厘米。

大唐故南充郡太守太原郭府君京兆韋夫人誌銘并序

夫人諱華，字文昭，京兆城南人也。家傳累葉，長戟門羅。禮樂衣冠，非君一族。朱軒耀野，顧眄生風。碩量洪儒，著在青史。　父諱健，吴興郡司户。氣亮冲雅，風神肅清。動用知微，貞而不諒。府君諱伷，忠以奉　主，邦家有聞。潔白如玉，行無塵點。志好靈術，鍊丹致霄。俄而灾生，遂歸大夢。嗚呼，昊天不吊，先掩夜臺。去天寶二載，葬於伊闕之原所也。將爲歲月未便，啓納有違。擇吉將通，後崇大禮。　夫人賢明早修，禮儀夙著。才超謝婦，德越曹家。鸞鏡縱明，不摇其思。方期壽踰金石，而景命不融。倏矣禍奔，將歸泉户。天寶四載歲在乙酉夏五月遘疾，十九日丙子終於尊賢里之私第，春秋卌八。以其載秋七月丁亥朔十七日癸酉權殯河南縣龍門鄉南王村北之原，禮也。嗣子郎郎等，號天骨驚，擗地泣血。卜其宅兆，用措幽魄。爾其地連　鳳闕，勢接龍堈。居之中川，帶山原之形勝。苦霧凝野，愁雲靄空。萬歲窮泉，千秋松柏。用憑翠琰，遂勒傳芳。銘曰：

彼美賢良，嘉之無忒。恭勤舅姑，有典有則。訓子以義，誡之以德。哀哀劬勞，永懷罔極。其一。
亭亭孤墳，寂寂長夜。風摇壟草，月照松下。羅幃薫歇，瑶琴響罷。勒石幽扃，千齡靡化。其二。

唐故中大夫廣平郡太守上柱國吴興沈君墓誌銘并序

一六三　唐故中大夫廣平郡太守上柱國吴興沈君（從道）墓誌銘

天寶四載（七四五）七月十七日葬。

誌文三十三行，滿行三十三字。正書。誌長七十二・五厘米、寬七十一厘米。

高勷庭撰。

誌蓋篆書：大唐故沈府君墓誌銘

大唐故
沈府君
墓誌銘

唐故中大夫廣平郡太守上柱國吳興沈君墓誌銘并序

朝議郎華原縣尉渤海高歇庭撰

公諱從道，字希言，姓沈氏，其先吳興烏程人也。代禄伊峻，今居洛京焉。自唐郊守祀，楚縣稱公。將頓子而會盟，及隱侯而得儁。沈羲以靈官授液，神遊元老之都；沈勁以上將分麾，名入忠臣之傳。世濟不隕，種德存焉。公隨開府儀同三司、鴻臚卿琳之曾孫。皇朝散大夫、陝州司馬士衡之孫。朝散大夫、比庫二部員外郎餘慶之子。承積善之丕緒，體冲和之淑姿。佩觿而明慧已彰，舞象而詩書足用。弱冠進士及第。解褐絳州翼城縣主簿，調補揚州江都縣丞，轉洛州密縣主簿，歷汴州司户參軍。學成蟻術，宦漸鴻飛。終韞價於椅桐，且卑棲於枳棘。持平爲政，清介立身。錐不處囊，鏡仍傍照。河南道按察使擢充判官。王臣謇謇，使者皇皇。黜陟幽明，旌別淑忒。軺車緊賴，具以名昇。遷少府監丞。加朝散大夫，改河南府河陽縣令。懿夫九貢是鍾，兼用萬邦之儁。蔡敬仲之居御府，即鍛龍泉；潘安仁之宰王畿，遽題蟬翼。尋遷比部員外郎、祠部郎中。漢除宦職，初置五人；晉重郎官，先求百里。握蘭之選，譽重朝端；伐枳之□，□聞州境。俄出爲舒州刺史。三載考績，六條惟允。入拜右司郎中。不忮不求，惟精惟一。公心奉上，直道事人。尋除軍器監。敹迺甲胄，立爾□矛；牣彼鐵官，充於玉府。遷太原府少尹，兼留守北都。井陘前塞，餘祁大藪。有郭伋之威惠，受蕭何之寄託。更歲，移冀州刺史。朱子元之果決，奸吏自驚；賈孟堅之仁明，貪夫解印。尋除蘇州刺史。無何，遷廣平郡太守。叢臺之下，袨服生風；闠門之前，滛哇落日。政聲一變，禮樂再張。悛喑嗚於吳趨，易豪華於趙際。公措心絃直，履道泉平。不撓法以求安，忤時權而見退。開元廿八年八月十五日，奉 敕歸丘園，鼓缶自歌，揮金取樂。以大唐天寶元載九月七日終於鞏縣之私第，春秋八十一。戒以儉葬，形於遺旨。公辰象麗精，山澤通氣。才無所假，識無遺鑒。四典州郡，三遊省閣。臨事必達，立誠必應。位不充量，天不與年。歷官滋多，家無餘積。撫育孤稚，猶己所生。詞翰若流，誦者盈口。每課最時，及官吏林攢，面書考詞，有如宿構。文集卌卷，見行於時。夫人毗陵縣君會稽虞氏，永興公世南之曾孫，龍州刺史謇之女。亦既有行，正位於内。戒攸遂之典，叶和鳴之繇。陰德無厚，旋愴先夫。以開元十三年二月十三日終於洛州温柔里之私第，春秋卌三。粤以天寶四載歲在乙酉七月丁巳朔十七日癸酉合葬於河南府北廿里邙山之陽，禮也。嗣子榮王府參軍務光等，愛敬哀戚，地義天經。卜其宅兆，送以芻靈。露滋草白，煙覆松青。生金刻字，屑凡題銘。嗚呼哀哉，銘曰：

粤有箭竹，東南之美。豈惟厥貢，實媿君子。凜凜貞節，堂堂容止。間氣挺生，應運攸仕。其一。履歷州郡，迴還省閣。介穴潛龜，毛群處鶴。直而不肆，謙而能約。始陟享衢，未翔寥廓。其二。日月逝矣，田園告歸。子孫筵列，邑里金揮。徂謝道盡，疇年事違。池平徑滅，昨是今非。其三。劍影俱沉，桐枝雙折。昔殊偕老，兹焉共穴。雷動魚飛，隅深蟻結。榮華歌笑，空餘像設。其四。卜洛之北，邙山之前。窮塵晝起，燐火宵然。蒼蒼松柏，琴瑟風□。□蕤玉樹，萬古千年。其五。

一六四　唐故滎澤縣尉蕭府君（希仞）兼夫人李氏祔墓誌銘

天寶四載（七四五）十月十二日葬。

誌文二十二行，滿行二十三字。正書。誌長、寬均四十三厘米。蕭閑撰。

誌蓋正書：李夫人志

李夫
人志

唐故滎澤縣尉蕭府君兼夫人李氏祔墓誌銘并序

元子閑撰

府君諱希仾，字勬庭，蘭陵人也。權輿漢相國何卅六代孫。□是厥後，蟬聯玉映。雲蔓瓜瓞，以至於南。梁氏作　武□□□文皇帝撥亂統天，辯方正位。星霜雨後，殆三百六十□□□。曾祖權，開府儀同三司、驃騎大將軍、徐國公。祖奉壹，給事中、左庶子。　彤庭秉哲，鄭默許以詞華；儲宮洵美，羅含歸其問望。考朏，博陵郡司兵、廣平郡司倉，襲爵徐國公。初屈范滂，再勞岑晊。府君即廣平之季子。幼聰悟，總角善屬文。載廿一，自文場舉科，試策高第。又應宣使舉及第，　敕授靈昌郡韋城主簿。又調授滎澤尉。　皇帝初以仇覽名譽，試在枳曹。有司再以公祖英音，復臨梅袟。豈謂才莫憖遺，天之降喪。即以開十九載五月廿日終於汜水待賢之私第，享載五十有三。以其載明月權厝於長樂之原，禮也。夫人趙郡李氏，祖庭堅，廣陵郡録事。父勛，長沙令。世稱殫綜，時曰干寶。郟人率禮，亦善子羔。夫人即長沙之第二女。柔範坤順，母儀天錫。柏舟自誓，孀卧崩心。風痃委壓，歲綿羸憊。壽考不永，謂之何哉。則以天寶三載十一月六日終於汲縣之私第，享載六十有六，即以明載十月十二日將祔於舊塋。胤子閏、年等，銜恤崩殞，號旻上訴。元子閑，訣終巔墜，追遠震裂。後來前志，甪訇筆札。銘曰：

相國昭爍，后君經緯。鍾哲載能，永錫貞懿。才高位下，道清時躓。蕙嘆宗伯，羅傷廷尉。黄中者坤，巽範其門。錡釜薦潔，撫孤道存。鍔之會水，桐亦歸根。海訛互兮[一]聲他籍，熠前烈兮彪後昆。

[一]「兮」爲小字，刻於「互」右下。

燉煌張府君琅琊王夫人高陽許夫人合祔誌石銘并序
猗歟龍有湫兮鳳有巢仙有洞兮人有室於是子結好秦
晉用成宜家則配偶貞良其來自久 府君在家惟孝于
國惟忠若以象賢景城大夫之子言其貽厥正議大夫之
孫自漢常山景王至隨太子洗馬揔廿二代並書史諒輝
家餘杭參軍事轉右武衛曹參軍至於述職公清為績
衣所擢藝兼文武時輩共稱以開廿二載 府君不祿知
者哀命已具前誌 府君婦我 夫人者以雅麗凤章聰
明素舉雖金石其秘而德義有聲昔敬仲之于飛未為吉
兆今貞姜之操行果得宜家暨入閨門信多惠愛不以侍
郎之妹富貴驕人保大家之心克諧中外夫人無子 府
君先娶瑯琊王氏早逝男女數人撫其遺孤所生無異退
觀內典深好禪居於龍門之南脩阿蘭若言其淨業得天
女之心想語其高蹤履如來之是跡豈其生滅境界雖賢
聖而不留代間難常隨古今而共盡 夫人以天寶三載
七月十二日終于脩善里第嗚呼哀哉代道交喪仁智同
斃嗣子銛等攀號罔極窮訴莫申天寶四載載次乙酉十
月建亥乙酉朔十八日壬寅卜以舊塋合祔禮也雙棺左
右同穴是期 先人之冥魂慰矣孝子之事親畢矣遂為
銘曰
日暫開平生感遇神道怡哉松柏已茂佳城安措重結幽
宮相逢如故書銘誌石式章泉路

一六五　燉煌張府君（珽）瑯琊王夫人高陽許夫人合祔誌石銘

天寶四載（七四五）十月十八日葬。

誌文二十二行，滿行二十二字。正書。誌長、寬均四十三厘米。

燉煌張府君瑯琊王夫人高陽許夫人合祔誌石銘并序

猗歟！龍有湫兮，鳳有巢；仙有洞兮，人有室。於是乎，結好秦晉。用成宜家，則配偶貞良，其來自久。府君在家惟孝，於國惟忠。若以象賢，景城大夫之子；言其貽厥，正議大夫之孫。自漢常山景王至隨太子洗馬，總廿二代，並書史諜。起家餘杭參軍事，轉右武衛胄曹參軍。至於述職，公清爲繡衣所擢。藝兼文武，時輩共稱。以開廿二載，府君不禄。知者哀命，已具前誌。府君歸我 夫人者，以雅麗夙章，聰明素舉。雖金石其秘，而德義有聲。昔敬仲之于飛，未爲吉兆；今貞姜之操行，果得宜家。暨入閨門，信多惠愛。不以侍郎〔一〕之妹，富貴驕人；保大家之心，克諧中外。夫人無子。 府君先娶瑯琊王氏，早逝。男女數人，撫其遺孤，所生無異。退觀内典，深好禪居。於龍門之南修阿蘭若。言其凈業，得天女之心想；語其高蹤，履如來之足迹。豈其生滅境界，雖賢聖而不留；代聞難常，隨古今而共盡。 夫人以天寶三載七月十二日終於修善里第。嗚呼哀哉！代道交喪，仁智同斃。嗣子銛等，攀號罔極，窮訴莫申。天寶四載載次乙酉十月建亥乙酉朔十八日壬寅卜以舊塋合祔，禮也。雙棺左右，同穴是期。 先人之冥魂慰矣，孝子之事親畢矣。遂爲銘曰：

古往今來，皆歸夜臺。于嗟幽户，此日暫開。平生感遇，神道怡哉。松柏已茂，佳城安措。重結幽賓，相逢如故。書銘誌石，式章泉路。

〔一〕據本書前收一一九《張珽墓誌》，侍郎即許景先。

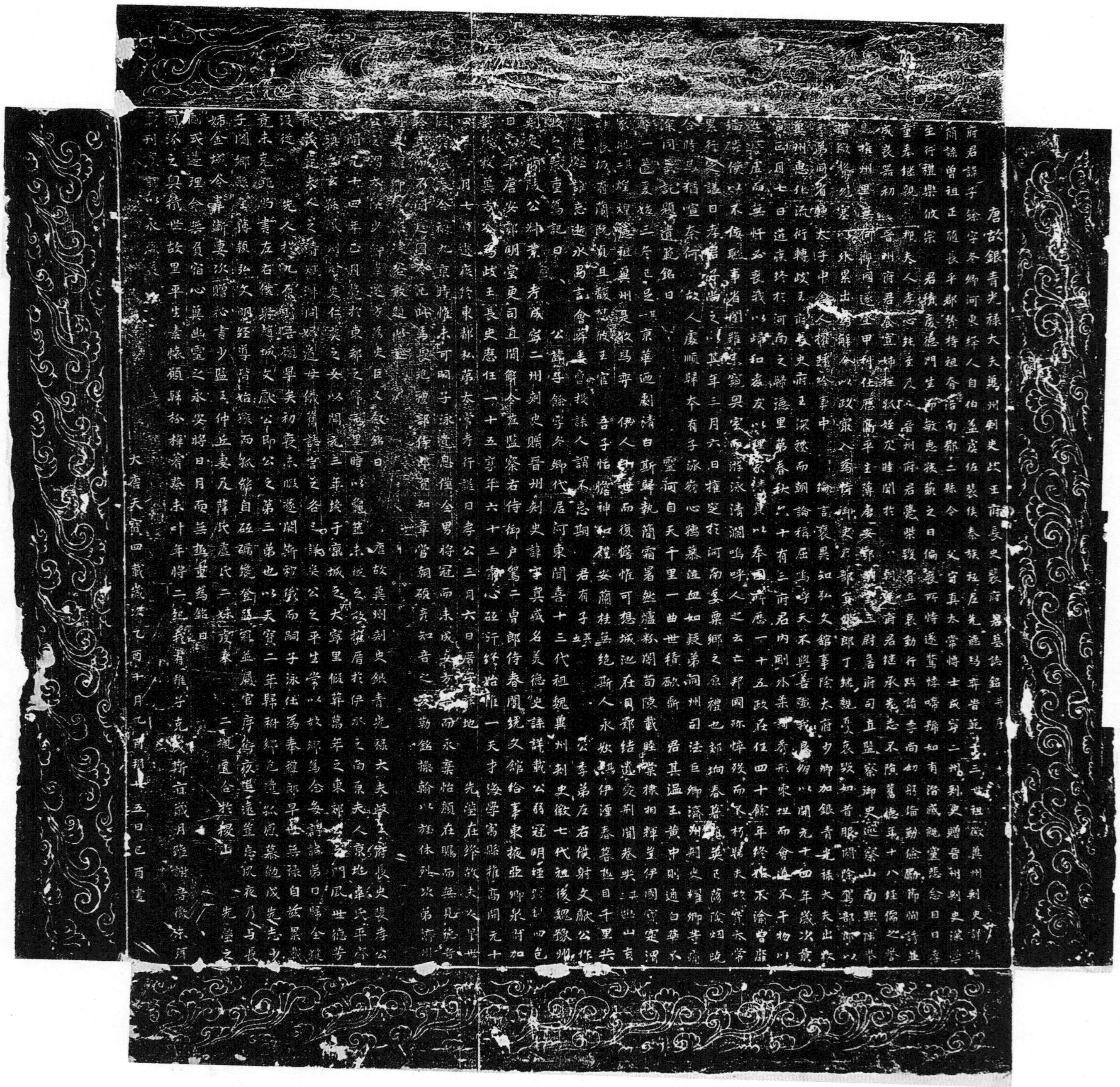

一六六　唐故銀青光禄大夫冀州刺史歧王府長史裴府君（子餘）墓誌銘

天寶四載（七四五）十月二十五日葬。

誌文四十行，滿行四十字。正書。誌長、寬均九十厘米。

賀知章、裴耀卿、韋述撰。

誌蓋篆書：裴孝公誌

唐故銀青光禄大夫冀州刺史歧王府長史裴府君墓誌銘并序

府君諱子餘，字冬卿，河東絳人。自伯益虞佐，裴侯秦族。祇尼先德，爲弈時範。十三世祖徽，冀州刺史，詳諸簡諜。曾祖正，隨長平郡贊持。祖脊，洛南、鄮二縣令。 父守真，太常博士、成寧二州刺史，贈晉州刺史。深學至行，禮樂攸宗。 君積慶德門，生而敏惠。孩藐之日，偏喪所恃，遂驚悸啼號，如有潛感。親黨悲念，目曰孝童。奉继親 柳夫人孝心純至，及 晉州府君薨。柴毁骨立，哀動行路。諸季尚幼，躬備勤儉。勵節恂誘，並成良器。初， 晉州府君養寡姊，撫孤侄，友睦聞於 朝廷。府君继承先志，不隕舊德。年十八，經儒之譽，見推州里。無何覲國，遂登甲科。仕歷高平主簿、唐安雩明堂三尉、詹府司直、監察御史。巡察山南，黜陟舉措，徽聲允塞。以外累出爲解令，以政最入爲侍御史、户部員外郎。丁继親憂，哀毁如昔。服闋，除駕部郎，以季弟同省，轉太子中舍人，擢拜給事中。 綸言褒異，知弘文館事，除太府少卿，加銀青光禄大夫。出牧冀州，惠化流衍。轉歧王府長史，府王深禮而朝論稱屈。嗚呼！天不與善，殲我良朋。以開元十四年歲次景寅正月七日遘疾終於河南之歸德里第，春秋六十有三。府君内剛外柔，詞秀行柬。坦而會道，不干物以邀譽；虚而無忓，必喪我以歸和。孝友以理家，清貞以奉國。所歷一十五政，在任四十餘年，終始不渝，曾靡緇磷。僕以不佞，聯事省闥，雖未窺奧室，而游泳清瀾。嗚呼！人之云亡，邦國殄悴。殁而不朽，歸夫故實。太常累行，定謚曰孝，君子尚之。以其年三月六日權窆於河南委粟鄉之原，禮也。郊垧春暮，惟英已落；陰煙曉合，時鳥猶喧。奈何 故人，處順歸本。有子泳，崩心孺慕，泣血如疑。弟同州司法巨卿、濟州刺史耀卿等，痛深同氣，託題遺範。銘曰：

靈河自天，千里一曲。世積歆鼎， 君其温玉。黄中則通，白華不□。一簣爰始，三冬已足。其一。京華迺劇，清白斯歸。執簡霜署，然爐粉闈。苟陳載睦，棠棣相輝。豈伊國寶，寔渭家肥。其二。煌煌德祖，冀州是牧。爲弈 伊人，十世而復。幨帷可想，城池在目。鄭結遺愛，荆聞巷哭。其三。幽山有材，長坂有蘭。既貞且馥，懋彼王官。 吾子恬憺，神和體安。蘭桂無絶，斯人永嘆。其四。伊瀍春暮，極目千里。共悲徙壑，誰忘逝水。曷言會葬，爰啻投誄。人謂不忘，期 君有子。其五。

公季弟左右僕射、文獻公作牧之歲，重爲記曰： 公諱子餘，字冬卿。代居河東聞喜。十三代祖魏冀州刺史徽，七代祖後魏豫州刺史、蘭陵公叔業， 考成寧二州刺史、贈晉州刺史諱守真。盛名美德，史諜詳載。公弱冠明經，踐劇四邑，曰高平、唐安、鄠、明堂，更司直，問解令，左監察，右侍御，户、駕二曹郎，侍春闈，統文館，給事東掖，亞卿泉府。加紫紱，牧冀方。入爲歧王長史。歷任一十五，享年六十三。秉心砥行，終始惟一。天才海學，宇縣推高。開元十四年正月七日遘疾終東都私第。太常考行，謚曰孝公，三月六日厝於茲地。 先塋在絳，故夫人早世，假葬咸秦，合祔九京，時惟未可。嗣子泳，遺息僅全，男將冠而未成，女方笄而永弃。怡顔在矚而無見，德音聆耳而不聞。遐圖令範，此焉長絶。禮部侍郎賀知章，當朝碩彦，知音之友。勒銘操翰，以旌休烈。次弟濟州刺史耀卿，痛深陵谷，敢題此記。

公之甥太僕少卿韋述方爲史臣，又叙銘曰： 唐故冀州刺史、銀青光禄大夫、歧王府長史裴孝公，以開元十四年正月薨於東都之歸德里。時以龜筮未從之故，權厝於伊水之南原。夫人京兆韋氏，平齊公瑱之玄孫，鳳州刺史仁爽之女。以開元三年終於京城之大寧里，假葬萬年之東郊。公之門風世德，芳猷茂範，夫人之清規淑問，婦道母儀，舊誌言之各已詳矣。公之平生常以故鄉爲念，每謂諸弟曰：「歸全護没，從 先人於九原，則吾願畢矣。」初喪未暇，遂闕斯禮。俄而嗣子泳仕爲奉禮郎，早世無禄，自茲累載，竟未克就。尚書左右僕射、趙城文獻公即公之第三弟也。以天寶二年歸祔鄉邑，遺孤感慕，勉成先志。少子閔鄉縣主簿潁、弘文明經導，皆始孩而孤，能自砥礪。纔登弱冠，並履官序。銜疚追遠，豈忘夙夜。乃與長姊金城令韋漸妻，次贈秘書少監王仲丘妻及薛氏、盧氏二妹，虔奉二櫬，還合於稷山 先塋之側，式遵理命，無負宿心。冀幽靈之永安，將日月而無極。重爲銘曰：

河汾之奥，積世故里。平生素懷，願歸枌梓。蓍蔡未叶，年將二紀。我有稚子，克成斯旨。歲月雖謝，音徽未弭。載刊寡詞，以永厥美。

大唐天寶四載歲次乙酉十月乙酉朔廿五日己酉建

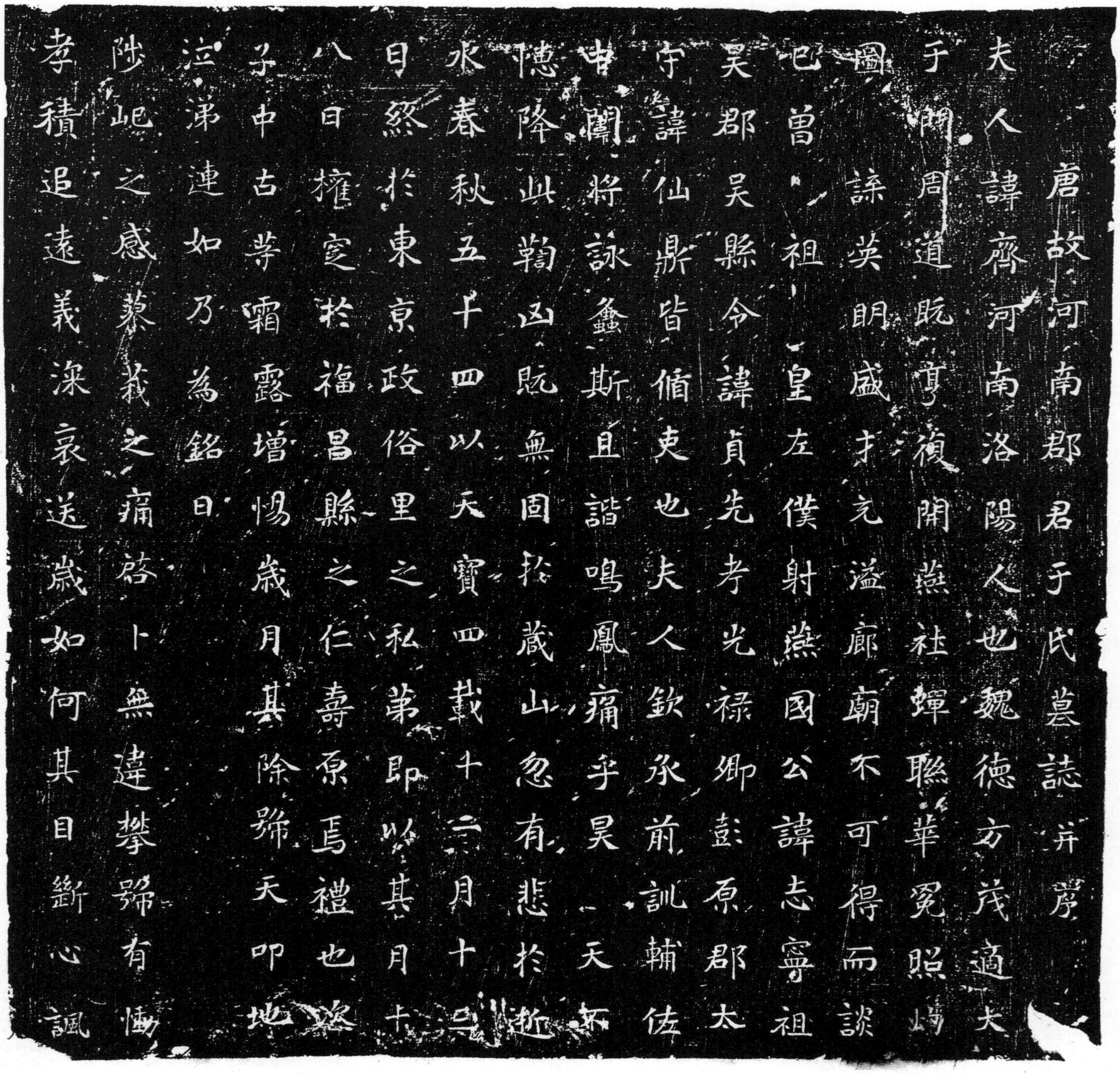
唐故河南郡君于氏墓誌并序
夫人諱齊河南洛陽人也魏德方茂適大
于門周道既亨復開燕社蟬聯華冕照灼
圖諜英明盛才充溢廊廟不可得而談
也曾祖皇左僕射燕國公諱志寧祖
吴郡吴縣令諱貞先考光禄卿彭原郡太
守諱仙鼎皆循吏也夫人欽承前訓輔佐
中闈將詠螽斯且諧鳴鳳痛乎昊天不
憖降與鞠凶既無固於蔵山忽有悲於逝
水春秋五十四以天寶四載十二月十
日終於東京政俗里之私第即以其月十
八日權窆於福昌縣之仁壽原禮也
子中古等霜露增惕歲月其除號天叩地
泣涕漣如乃為銘曰
陟屺之感蓼莪之痛啓卜無違攀號有慟
孝積追遠義深哀送歲如何其目斷心諷

一六七　唐故河南郡君于氏（齊）墓誌

天寶四載（七四五）十二月十八日葬。

誌文十六行，滿行十六字。正書。誌長四十五厘米、寬四十六厘米。

唐故河南郡君于氏墓誌并序

夫人諱齊，河南洛陽人也。魏德方茂，適大于門；周道既亨，復開燕社。蟬聯華冕，照灼圖　諜；英明盛才，充溢廊廟，不可得而談已。曾　祖　皇左僕射、燕國公諱志寧。祖吴郡吴縣令諱貞先。考光禄卿、彭原郡太守諱仙鼎，皆循吏也。夫人欽承前訓，輔佐中闈。將詠螽斯，且諧鳴鳳。痛乎！昊　天不憖，降此鞠凶。既無固於藏山，忽有悲於逝水。春秋五十四，以天寶四載十二月十三日終於東京政俗里之私第，即以其月十八日權窆於福昌縣之仁壽原焉，禮也。次子中古等，霜露增惕，歲月其除。號天叩地，泣涕漣如。乃爲銘曰：

陟屺之感，蓼莪之痛。啓卜無違，攀號有慟。孝積追遠，義深哀送。歲如何其，目斷心諷。

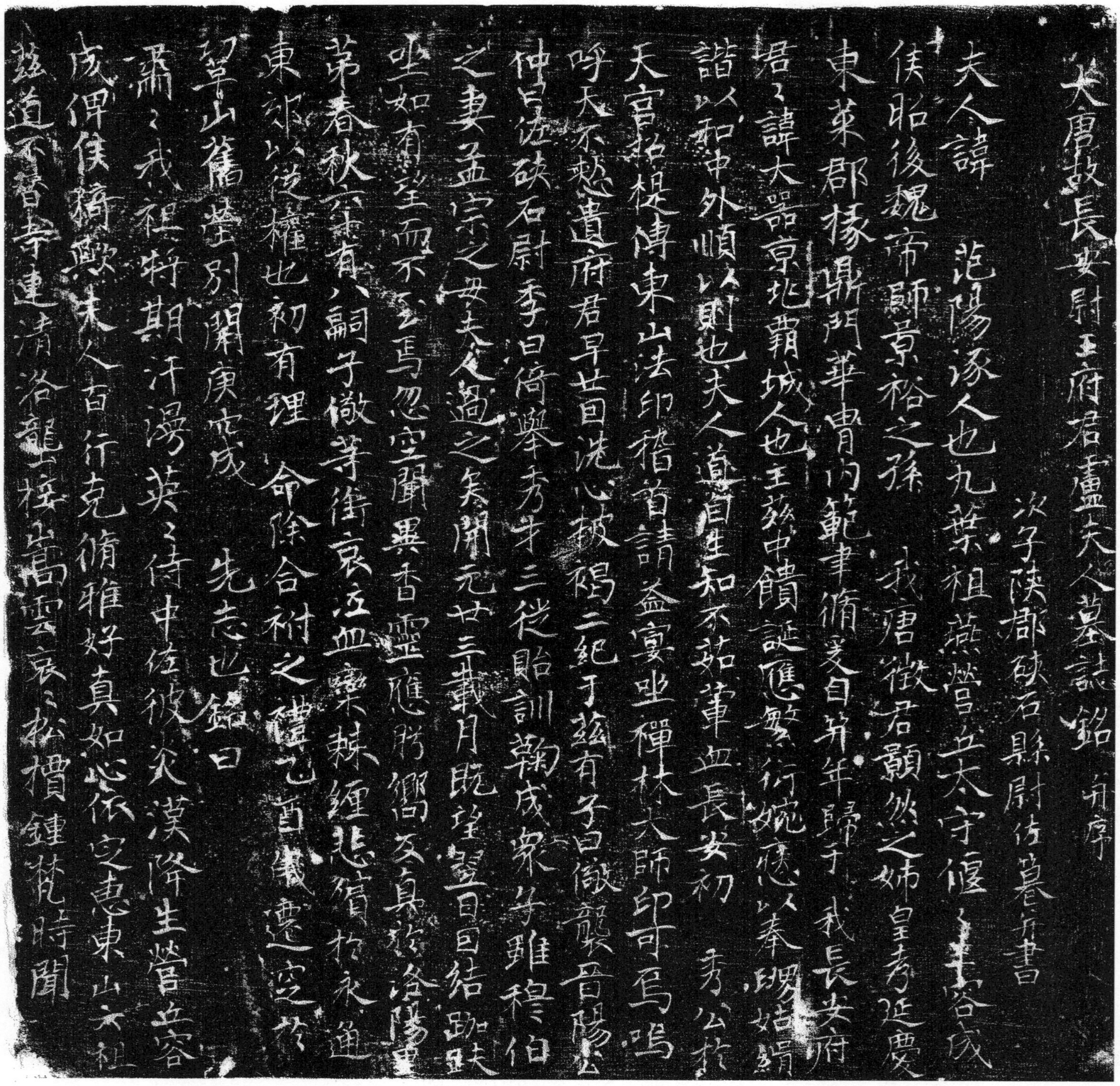

一六八　大唐故長安尉王府君（大器）盧夫人墓誌銘

天寶四載（七四五）遷葬。

誌文十八行，滿行字數不等。正書。誌長、寬均三十八·五厘米。王佐撰并書。

誌蓋篆書：大唐故王府君盧夫人墓誌銘

大唐故長安尉王府君盧夫人墓誌銘并序

次子陝郡硤石縣尉佐纂并書

夫人諱〔一〕　，范陽涿人也。九葉祖燕營丘太守偃，偃生榮成侯昭。後魏帝師景裕之孫。　我唐徵君顥然之姊。皇考延慶，東萊郡掾。鼎門華胄，內範聿脩。爰自笄年，歸於我長安府君。君諱大器，京兆霸城人也。主茲中饋，誕應繁衍。婉瘱以奉舅姑，緝諧以和中外。順以則也。夫人道自生知，不茹葷血。長安初，　秀公於天宮招提傳東山法印。稽首請益，宴坐禪林。大師印可焉。嗚呼！天不憖遺，府君早世。因洗心披褐，二紀於茲。有子曰儆，襲晉陽公。仲曰佐，硤石尉。季曰倚，舉秀才。三徙貽訓，鞠成衆子。雖穆伯之妻，孟宗之母，夫人過之矣。開元廿三載月既望翌日，因結跏趺坐，如有望而不至焉。忽空聞異香，靈應肹蠁，反真於洛陽里第，春秋六十有八。嗣子儆等銜哀泣血，欒棘纏悲。殯於永通東郊，以從權也。初有理　命，除合祔之禮。乙酉歲遷窆於鞏山舊塋，別開庚穴，成　先志也。銘曰：

肅肅我祖，將期汗漫。英英侍中，佐彼炎漢。降生營丘，榮成俾侯。猗歟夫人，百行克脩。雅好真如，心依定惠。東山六祖，玆道不替。寺連清洛，壟接嵩雲。哀哀松檟，鍾梵時聞。

〔一〕此處空一格，未刻字。

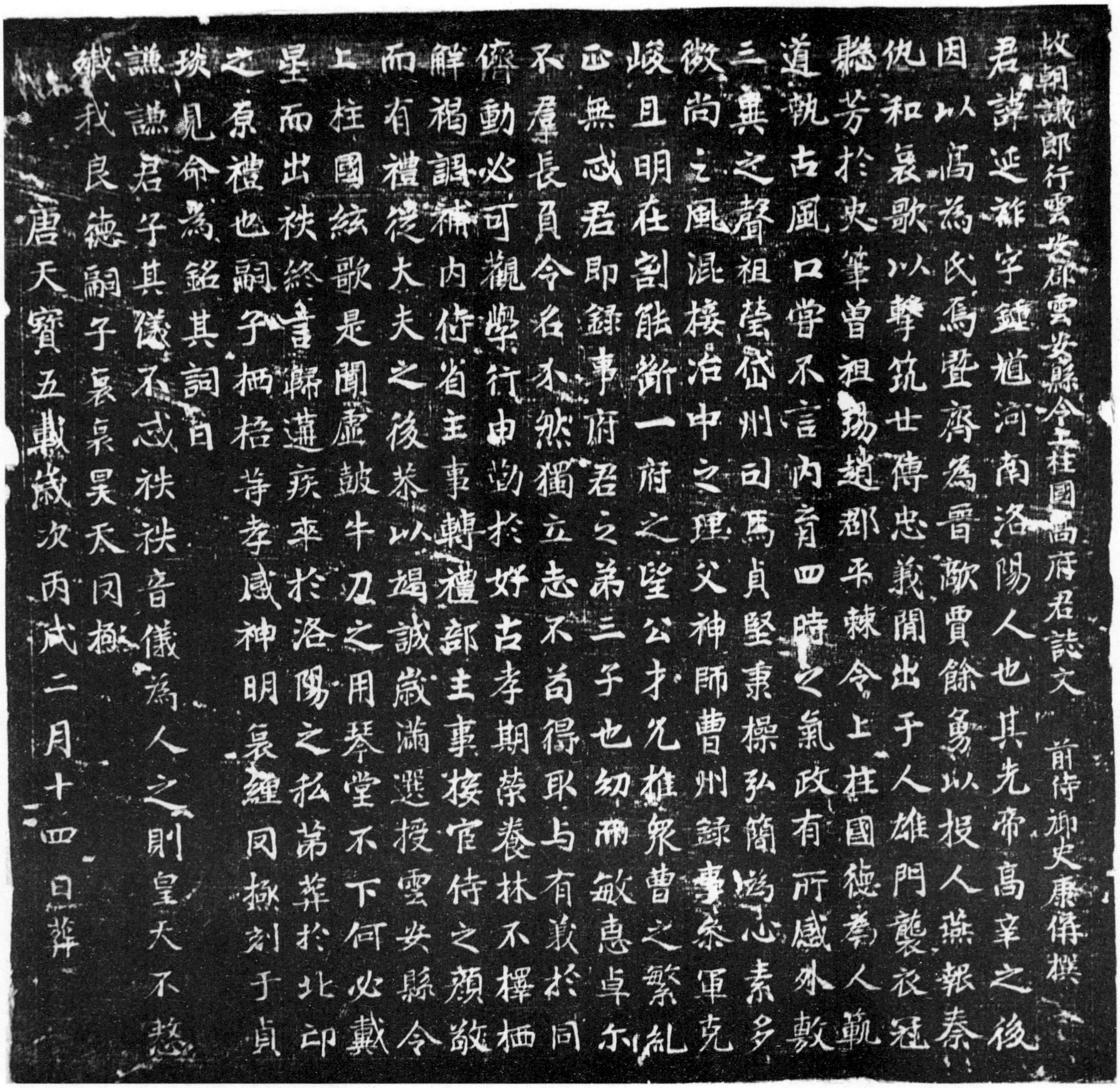
故朝議郎行雲安郡雲安縣令上柱國高府君誌文　前侍御史康偁撰
君諱延祚字鏈道河南洛陽人也其先帝高辛之後
因以高為氏為登齊為晉歙貫餘勇以投人燕報秦
仇和褭歌以擊筑廿傳忠義間出于人雄門襲衣冠
聯芳於史筆曾祖瑒趙郡平棘令上柱國德參人範
道軌古風口當不言內育四時之氣政有所感外敷
三異之聲祖瑩岱州司馬貞堅秉操弘簡為心素多
微尚之風混接治中之理父神師曹州錄事參軍克
峻且明在割能斷一府之望公才允雅衆曹之繁亂
正無惑君即錄事府君之弟三子也幼而敏惠卓尒
不羣長負令名不然獨立志不苟得取与有義於同
儕動必可觀學行由勤於好古孝期榮養林不擇栖
解褐調補內侍省主事轉禮部主事接官侍之顏敬
而有禮從大夫之後恭以竭誠歲滿選授雲安縣令
上柱國絃歌是聞虛鼓牛刀之用琴堂不下何必戴
星而出秩終言歸遘疾卒於洛陽之私第葬於北邙
之原禮也嗣子栖梧等孝感神明哀纏罔極刻于貞
琰見命為銘其詞曰
謙謙君子其儀不忒秩秩音儀為人之則皇天不憖
殲我良德嗣子哀哀昊天罔極
唐天寶五載歲次丙戌二月十四日葬

一六九　故朝議郎行雲安郡雲安縣令上柱國高府君（延祚）誌文

天寶五載（七四六）二月十四日葬。

誌文二十一行，滿行二十字。正書。誌長、寬均三十厘米。康偁撰。

誌蓋篆書：大唐故高府君墓誌銘

大唐故
高府君
墓誌銘

故朝議郎行雲安郡雲安縣令上柱國高府君誌文

前侍御史康倜撰

君諱延祚，字鍾馗，河南洛陽人也。其先帝高辛之後，因以高爲氏焉。曁齊爲晉敵，賈餘勇以投人；燕報秦仇，和哀歌以擊筑。世傳忠義，間出於人雄；門襲衣冠，聯芳於史筆。曾祖瑒，趙郡平棘令、上柱國。德爲人範，道執古風。口嘗不言，内育四時之氣；政有所感，外敷三異之聲。祖瑩，岱州司馬。貞堅秉操，弘簡爲心。素多微尚之風，混接治中之理。父神師，曹州録事參軍。克峻且明，在割能斷一府之望；公才允推，衆曹之繁糾正無忒。君即録事府君之第三子也。幼而敏惠，卓爾不群。長負令名，介然獨立。志不苟得，取與有義於同儕；動必可觀，學行由勤於好古。孝期榮養，林不擇栖。解褐調補内侍省主事，轉禮部主事。接宦侍之顔，敬而有禮；從大夫之後，恭以竭誠。歲滿，選授雲安縣令、上柱國。絃歌是聞，虚鼓牛刀之用；琴堂不下，何必戴星而出。秩終言歸，遘疾卒於洛陽之私第。葬於北邙之原，禮也！嗣子栖、梧等孝感神明，哀纏罔極，刻於貞琰，見命爲銘。其詞曰：

謙謙君子，其儀不忒。秩秩音儀，爲人之則。皇天不憖，殲我良德。嗣子哀哀，昊天罔極。

唐天寶五載歲次丙戌二月十四日葬

一七〇　唐故朝散大夫太常寺恭陵署□□□□□□滎陽縣君鄭氏□誌銘

天寶六載（七四七）二月三日葬。誌文二十四行，滿行二十五字。正書。誌長四十五厘米、寬四十三・五厘米。某欽撰。

唐故朝散大夫太常寺恭陵署□□□□□滎陽縣君鄭氏□誌銘并序

朝議郎行弘農郡□□□令欽

夫人鄭氏，滎陽開封人。恭陵盧府君之妻也。其先蓋宗周之胤。有若桓叔宣之母弟，實總卿士，俾光燕翼，□集大勳，啓土於鄭。世載明哲，荐膺司徒。劉項之初，以封命氏。肇自兩漢，逮□三國。有莊有興，有渾有袞，不隕其美，蔚爲盛門。高祖咸陽郡守詮，大王父秘書□元叡，王父舒州司馬弘勵，烈考亳州司馬晞。重光累徽，父父子□。□人司馬公之長女。生而敏惠，幼而懿淑。亦既有行，允配君子。□□□四年十二月廿八日封滎陽縣君，從夫之義也。夫唯鄭君□□□大宗也。衣冠半天下，姻娅推海内。威儀禮度，人所具瞻。若□□□標持，才邁夷等則必病己不逮，比予于毒；苟或巧智令詞，□□取媚則必受嗤群目，□□衆口。夫人進奉舅姑之養，退居先□之列。綽有餘裕，人無間言。豈其旨哉，諒難能矣。享年不永，彼蒼謂何？天寶四載十月十日寢疾終於宣範里第，春秋六十三。粤六載二月三日合祔於伊汭鄉之□先塋，禮也。昔者夫子云逝，諸孤□然。資以善誘，卒成名器。長子鉅鹿郡堯山縣尉叔英，不幸早世。□子季英、少英等克念前訓，永思罔極。以欽在親懿之末，見託□文。詞曰：

有美一人，作合如賓。學富詩禮，工敷組紃。才優邁德，淑映彝倫。訓自中饋，風行外姻。其一。其才伊何，宗族師授。其淑伊何，閨房持秀。宜膺寵秩，封彼石窌。垂懿方來，克昌世胄。其二。于嗟逝川，有慟流年。夫極中壽，俄歸下泉。平生古地，宿昔荒埏。劍往同匣，琴亡□絃。其三。廣陌南開，連山北聳。差池昭穆，□□丘壟。楸烈烈而已行，柏森森而就拱。苟神理之不昧，庶即安於所奉。其四。

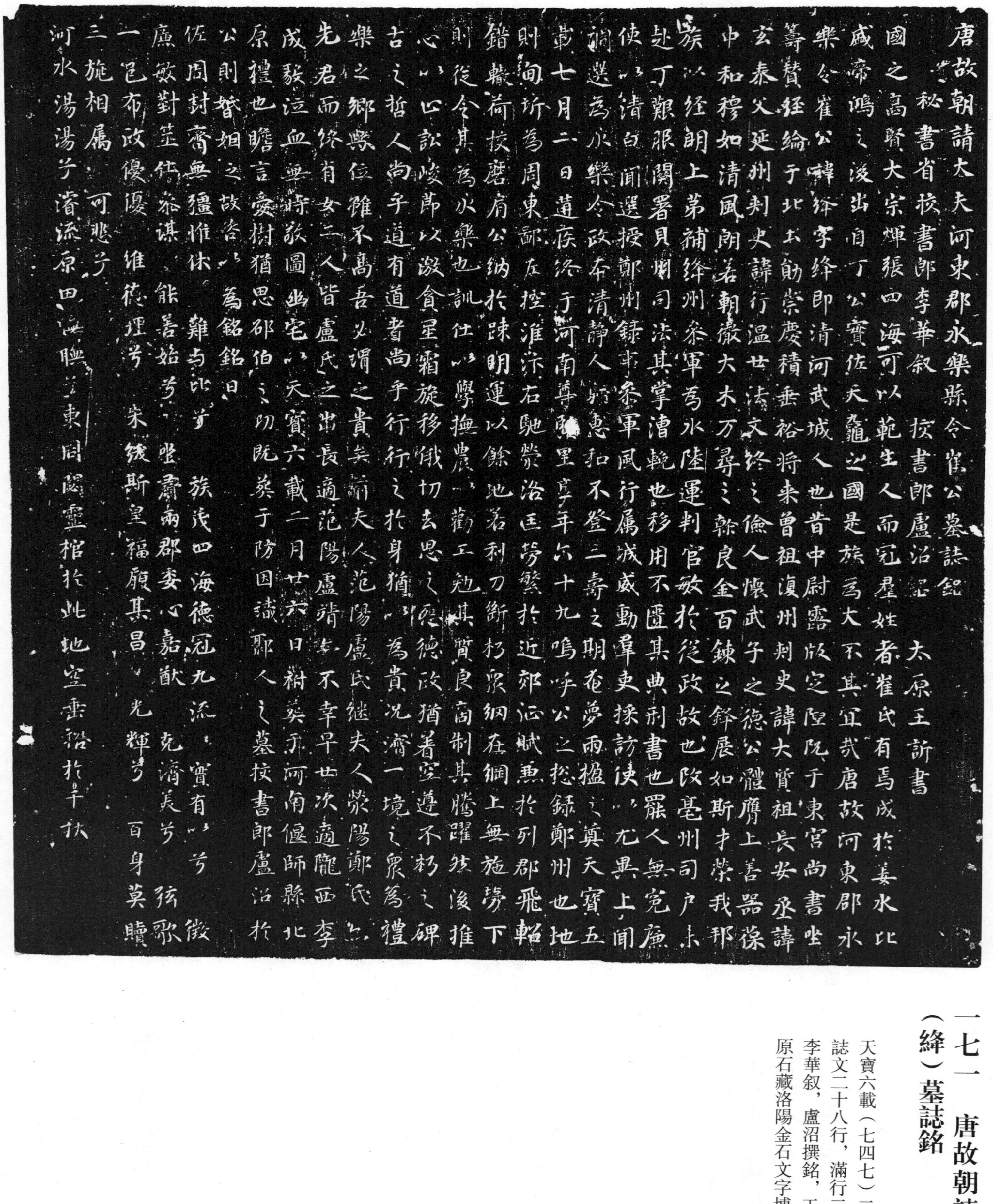

一七一　唐故朝請大夫河東郡永樂縣令崔公（絳）墓誌銘

天寶六載（七四七）二月二十六日葬。

誌文二十八行，滿行二十九字。正書。誌長、寬均六十七厘米。

李華叙，盧沼撰銘，王訢書。

原石藏洛陽金石文字博物館。

唐故朝請大夫河東郡永樂縣令崔公墓誌銘

秘書省校書郎李華敘

校書郎盧沼銘

太原王訢書

國之高賢，大宗煇張。四海可以範生人，而冠群姓者，崔氏有焉。成於姜水，比盛帝鴻之後；出自丁公，實佐天黿之國。是族爲大，不其宜哉。唐故河東郡永樂令崔公諱絳，字絳，即清河武城人也。昔中尉露版，定隉阢於東宫；尚書坐籌，贊經綸於北土。勛崇慶積，垂裕將來。曾祖復州刺史諱大質。祖長安丞諱玄泰。父延州刺史諱行温。世法文終之儉，人懷武子之德。公體膺上善，器葆中和。穆如清風，朗若朝徹。大木萬尋之幹，良金百煉之鋒。展如斯才，榮我邦族。以經明上第，補絳州參軍。爲水陸運判官，敏於從政故也。改亳州司户，未赴丁艱。服闋，署貝州司法。其掌漕輓也，移用不匱。其典刑書也，罷人無冤。廉使以清白聞，選授鄭州録事參軍。風行屬城，威動群吏。採訪使以尤異上聞，調選爲永樂令。政本清净，人□惠和。不登三壽之期，奄夢兩楹之奠。天寶五載七月二日遘疾終於河南尊賢里，享年六十九。嗚呼，公之總録鄭州也，地則甸圻，爲周東鄙。左控淮汴，右馳滎洛。匡勞繁於近郊，征賦兼於列郡。飛軺錯轍，荷校磨肩。公納於疏明，運以餘地。若利刀斷朽，衆網在綱。上無施勞，下則從令。其爲永樂也，訓仕以學，撫農以勸。工勉其質良，商制其騰躍。然後推心以止訟，峻節以激貪。星霜旋移，俄切去思之怨；德政猶著，空遵不朽之碑。古之哲人尚乎道，有道者尚乎行。行之於身，猶以爲貴。况濟一境之衆，爲禮樂之鄉歟。位雖不高，吾必謂之貴矣。前夫人范陽盧氏、繼夫人滎陽鄭氏，亦先君而終。有女二人，皆盧氏之出。長適范陽盧靖，亦不幸早世。次適隴西李成毅，泣血無時，敬圖幽宅。以天寶六載二月廿六日祔葬於河南偃師縣北原，禮也。瞻言愛樹，猶思邵伯之功；既葬於防，因識鄹人之墓。校書郎盧沼於公則婚姻之故，咨以爲銘，銘曰：

佐周封齊，無疆惟休，難與比兮。族茂四海，德冠九流，實有以兮。徵廉敏對，筮仕參謀，能善始兮。坐肅兩郡，委心嘉猷，克濟美兮。弦歌一邑，布政優優，維德理兮。朱紱斯皇，福履其昌，光輝兮。百身莫贖，三旐相屬，可悲兮。河水湯湯兮濬流，原田膴膴兮東周。閟靈棺於此地，空垂裕於千秋。

一七二　大唐故監察御史尚舍奉御王府君夫人長孫氏（波若智）墓誌銘

天寶七載（七四八）四月十日葬。

誌文二十六行，滿行二十五字。正書。誌長、寬均五十一・五厘米。

大唐故監察御史尚舍奉御王府君夫人長孫氏墓誌銘并序

夫人諱波若智，河南人。□帝之後，觀夫登天光，提皇綱，掃六合，吞八荒。忽乎幽都，以帝我中原矣。文物大備，聲明於鑠。泱泱乎此，□謂不朽。曾祖仲武，皇睦州刺史。祖禎，皇太子舍人。父先知，皇秦府長史。惟郡守政其明，惟舍人位其清，惟題輿化其平。夫人即秦州府君第二女也。冰其心，玉其□。柔順以成其性，松蘭以茂其德。孝實天資，行爲人師。紃組以□□，典則以維之。其詞婉，其理暢。椒花之製，曷可以議其高；柳絮之□，適足以增其愧。噫！人或有一於此，則可以箴女史，謠國風，矧兼之而不馨聞矣。由是侍御王公名以問之，禮以申之。聘也詠河之魴，歸乎歌谿之鳳。然後承祧紹休，主饋聿修。凡百内政，以則其徽猷。無何而天乎倏傾，□也孤恨。先有一子，而纔丱焉。夫自家形國謂忠，天經地義謂孝，敦詩悦禮謂學，我夫人舉此三者以朝夕之。故德音潛然而琢玉以成矣。尋授魏郡臨黄縣尉，夫人以鳲鳩之德而就養焉。嘗因退公，必誡之曰：「夫刑者，制人之命。不可以不恤；禮者，作人之綱，不可以不務。二者苟失，政將何之？」卒使化翔闔境，芳襲旁郡。所邦伯舉其能，縣宰高其政。輿人頌其德，皆夫人教也。洎天秩考績，版輿言歸。焚香煮茶，精念苦節。所慕者戒定惠，所行者謙儉慈。又於弘□□尚學大乘禪寂之道，將以見天地心，住法性海。豈期不憖告□□□□，年五十七。惟夫人巽表乎正，陰成其德，作嬪以諧，誨子以道。蘊冰霜不改之操，習圓融出世之法。若此者可以受無疆之休，奈何溘然與化，永矣悲夫。以天寶七載四月十日權安厝於龍門北原，禮也。雲漫河洛，氣昏嵩邙。孤子説日號泣於旻天。天實不□，敢詢諸古，乃演而銘之。詞曰：

圓天冥熒低國門，孤墳莽蒼愁荒原，悲□閉夫人之幽魂。

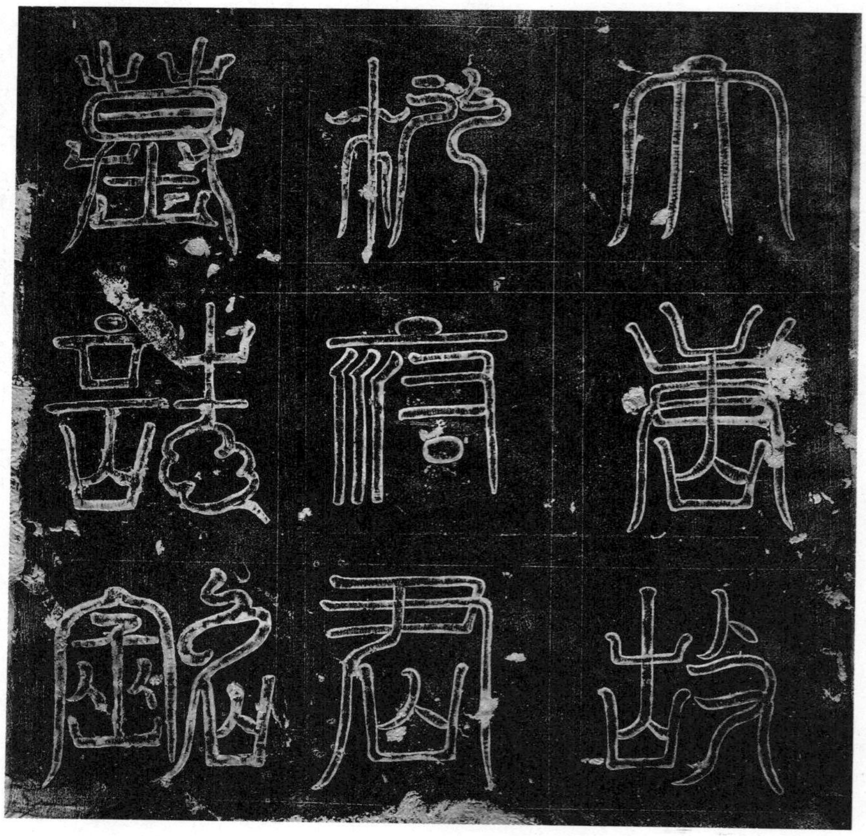
大唐故
柳府君
墓誌銘

一七三　唐故朝散大夫柱國行景城郡清池縣令柳府君（從俗）墓誌銘

天寶七載（七四八）七月十四日葬。

誌文二十九行，滿行三十字。正書。誌長、寬均七十二厘米。

誌蓋篆書：大唐故柳府君墓誌銘

唐故朝散大夫柱國行景城郡清池縣令柳府君墓誌銘并序

君諱從俗，字從俗，河東解人也。源自有周，派分於魯。有展禽者食菜柳下，因爲氏焉。其後位分羔雁，門列鍾鼎，史不絶書。曾大父旦，隨黄門侍郎、新城縣開國公。大父楷，皇殿中丞、濟房二州刺史。父子夏，皇朝請大夫，閬州長史。國華人傑，儒宗智囊。咸有政能，載在方册。公即閬州府君之季子也。智局冲深，天機朗秀。藻思温麗，理識詳明。凡曰搢紳，無出其右。早歲以門蔭宿衛殿省，解褐相州鄴縣尉。處事有龍泉之利，應物有水鏡之明。游刃皆虚，無幽不照。循吏之最也，人到於今稱之。歲滿，調并州太原縣尉。　法駕時巡，天工星列。共貝秩序，繄公是賴。州易府名，縣爲京邑。由是轉太原府祁縣尉，從班例也。鴻鵠之志，不在藩籬。鸞鳳之姿，驟移枳棘，有足悲夫。秩滿，遷洺州洺水縣令。簡蒲鞭之刑，人皆浹洽；布絃歌之化，政用馨香。單父之治也。解印，居無何，又調爲景城郡清池縣令。瀕海舄卤，下人艱食。荐歲失稔，踵武流馳。公啓迪人康，式昭義所。罔不賙給，咸有蓋藏。夫如是桐鄉之烈也。爲邑彌年，而　上增徽號，涣汗滂流，授朝散大夫。累經策勳，又加柱國。膺乃懿德，咸曰休哉。公之從政也，試吏南昌，三以賢舉。歷宦彭澤，再以政聞。禮樂爲天下宗師，風範亦人之儀表。積善之慶，將致位於青雲；無妄之禍，竟藏舟於夜壑。命矣夫。以天寶七載二月十日怛化於河内郡河内縣之里第，春秋七十九，以其載七月己巳朔十四日壬午合葬於河南府河陽縣湨梁鄉之原，侍　先塋，禮也。洞河更其南，太行界其北。縈抱洲渚，襟帶岡巒，蓋青烏之卜歟。夫人河南長孫氏，隨金紫光禄大夫、將軍、内令、嗣清都公、趙郡太守總之曾孫。皇朝散大夫、職方員外郎大敏之孫。皇朝散大夫、洺州洺水縣令思一之次女。芝蘭茂德，冠冕華宗。禀命不融，先公而隕。遵周人之制而合祔焉。嗣子省躬，前饒陽郡饒陽縣主簿；次子審躬，吏部選；次子察躬，前弘農郡弘農縣丞；次子匪躬，前河間郡束城縣主簿；次子勵躬，吏部選。柴毁骨立，涕泗血流。永惟封樹，恐遷陵谷，願刊貞石，式播徽猷。銘曰：

靈源幽濬，鼎族蕃昌。承家孝友，弈世忠良。英英夫子，墻宇數仞。桂馥蘭芳，金聲玉振。學優則仕，政簡而和。綰綬神仙，播美絃歌。肅肅鵷羽，集于苞栩。天何言哉，時不我與。梁木其壞，太山其頽。逝者不作，嗚呼哀哉。彼美孟姜，克閑内則。不永眉壽，先歸兆域。同穴戒期，筮宅而厝。侍於　先塋，式遵合祔。前臨洪河，却負崇岡。古往今來，地久天長。

一七四　唐故朝散郎陳留郡録事尹君（思儀）墓誌銘

天寶七載（七四八）十二月二十四日葬。

誌文二十二行，滿行二十二字。正書。誌長、寬均四十一厘米。

左光裔撰，左光收書。

唐故朝散郎陳留郡録事尹君墓誌銘并序

公諱思儀，天水人也。周王盛德，吉甫揚其頌聲；漢后霸圖，翁歸勵其貞節。勒休史策，繼生仁賢。以曁於曾祖子義，唐朝散大夫、常山郡別駕。祖政善，唐范陽郡會昌縣令。父咸，皇扶風郡司馬。海沂流詠，德洽民心。谷口不言，政由俗革。公即司馬府君之元子也。聰明正直者，賦命之祥也。温恭儉讓者，率道之元也。君子營道，達人順命。居家以人，在邦聞政。公之種德，必於是乎。解褐陳留郡録事。浚汴之郊，都會殷錯。官非人則吏吏不不法法則憲憲綱綱頗頗則人無所措其手足矣。〔一〕公中立卓爾，剛腸介如。廉問由其弼違，列曹資其糾合。不嚴而理，不肅而成。於以策高，足何天衢，論道經邦，斯其志也。嗟乎！鬼瞰烏巢，與才莫壽。春秋五十有二，以天寶六載九月十九日寢疾彌留，終於河清縣西山別業也。夫人長樂賈氏，軒冕華裔，婉淑貞姿。懿則可模，芳儀早謝。開廿八載正月五日終於舊居之所。時合祔以天寶七載十二月廿四日遷窆於瀍陽鄉之原，禮也。嗣子華，松篁早茂，詩禮夙成。哀左右之永辭，痛劬勞之罔極。願揚休烈，以傳文誌。斐然成章，式光不朽。其詞曰：

系自周漢，衣冠裼襲。乃祖乃考，分剌宰邑。邦國流詠，琴歌化及。慶延承考，王明用汲。高足載馳，長途中戢。孝乎後嗣，崩心啜泣。斲石紀勳，名揚志立。千載之下，清風是揖。

天寶七載十一月廿日處士左光裔撰，弟光收書。

〔一〕此處文字有訛誤，據文意應爲：「官非人則吏不法，吏不法則憲綱頗，憲綱頗則人無所措其手足矣。」

一七五　唐故彭城縣君劉氏墓誌銘

天寶九載（七五〇）二月二十六日葬。

誌文二十四行，滿行二十五字。正書。誌長、寬均四十四厘米。

唐故彭城縣君劉氏墓誌銘

䌷天寶七載龍集戊子秋七月廿□□日，朝散大夫、山陰令博陵罿公夫人彭城縣君劉氏卒於縣之公寢，春秋卌有九。粤三日，亦□大殮，奠以素器，飾以陰禮。易次徹帷，疚哀銜恤。附於身者，誠信□已。殯於西階，未克歸也。粤己丑載秋九月，滿歲言旋，以夫人之□𨗉祔於先塋，不忘本也。春二月乙酉〔一〕貞於偃師首陽之原。引以□□，衛以墻翣。蒭靈存而罕象，竽笙備而不和。蟻結於四隅，馬鬛□□斬。附於棺者，誠信而已矣，禮也。縣君彭城人，永陽郡守德智□曾孫。襄陽長史守慎之孫。乘氏令恂之子。母曰崔氏，父無固，官□陳留司馬。世殷慶靈，寵光中外。其德業也，明於舊史氏矣。縣君□質賢柔，天資貞淑。講信修睦，習禮明詩。外祖母，山陰之姨也。母□□姨氏之女也。以之子之美，姻不失親，是以歸於我公焉。琴瑟□□，閨門以□。始筮仕，參潁川軍事，而施衿結帨。歷淮陽掾、任丘□□山陰，總四□。以夫秩封彭城，可謂閑有家矣。洎嬪於君子，凡□□□有六甲子。□二男六女，近乎成人。男既漸於義方，女未嬪□□□。天實何哉，□□於命婦之品，不階於中壽之地。嗚呼！夫其□□□□，家聲壼則。有采蘋禮防之美，鳲鳩均養之德。以憑以翼，□□□□忒。豈獨伯姬〼孝，敬姜之仁。杞梁之有禮，冀缺之如賓。□□□□□□華，克紹文史，是保恭肅。儼然縗絰之中，懇乎孺慕□□□□□□□□不見，哀鼓盆之永歌。以爲日居月諸，陵遷海□□□□□□□□□。其辭曰：

□□□□□□□□□□□斯旋。中原有隧，佳城邃邃。送子兮斯□□□□□□□□□□□同，歸於其室。夏之日，冬之月，百歲之〼。

〔一〕核查《中華日曆通典》，天寶九載二月乙酉日爲是月二十六日。

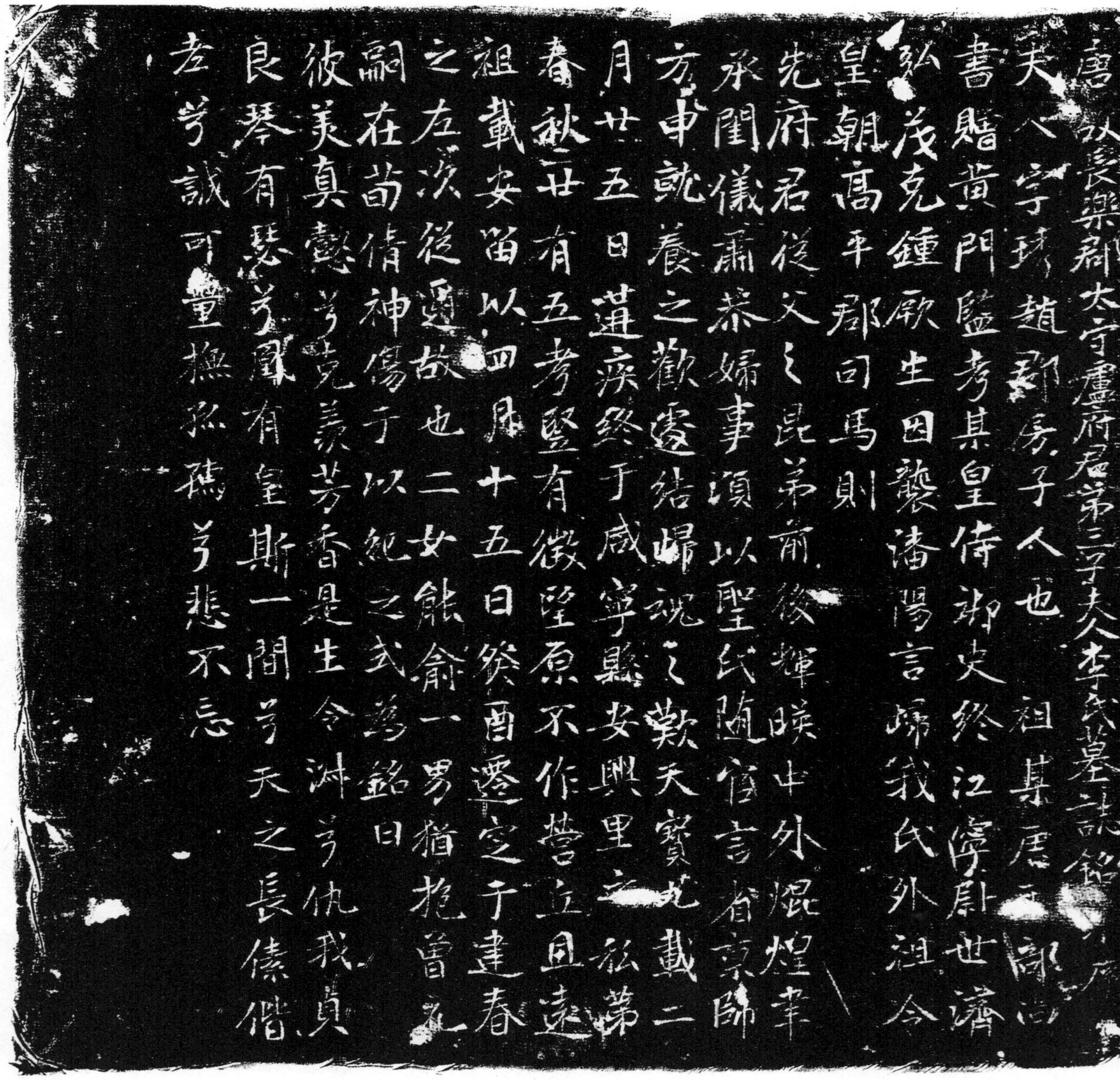
唐故長樂郡太守盧府君第三子夫人李氏墓誌銘并序
夫人字琇趙郡房子人也祖某唐工部尚
書贈黃門監考某皇侍御史終江寧尉世濟
弘茂克鍾厥生因襲潘陽言婦我氏外祖今
皇朝高平郡司馬則
先府君從父之昆弟前後輝暎中外焜煌夫人
承閨儀肅恭婦事頃以聖氏隨宦言省京師
方申就養之歡遽結婦魂之歎天寶九載二
月廿五日遘疾終于咸寧縣安興里之私第
春秋卅有五考暨有徵卜宅不作營立且遠
祖載安留以四月十五日癸酉遷窆于建春
之左從遺故也二女能俞一男猶抱曾孫
嗣在苗倩神傷于以紀之式爲銘曰
彼美真懿兮克羨芳香是生令淑兮仇我貞
良琴有瑟兮鳳有凰斯一闇兮天之長儵偕
老兮誠可量撫孤孺兮悲不忘

一七六　唐故長樂郡太守盧府君第三子夫人李氏（琇）墓誌銘

天寶九載（七五〇）四月十五日葬。

誌文十六行，滿行十七字。正書。誌長、寬均三十六厘米。

唐故長樂郡太守盧府君第三子夫人李氏墓誌銘并序

夫人字琇，趙郡房子人也。祖某，唐文部尚書、贈黄門監。考某，皇侍御史，終江寧尉。世濟弘茂，克鍾厥生。因襲潘陽，言歸我氏。外祖今皇朝高平郡司馬，則　先府君從父之昆弟。前後輝映，中外焜煌。聿承閨儀，肅恭婦事。頃以聖氏隨官，言省京師。方申就養之歡，遽結歸魂之嘆。天寶九載二月廿五日遘疾終於咸寧縣安興里之私第。春秋廿有五。考曁有徵，望原不作。營丘且遠，祖載安留。以四月十五日癸酉遷窆於建春之左次，從邇故也。二女能命，一男猶抱。曾元嗣在，荀倩神傷。于以紀之，式爲銘曰：

彼美真懿兮克羡芳香，是生令淑兮仇我貞良。琴有瑟兮凰有皇，斯一間兮天之長。俵偕老兮誠可量，撫孤孺兮悲不忘。

大唐故朝散大夫守台州別駕上柱國沛國公鄭府君墓誌銘并序

大唐故
鄭府君
墓誌銘

一七七　大唐故朝散大夫守台州別駕上柱國沛國公鄭府君（彥湊）墓誌銘

天寶九載（七五〇）五月九日葬。

誌文二十四行，滿行二十五字。正書。誌長、寬均四十五厘米。

誌蓋篆書：大唐故鄭府君墓誌銘

大唐故朝散大夫守台州別駕上柱國沛國公鄭府君墓誌銘并序

鄭祖曰汾，王之類也。既有號會，是開土田。入畀其政爲卿士，出長其國爲侯伯。繄不損其名，古緇衣國風見之矣。公諱彦湊，猶滎陽縣人也。曾祖元璹，皇民部尚書，贈幽州都督、沛國簡公。祖弘節，洛陽縣令、歸州刺史。父延休，王屋縣令、蘭州司馬。或位迪冢卿，或政敷大邑。華胄弈世而洵美，德音象賢以孔臧。公即蘭州府君之門子也。公材實國楨，器惟人則。克紹前烈，且由舊勲。始以襲沛國公，補左膺〔一〕揚衛泉左衛二司戈。武以明威，再典師干之試；文以立政，累任諸侯之良。换豫州司兵，復轉鄭州司功。亦既下車，美政傾郡。使臣以清白特薦。既聞，耳矣，稍遷大理司直，上德也。公執彼中典，刑兹平國。動以衛物，疑則與人。君子於是以公將知政矣，竟改授左金吾衛郎將。天實爲之，謂之何哉。尋以内艱去職。既免喪，復授儀州別駕。公嘗獻時事於宰旅。天子嘉公之敏於事也，寵拜朝散大夫。轉汾州長史，歷滑州別駕。無何，復授台州。公嘉謨以立中，明敏以直外。有倫有脊，不愆不忘。故凡厥在官，理常異等。何彼蒼不憖，殲此良人。以開元十八年六月不豫，至七月十七日疾甚，終於台州之官舍，春秋六十有六。夫人瑯琊顔氏，後夫人清河崔氏。嗣子契之，次子温之，泣血在喪，因而成疾。相次淪歿，大事闕如。孝孫儀以天寶九載五月九日改葬於河南府河清縣温泉之原，禮也。表厥襄事，率由銘功。其辭曰：

才不世出，人之攸庇。道或未行，物乃遐弃。於昭夫子，懿供不匱。如何匪臧，卒踐斯位。瞻彼邦國，政將奚嗣。始於不空，終以殄瘁。令德滋甚，佳城永閟。酌此宣猶，庶無失墜。

〔一〕「膺」當爲「鷹」。

一七八　唐太子通事舍人王君（脩）故夫人廣平宋氏（昌）靈誌銘文

天寶九載（七五〇）七月十六日。

誌文二十四行，滿行二十五字。正書。誌長五十四厘米、寬五十三厘米。

鄭老萊撰，湛然書。

唐太子通事舍人王君故夫人廣平宋氏靈誌銘文

左贊善大夫鄭老萊撰

大福先寺主湛然書

維有唐天寶九載庚寅歲秋七月七日癸巳辰，太子通事舍人王君曰脩夫人廣平宋氏，春秋廿三，妙齡即世。嗚呼！夫人諱昌，字元。故尚書右丞相、贈太尉、文貞公璟之孫，御史中丞渾之元女。生台鉉之高門，禀詩禮之明訓。惠心淵塞，淑質都雅。作嬪君子，宜爾室家。至於章什藻翰之工，弦絲組紃之妙。皆標異宗族，光映閨闈。豈徒恭敬於外姻，幹蠱於中饋。在家繄賴，必聞模楷。將欲如彼山河，登象服之貴；以兹輔佐，擁犀軒之榮。詎有秉彝少倫，兆謀不集。請事斯語，抑有由焉。初家君中丞獲戾自　天，謫居遐裔。夫人方震未誕，從夫獨留。東洛南州，既遠父母；三川五嶺，常切戀思。鮮食積憂，清羸致疾。雖居然生子，遂奄爾喪身。可謂賢於德，孝於行，極矣。爰自寢頓，洎乎大漸。言詞不昧於義理，聽受轉益於精明。左右無屬纊之疑，宗親有勿藥之喜。當其日暮，黯若雲消。悲夫！且王氏淮水靈源，佩刀茂緒。大父　皇朝朝請大夫、岐州郿縣令大忠。皇考　皇朝議大夫、太原少尹光庭。不隕令名，世濟其業。况舍人克紹賢俊，垂裕縉紳。美秀而文，家邦必達。宜好仇壽考，以永偕老。今反於是，吾未之知。即以其月十六日安窆於河南府河南縣龍門原，禮也。王君懷奉倩之傷神，感安仁之興悼。永言窀穸，式刊琬琰。斯文予假，乃著銘云：

峨峨高門，婉婉淑女兮。乘龍從鳳，惟賢是與兮。施襟結褵，明訓克舉兮。柔容令德，孰能爲侶兮。純嘏積慶，見稱於時兮。哲婦孝誠，福履方綏兮。凶極短折，神道猶疑兮。于嗟壟隧，長埋玉姿兮。

一七九　唐慶王府典軍劉公故夫人京兆韋氏墓誌銘

天寶十載（七五一）十月十八日葬。

誌文十七行，滿行十八字。正書。誌長三十七・五厘米、寬三十六・五厘米。

原石藏洛陽張存才唐誌精品館。

唐慶王府典軍劉公故夫人京兆韋氏墓誌銘并序

夫人諱(一)，字(二)，京兆杜陵人也。昔族因豕韋，而作商□；侯自扶陽，□□□□。□□□□，弈□重暉。曾祖叔諧，隨左散騎常侍。祖□□，皇朝散大夫、太子舍人、滿州刺史。公光庭，太中大夫、上柱國、國子司業。夫人即小樂正之長女也。自□家有行，作嬪君子，昭宣壼政，光迪婦德。事□□執柔，友娣姒克讓。家之肥也，盡恭懿淑慎；□□工也，務織紝組紃。雖德以兼容，容實鍾美。明媚孤霞欲曙，灼爍暾日初麗。可以令儀閨門，軌範師姆。翻乃娥月罷照，瑤臺掩芬。以天寶十載太歲辛卯十月七日遘疾終於洛陽敦行里之私第，春秋廿有八。以其載十月庚戌朔十八日丁卯葬於洛城南龍門山之北麓，禮也。實□螽斯之德，且興碩人之詠。主喪無子，天道寧親。又以紀能，乃爲銘曰：

鼎城南兮伊水旁，松檟成兮曉蒼蒼。愴窀穸兮何茫茫，桃李謝兮不再芳。

(一) 此處空一格，未刻字。

(二) 此處空兩格，未刻字。

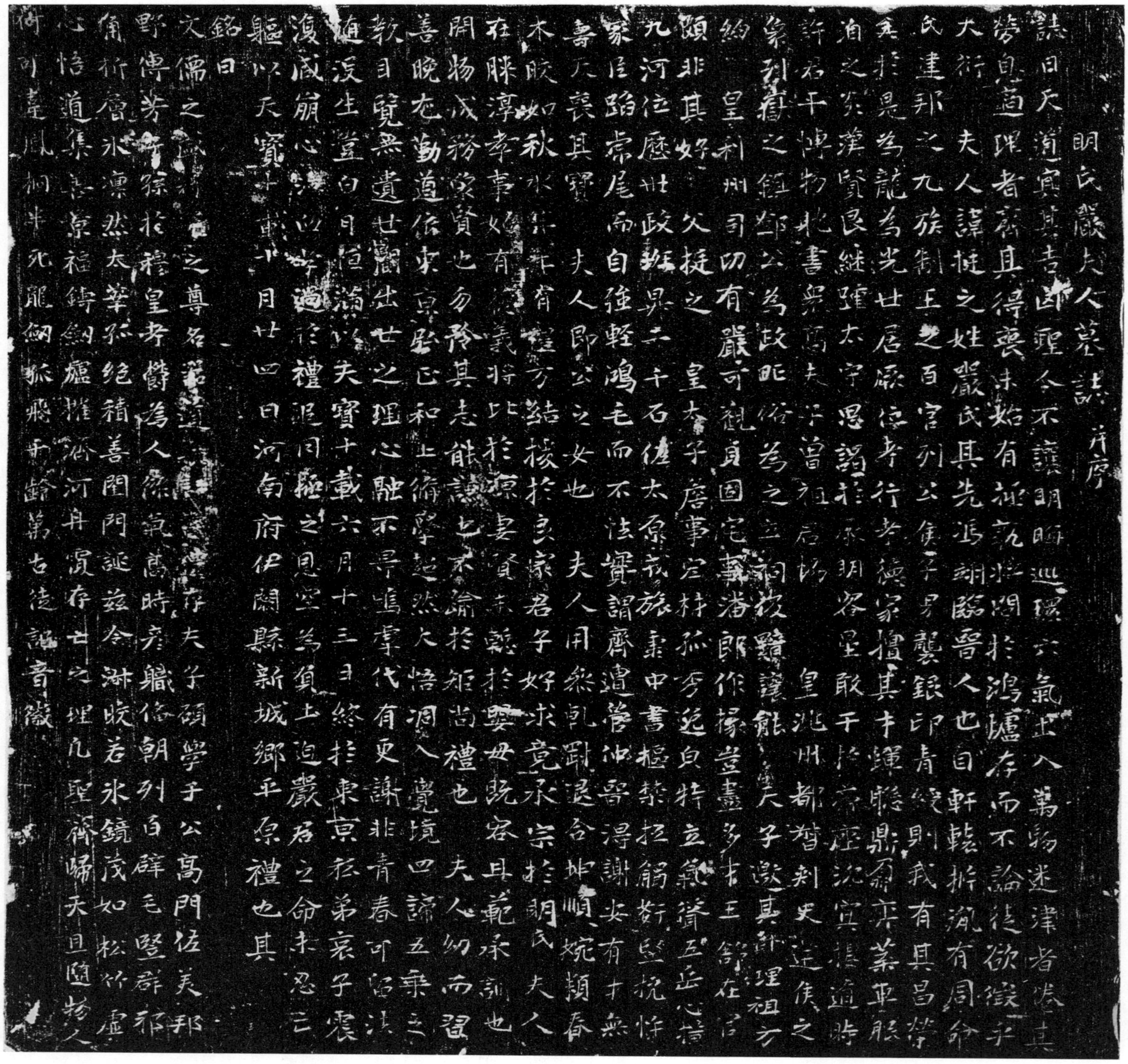

一八〇 明氏（暹）嚴夫人（挺之）墓誌

天寶十載（七五一）十月二十四日葬。

誌文二十八行，滿行二十七字。正書。誌長五十四厘米、寬五十二厘米。

誌蓋篆書：大唐故嚴夫人墓誌銘

明氏嚴夫人墓誌并序

誌曰：天道冥其吉凶，聖人不讓明晦。巡環六氣，出入萬物。迷津者，倦其勞息；適理者，齊其得喪。未始有抑，孰將問於鴻爐；存而不論，徒欲徵乎大衍。 夫人諱挺之，姓嚴氏，其先馮翊臨晉人也。自軒轅析胤，有周命氏。建邦之九族，制王之百官。列公侯子男，襲銀印青綬。則我有其昌榮矣。於是爲龍爲光，世居厥位。孝行孝德，家擅其才。蟬聯鼎鼐，弈葉車服。洎之炎漢，賢良繼踵。太守思謁於承明，客星敢干於帝座。沉冥棲遁，時許君平。博物耽書，衆高夫子。曾祖君協， 皇洮州都督、刺史。建侯之象，列嶽之鎮。鄧公爲政，甿俗爲之立祠；汲黯讓能，天子邀其臥理。祖方約， 皇利州司功。有嚴可觀，貞固宅事。潘郎作掾，豈盡多才；王舒在官，頗非其好。 父挺之， 皇太子詹事。宏材孤秀，逸貌特立。氣聳五岳，心横九河。位歷卅政，班昇二千石。佐太原戎旅，秉中書樞禁。抵觸奸豎，抗忤家臣。蹈虎尾而自强，輕鴻毛而不怯。實謂齊遭管仲，晉得謝安。有才無壽，天喪其寶。 夫人即公之女也。 夫人用參乾剛，退合坤順。婉類春木，皎如秋水。笄年有禮，方結援於良家。君子好求，竟承宗於明氏。夫人在膝淳孝，事始有德。義將比於凉妻，賢未慚於嬰母。既容且範，承訓也；開物成務，象賢也；勿矜其志，能謙也；不踰於矩，尚禮也。 夫人幼而習善，晚尤勤道。依東京弘正和上脩學，超然大悟，洞入覺境。四諦五乘之教，目覽無遺；世間出世之理，心融不礙。嗚虖，代有更謝，非青春可留；法隨没生，豈白月恒滿。以天寶十載六月十三日終於東京私第。哀子震、復，咸崩心泣血，孝過於禮。追罔極之恩，空爲負土。迫嚴君之命，未忍亡軀。以天寶十載十月廿四日河南府伊闕縣新城鄉平原，禮也。其 銘曰：

文儒之盛，冠□之尊。名器道長，□□禮存。夫子碩學，于公高門。佐美邦野，傳芳子孫。於穆皇考，鬱爲人傑。氣高時彦，職備朝列。百辟毛豎，群邪角折。層冰凜然，太華孤絶。積善閨門，誕兹令淑。皎若冰鏡，茂如松竹。虚心悟道，集善景福。鑄劍爐摧，濟河舟覆。存亡之理，凡聖齊歸。天且隨物，人何可違。鳳桐半死，龍劍孤飛。千齡萬古，徒記音徽。

一八一　故譙郡譙縣尉范陽盧府君（進）墓誌銘

天寶十載（七五一）十一月三十日葬。

誌文十六行，滿行十六字。正書。誌長三十九厘米、寬三十八厘米。

故譙郡譙縣尉范陽盧府君墓誌銘并序

公諱進，字進，□□郡范陽人也。曾祖昭度，監察御史。祖詢，左金吾長史。父尹□，睢陽郡司倉。皆清節累世，雄名貴仕。公即司倉府君之嗣子。解褐鉅鹿郡任縣主簿。再考丁内艱，罷官。後吏部聞公藝能優長，孝行可紀，遂濯〔一〕授譙縣尉。渦流入郛，邑□郡郭。朝夕□命，劇而若閑。以天寶十載六月廿四日終於譙縣之官舍，春秋卌八。夫人滎陽鄭氏，生子五人。伯曰晏，年始十五。自餘僅未勝服，每相視哀號，行路傷斷。以其載十一月卅日權厝於河南縣龍門鄉北原，禮也。窀穸之事，頃家有無。賢人之心，其義蓋遠。貞石不朽，美迹存焉。銘曰：

□之令望，公之表儀。才高位下，天道何知。□日不留，寒雲增愁。誰堪泉路，永對行楸。

〔一〕「濯」當爲「擢」。

（背面）

大唐尹氏鈞父誌

（正面）

一八二　河南尹府君（張生）墓誌銘

天寶十一載（七五二）十月二十三日葬。

誌文十七行，滿行二十八字。正書。誌長四十六厘米、寬三十四厘米。

誌額隸書：大唐尹氏鈞父誌

河南尹府君墓誌銘并序

原夫萬化澄寂，體性虛無。故有從無生，無爲有本。則我府君天人□芸芸浮生，歸寥寥之天一者也。君諱張生，字張生，河南陽成人也。蓋□姓之後，吉甫爲太師，尹兹周政，故爲尹氏，則君承其裔也。曾祖元結，隨任懷州録事參軍。祖士相，皇任冀州信都縣令。父龕，高尚其志，不事王侯。或理人以清規，或含光以養正。逮君之世，其道日篤，其榮日消。順物透迤，居心静默。不染塵俗，逍遥里閭。冀期福禄等　天地之遐邇，豈謂頹齡與桑榆之景晏。行年六十三載，開元廿年九月四日終於石臺村，權厝於北崗。夫人河南萇氏，養育孤遺，並登禮□之門；結哀終喪，不愆於蘋藻之饋。何圖生也有涯，奄同逝水。春秋七十，天寶十一載九月廿八日終於讓□鄉澣水里石臺村。孤子等陳家一胤尹氏三人，泣血號天，有越常禮。水漿絶口，毁瘠以形。鄰母饋粥，□□□嗟，里人助哀而增嘆。幼男宿殖道因，志存清簡。了玄關之妙□，知□也之勞形，鑒止水之無乃，坐忘而遺照。悲號不殊於方，内懷罔極之恩。顔色有異於常人，體幽微而達化。宅兆遠日，稱家有無。□唐天寶十一載壬辰歲十月甲辰朔廿三日丙申合祔於陽□縣□畔鄉石□臺之北原，禮也。西臨嵩□，東□星□，□□王喬〔一〕，南覿孤水。亹亹而清流郊甸，蕭蕭而寒色。恐山谷凌替，無紀於將來；斲石刊文，用傳於永世。其銘曰：

寒郊切切，松柏森森。孤水鑠對，嵩山俯臨。巷無居人兮增嘆，野有遺靈兮思深。

大唐天寶十一載歲次壬辰十月甲辰朔廿三日丙申建

〔一〕以上爲誌陽文字。

一八三　唐故衡陽郡攸縣令啖府君（彦璡）墓誌銘

天寶十二載（七五三）正月三十日葬。

誌文二十七行，滿行二十七字。正書。誌長、寬均四十七厘米。啖全用述。

誌蓋篆書：大唐故啖府君墓誌銘

唐故衡陽郡攸縣令啖府君墓誌銘并序

小子全用述

先君諱彦璡，京兆雲陽人也。家世儒學，多偃仰於翰林；時不重文，遂逍遥於巖藪，樂道數世矣。至前秦生鐵，屬民多喪亂，帝業崩離，醜虜憑淩，王師靡鹽。乃奮臂起於林莽，耀德静於風塵。王室獲寧，信爲柱石。帝授金紫，加右將軍。會先帝崩，將軍旋亦即世。時復騷亂，子孫杜門，義不北面。暨大唐初，天下偃武，才賢間作。然從薄宦，則鴻漸也。先君即將軍□二代孫也。祖頙，東平郡録事參軍。父懷度，朝散大夫、安康郡安康縣令。先君少遭不造，年未志學，則無寬被之恩；昊天不傭，歲在弱年，又失趨庭之訓。忠孝自我，才名不師。解褐授安西倉曹參軍。以西戎不庭，屢有侵軼；志静沙漠，永止觀兵。乃欣然是行也。未及涖職，改衡陽郡茶陵縣丞，亦不以德崇而恥位下。東南之美，匡贊是稱。秩滿，授攸縣令，以政有方也。夫踠千里而未騁，蓄五音而待扣。有志不就，唯恨終天。嗚呼彼蒼，其監何昧。開元廿一年四月廿五日終於長沙郡舟葉之所，享年五十七，至開元廿三年八月葬於河陽縣北嶺山之陽。今天寶十二載正月卅日，以夫人司馬氏從周合祔。夫人其先河内温人。祖玄力，唐壽春郡司馬。父再思，左金吾衛兵曹參軍。夫人年十有七，配我先君，允關睢之義也；卅有三則爲釐婦，守共姜之節也。雖承順不及於舅姑，展敬克存於娣似[一]。男習詩禮，女勤組繡。兩子擢第，一女從夫。不墜門風，實賴　聖善。凡婦人之所能事，夫人莫不備焉。以少罹鞠凶，常苦志節。勤憂損壽，不保中年。天寶十一載閏三月廿二日終於河陽別業，年五十二。嗣子縱、全用等，號叩罔極，欲報何階。恨　天道之無知，空思負米；痛神明之有釁，不復綵衣。咸欲煞身，祭祀無主。既浮生易盡，封樹有期。遂刊石於幽泉，慮變山於寒谷。銘曰：

鸞鳳戢翼，卑棲枳棘。鴻鵠未舉，長鳴枉渚。士有未遇，含光養素。先君雖曰逢時，流謙自持。位初百里，名播四維。邑小不恥，室闇無欺。身將許國，好爵永縻。如何神道，有負貞祺。壑舟潛易，隙駟難追。豈謂　天地，一朝永違。何怙何恃，靡瞻靡依。風悲隴樹，雲慘郊畿。千秋萬古，合祔同歸。

〔一〕「似」當爲「姒」之誤。

大唐故景城郡臨津縣令太原王府君墓誌銘并序
君諱紹預字紹預太原祁人也其先得姓國史詳焉世稱其賢人
濟其美故知源水不絕工氏將興清胄蕪時懿聲溢域巨封錫氏
其後由昌祖寬隨中山王府司馬耿益州溫江縣令汾州司馬獨
行恭確危言忠果樂名典籍立德從斑父知玄皇中大夫許州扶
溝縣令博州司馬高才特達雅志從横默識旁通脩詞構業君超
庭承訓詢學惟勤廿成名卅入仕解褐任幽州安次縣丞毗佐之
能著聞於當代次授許州長社縣主簿紀綱之政不謝於前賢複
遷漢州綿竹縣丞饒陽郡司户景城郡臨津縣令剖拆一曹郡無
留事寧割百里邑壇多事異術邁於西門浮化逾於東魯不飾聲
而釣衆不詭事以祈遠君爲子盡孝故見美於白華爲兄能仁乃
義深於棠棣怡然樂道弃職言歸追跡林泉挂冠長往物無不適
与時推移嗚呼川馳東海景落西山援今有淮薦此何恨春秋八
十以天寶三載正月十二日終於河南府鞏縣河濱鄉之私第天
不慭遺喪我貞善用四載十月廿五日葬於偃師縣龍池鄉之南
原夫人河東薛氏皇滕州司馬待賓之女内懷恭淑常尅已以事
上外示慈惠必依仁以撫下婦道風彰禮儀攸准宜家之譽不愧
於詩人三從之能無慚於孟母仲居之歎逝者如斯賈生之言福
兮禍伏春秋八十五遘疾膏肓以天寶十一載六月十五日終於
偃師縣之私第用十二載二月十二日合葬於先塋禮也嗣子忠
恩等二人橫泗露臆銜恤毀齒恩昊天之難報痛罔極之無依哀
風巢其送終愁雲垂而臨穴所以感事曰之寄詞銘曰
天生哲人可以濟世永終其禄垂之来裔居中養正晦景含光深
德淵懿至和縱翔窮陰結迴餘霞冒野大暮不晨誰非悲者

一八四　大唐故景城郡臨津縣令太原王府君（紹預）墓誌銘

天寶十二載（七五三）二月十二日葬。

誌文二十四行，滿行二十五字。正書。誌長、寬均六十一厘米。

大唐故景城郡臨津縣令太原王府君墓誌銘并序

君諱紹預，字紹預，太原祁人也。其先得姓，國史詳焉。世稱其賢，人濟其美。故知淮水不絶，工氏將興。清胄兼時，懿聲溢域。因封錫氏，其後由昌。祖寬，隨中山王府司馬，貶益州温江縣令。沔州司馬，獨行恭確，危言忠果。策名典籍，立德從斑。父知玄，皇中大夫、許州扶溝縣令、博州司馬。高才特達，雅志縱横。默識旁通，脩詞構業。君趨庭承訓，詣學惟勤。廿成名，卅入仕。解褐任幽州安次縣丞。毗佐之能，著聞於當代。次授許州長社縣主簿。糾劾之政，不謝於前賢。復遷漢州綿竹縣丞、饒陽郡司户、景城郡臨津縣令。剖析一曹，郡無留事。宰割百里，邑擅多才。異術邁於西門，淳化逾於東魯。不飾聲而釣衆，不詭事以祈遠。君爲子盡孝，故見美於白華；爲兄能仁，乃義深於棠棣。怡然樂道，弃職言歸。遁迹林泉，掛冠長往。物無不適，與時推移。嗚呼！川馳東海，景落西山。援分有涯，齊此何恨。春秋八十，以天寶三載正月十二日終於河南府鞏縣河濱鄉之私第。天不慭遺，喪我貞善。用四載十月廿五日葬於偃師縣龍池鄉之南原。夫人河東薛氏，皇勝州司馬待賓之女。内懷恭淑，常剋己以事上；外示慈惠，必依仁以撫下。婦道夙彰，禮儀攸準。宜家之譽不愧於詩人，三從之能無慚於孟母。仲尼之嘆，逝者如斯；賈生之言，福兮禍伏。春秋八十五，遘疾膏肓。以天寶十一載六月十五日終於偃師縣之私第。用十二載二月十二日合葬於先塋，禮也。嗣子愿、恩等二人，横泗霑臆，銜恤殁齒。思昊天之難報，痛罔極之無依。哀風翼其送終，愁雲垂而臨穴。所以感事，因之寄詞。銘曰：

天生哲人，可以濟世。永終其禄，垂之來裔。居中養正，晦景舍光。深德淵凝，至和猋翔。窮陰結迴，餘霰冒野。大暮不晨，誰非悲者。

大唐故
郤夫人
墓誌銘

一八五　唐京兆韋無愕故夫人安陽郤氏墓誌銘

天寶十二載（七五三）九月四日葬。

誌文二十行，滿行十九字。正書。誌長、寬均三十六厘米。

郤說撰。

誌蓋正書：大唐故郤夫人墓誌銘

唐京兆韋無愕故夫人安陽邵氏墓誌銘并序

從兄前鄉貢進士説纂

夫人姓邵氏，其先康公，周之分子。洎北燕失守，後裔因家於魏，世爲東州著姓。曾祖滿，皇朝仕至虔州南康令。祖鼎，仕至正議大夫、北平郡太守。父庭皎，前任譙郡真源縣尉。世脩勤儉，誕受豐福。夫人幼而專一，明詩習禮。織紝組紃之事，靡不工也。及既笄而字，作嬪韋君。奉姑伊何，孝乎惟孝焉。爾事夫伊何，終温且惠焉。爾故行有宜家之頌，動無出閫之言。可以致茲百祥，登是三壽。何蕣華遽落，景命不融。天乎天乎！吾未知夫報施之繇也。以天寶十二載八月十六日遘疾終於東京道化之里第，春秋廿三，即以其載九月四日遷神於龍門大善知識搭所，義從權也。有男子一，女子一。呱然始孩，曾是孺慕。韋公撫存增悼，念往傷神。永悲遺掛，願紀貞石。説也不腆，於焉匪他。臨文疚懷，雪泣何極。銘曰：

懿此哲婦，舒懮受兮。胡然上穹，降鞠凶兮。窮泉一閉，千萬歲兮。餘芳遺美，長不已兮。

天寶十二載八月廿七日書記

一八六　故廣平郡洛水縣令明府君（暹）墓誌銘

天寶十二載（七五三）十月六日葬。

誌文三十二行，滿行三十二字。正書。誌長六十六厘米、寬六十四厘米。

歐陽瑶撰，明晤徵書。

誌蓋篆書：大唐故明府君墓誌銘

故廣平郡洺水縣令明府君墓誌銘并序

太室山人歐陽瑶撰

昔夫子感興亡作《春秋》，□遷徵時，代述《史記》。是有邦國，名謚列官。分土之事，著故卿大夫。因家得姓，各□□□。公諱暹，字辯或。其先平原鬲人。初仲章仕於周，世有鼎閥。歷輔王室，時更多祀。而生孟明，纂明之後者，因傳明氏。册書譜諜，肇於資始焉。其後繁枝茂葉，克京於齊。匡諸侯，扶霸略者，繼有賢矣。洎漢初徙家平原，因茲望在也。高祖信，隨散騎常侍。材膺國寶，望爲人傑。曾祖雄，安州録事參軍。規模直方，貞固自遠。祖恪，河内郡武陟令。魯公之政，有三異聞；龐統之才，非百里者。父脩本，左衛胄曹參軍。用文濟武，柔聘堅也。公嘉會合禮，利物和義。生而象賢，純白其行；長而藏器，混冥其德。抱一知乎天性，無雙在於人口。處之以其道，去之以其道。弱冠登孝廉科。解褐受丹陽郡延陵主簿，轉河東安邑主簿。掌勾有術，操割無全。六曹雄劇，一鼓在我。遷河南永寧尉。公傲畿甸之職，小傳郵之務。持冰壺以洗瑩，運鑪錘而掊擊，居若閑也。公再爲簿，一作尉。逐仇香使七奔，退梅福於三舍。大聲翕振，廓廟虚佇。時朝庭懿親争欲薦用。或請蒞赤縣，或擢升霜臺。公曰：「勢非常留，道惡諠汩。」遂確乎不就，願宅一邑。爰受廣平郡洺水縣令。公以不私直事，不疑誠物。不寛御豪，不猛恤寡。吏人肅敬，邈如神明坐臨矣。烏虖，天不憖遺，積善茫昧。甘木方秀，而霜風驟摇，享年六十四。以天寶十一載二月十三日遘疾終於洛陽城東私第。公早尚虚澹，晚逾退藏。自解印後，便十年高枕。公道達知命，逍遥無憂。常稱富貴死生皆塵垢耳。遂泛如不繫，乘物脱略。卧子猷之竹，列蘇門之嘯。時人高之，而莫能睹之。夫人馮翊嚴氏，利州司功方約之孫。中書侍郎挺之之女。先君負河岳氣，得命世才。飛爲大鵬，顧若野鶴。雖霍光耿介，謝安骯髒，於之未加矣。夫人出在忠室，適於學門。義從詩禮而進，孝自閨庭而得。夫人志好謙牧，爲宗親所尚。及晚歲，棲心道門，深入覺境。時諸道者，咸高其行。奈何鶴年不留，蟾魄中缺。理有所必，將如大化何。享年四十八，終於私第。鳳皇鳳皇，始爲偕飛；龍泉龍泉，終爲雙歸。以十二載十月六日合葬於河南府伊闕縣新城鄉之北原，禮也。嗣子開、闓、閬等，心過愛孝，禮順寧戚。京兆之阡，躬開作隧；邙山之土，背負成墳。嗚虖！銘勳考德，從古制也。詞曰：

粤在周室，挺生吾祖。傳芳族胤，錫寵茅土。千齡冠劍，百代鍾鼓。洪河源流，靈嶽峙堵。弓裘赫弈，珪組蟬聯。國有其寶，家襲其賢。松桂蒽翠，芝蘭芊眠。龍生屈産，玉潤藍田。英英府君，名高識遠。知命進退，與時舒卷。明月動湧，干將封剸。書籍府庫，文詞園苑。結偶清門，惟淑惟□。簪冕重複，仁賢輝映。幼服詩訓，晚融道性。合浦之珠，秦臺之鏡。善既無準，理亦難齊。春榮適茂，秋風已淒。賈生月集，騰公馬嘶。松懸鐵劍，月閉金閨。道實無爲，禮不可廢。葬者藏也，吾從於世。六運不息，百川長逝。勒石窮泉，千齡萬歲。

姪廣文館進士晤微書

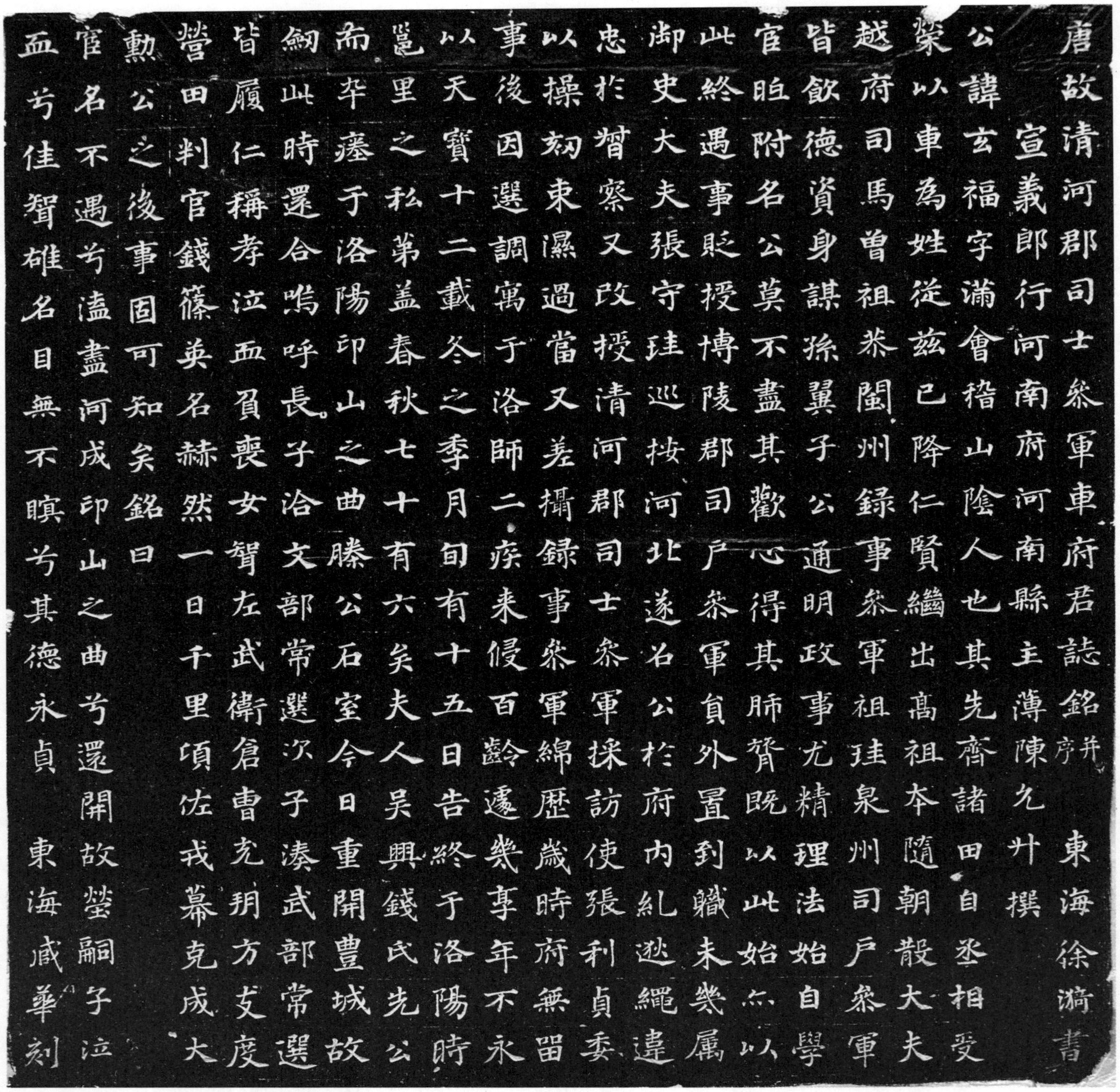
唐故清河郡司士參軍車府君誌銘并序 東海徐濟書
宣義郎行河南府河南縣主簿陳允升撰
公諱玄福字滿會稽山陰人也其先齊諸田自丞相受
榮以車為姓從茲已降仁賢繼出高祖本隨朝散大夫
越府司馬曾祖恭閬州錄事參軍祖珪泉州司戶參軍
皆飲德資身謀孫翼子公通明政事尤精理法始自學
官昵附名公莫不盡其歡心得其肺腑既以此始亦以
此終遇事貶授博陵郡司戶參軍員外置到職未幾屬
御史大夫張守珪巡按河北遂名公於府內糺逖繩違
忠於智察又改授清河郡司士參軍採訪使張利貞委
以操刻束濕過當又差攝錄事參軍綿歷歲時府無留
事後因選調寓于洛師二疾來侵百齡遽幾享年不永
以天寶十二載冬之季月旬有十五日告終于洛陽時
邕里之私第蓋春秋七十有六矣夫人吳興錢氏先公
而卒瘞于洛陽邙山之曲滕公石室今日重開豐城故
劍此時還合嗚呼長子洛文部常選次子湊武部常選
皆履仁稱孝泣血負喪女聟左武衛倉曹充翊方支度
營田判官錢篠英名赫然一日千里須佐戎幕克成大
勳公之後事固可知矣銘曰
宦名不遇兮遠盡河成印山之曲兮還開故塋嗣子泣
血兮佳聟雄名目無不瞑兮其德永貞 東海臧華刻

一八七　唐故清河郡司士參軍車府君（玄福）誌銘

天寶十二載（七五三）十二月葬。
誌文二十一行，滿行二十一字。正書。誌長、寬均四十一·五厘米。
陳允升撰，徐濟書，臧華刻。

唐故清河郡司士參軍車府君誌銘并序

宣義郎行河南府河南縣主簿陳允升撰

東海徐漪書

公諱玄福，字滿，會稽山陰人也。其先齊諸田，自丞相受榮，以車爲姓。從兹已降，仁賢繼出。高祖本，隨朝散大夫、越府司馬。曾祖恭，閬州録事參軍。祖珪，泉州司户參軍。皆飲德資身，謀孫翼子。公通明政事，尤精理法。始自學宦，眂附名公。莫不盡其歡心，得其肺膂。既以此始，亦以此終。遇事貶授博陵郡司户參軍員外置。到職未幾，屬御史大夫張守珪巡按河北，遂召公於府内。糾逖繩違，忠於督察。又改授清河郡司士參軍。採訪使張利貞委以操劾，束濕過當。又差攝録事參軍。綿歷歲時，府無留事。後因選調，寓於洛師。二疾來侵，百齡遽幾。享年不永，以天寶十二載冬之季月，旬有十五日告終於洛陽時邕里之私第，蓋春秋七十有六矣。夫人吴興錢氏，先公而卒，瘞於洛陽邙山之曲。滕公石室，今日重開；豐城故劍，此時還合。嗚呼！長子洽，文部常選。次子湊，武部常選。皆履仁稱孝，泣血負喪。女婿左武衛倉曹，充朔方支度營田判官錢篠，英名赫然，一日千里。頃佐戎幕，克成大勳。公之後事，固可知矣。銘曰：

宦名不遇兮溘盡河成，邙山之曲兮還開故塋。嗣子泣血兮佳婿雄名。目無不瞑兮其德永貞。

東海臧華刻

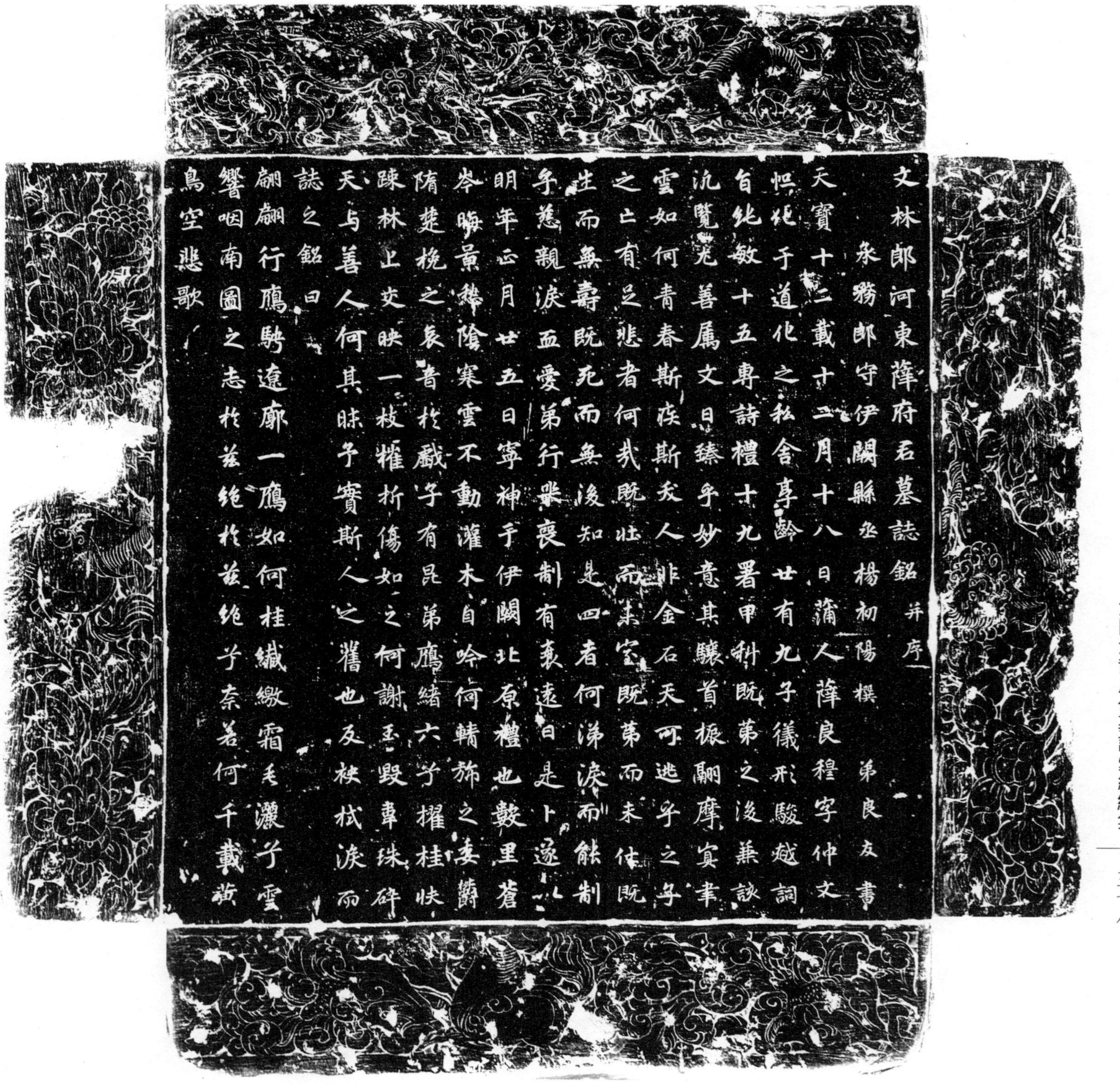
文林郎河東薛府君墓誌銘 并序
承務郎守伊闕縣丞楊初陽撰　弟良友書
天寶十二載十二月十八日蒲人薛良穆字仲文
怳化于道化之私舍享齡廿有九子儀形駿越詞
旨純敏十五專詩禮十九署甲科既第之後兼該
流覽光善屬文日臻乎妙意其驤首振翮摩宵聿
雲如何青春斯疾斯夭人非金石天可逃乎之子
之亡有足悲者何哉既壯而未宦既第而未仕既
生而無壽既死而無後知是四者何涕淚而能制
乎慈親淚血憂弟行號喪制有衰遠日是卜遂以
明年正月廿五日寧神乎伊闕北原禮也數里蒼
岑晦景愁陰寒雲不動灌木自吟何精旆之委蕤
隋楚挽之哀音於戲子有昆弟鴈緒六子擢桂朕
踈林上交映一枝摧折傷如之何謝玉毀韋珠碎
天与善人何其昧乎實斯人之舊也反袂拭淚而
誌之銘曰
翩翩行鴈駢遠廓一鴈如何桂纖繳霜毛灑兮雲
響咽南圖之志於茲絶於茲絶兮奈若何千載黄
鳥空悲歌

一八八　文林郎河東薛府君（良穆）墓誌銘

天寶十三載（七五四）一月二十五日葬。

誌文十九行，滿行十九字。正書兼行意。誌長六十厘米、寬五十八・五厘米。

楊初陽撰，薛良友書。

文林郎河東薛府君墓誌銘并序

承務郎守伊闕縣丞楊初陽撰

弟良友書

天寶十二載十二月十八日，蒲人薛良穆字仲文，怛化於道化之私舍，享齡廿有九。子儀形駿越，詞旨純敏。十五專詩禮，十九署甲科。既第之後，兼該泛覽。尤善屬文，日臻乎妙意。其驤首振翮，摩冥聿雲。如何青春，斯疾斯夭。人非金石，天可逃乎！之子之亡，有足悲者，何哉？既壯而未室，既第而未仕，既生而無壽，既死而無後。知是四者，何涕淚而能制乎！慈親淚血，愛弟行哭。喪制有衰，遠日是卜。遂以明年正月廿五日寧神於伊闕北原，禮也。數里蒼岑，晦景愁陰。寒雲不動，灌木自吟。何輤旆之委鬱，隨楚挽之哀音。於戲！子有昆弟，雁緒六兮。擢桂扶疏，林上交映。一枝摧折，傷如之何？謝玉毁，韋珠碎。天與善人，何其昧子。實斯人之舊也，反袂拭淚而誌之。銘曰：

翩翩行雁騁遼廓，一雁如何挂繳繳。霜毛灑兮雲響咽，南圖之志於兹絶。於兹絶兮奈若何，千載黄鳥空悲歌。

唐故彭府君夫人誌銘

一八九　唐故太子校書郎隴西彭公諱仲甫墓誌銘

天寶十三載（七五四）二月六日葬。

誌文二十六行，滿行二十六字。正書帶行意。誌長、寬均四十四·五厘米。

王邕撰。

誌蓋行書：唐故彭府君夫人誌銘

唐故太子校書郎隴西彭公諱仲甫墓誌銘并序

天寶十二載十一月十日左春坊校書彭君卒，時年五十三，下壽終也。夫人太原王氏，其載十二月廿四日卒，時年卌三，以哀絶也。嗚呼！我大彭氏火正支裔，霸商賓天，佐漢翼帝。淳耀焰烈，昭明後世。曾祖道，隨司勳員外郎。祖復宗，皇太中大夫、守蔚州刺史、上柱國、漁陽縣開國男。父景裕，皇梓州司户參軍。皆蓋代英儒，亢宗皇士。食德承學，不隕其名。君即司户之嗣子也。少而緇經，强志默識。文史足用，時罕及之。不自異於時人，故沉滯丘壑卅餘載。亦嘗隨計吏詣闕，因近臣獻書，直道難容，退藏於密。家素貧窶，力耕養親。啜菽飲水，怡怡如也。居易俟命，久無宦情。侍黄門侍郎陳公〔一〕深知於君，奇其操行，乃使謂之曰：「懷寶迷邦，何自負於　聖日；見善未舉，實有愧於知音。」君乃拂衣而起，彈冠求達。以開元廿九年十一月廿六日上注《道德經》，恩敕拜校書，非本志也。無何，丁太夫人憂，柴毁過禮，殆至滅性，廬於墓所，哀瘠□年。陳公聞之曰：「孝乎斯人，難可奪志。」辟召之次，不復以君爲心。君得歸於舊居，高尚其事。輕軒冕如脱屣，視富貴如浮雲。賦詩彈琴，聊以永日。雅愛静默，尤好玄言，易象道書，皆特爲之傳解。奥理□義，焕然可觀，晏象堅白，不能遏也。惜乎！有稽古之才〔二〕，無榮身之位。懷□人之明，終下士之禄。天之與善，何其慼哉。夫人早歲歸我，有輝德門。仁慈以安上下，孝敬以睦中外。主饋有宜家之譽，視衿無貽離之憂。文伯云亡，雖合禮而晝哭；共姜有誓，遽陳詩而之死。痛煞身而莫贖，願從天以同歸。累日號慕，傷神而殁。有子五人，澤等聲皆喻天，哀實泣血。何怙何恃，棘心摧如。乃以天寶十三載二月六日　合祔於龍門鄉北原，用周禮也。嗚呼哀哉！乃爲銘曰：

諒彭夭而傷壽，誠援古而猶今。冀惟德而天捕，翻積善而禍深。嘆夜壑而一至，歸泉臺而雙沉。望丘隴兮鬱鬱，悲松柏兮森森。庶刊石以永記，將不死於德音。

秘書省正字王邕撰

〔一〕「黄門侍郎陳公」據《新唐書》卷二二三《陳希烈傳》，即陳希烈，以精通黄老之學著称。

〔二〕「才」爲小字，刻於「之」右下。

一九〇　唐故給事中宜春郡司馬廣陽子張府君（埱）墓誌銘

天寶十三載（七五四）十月十一日葬。

誌文二十八行，滿行三十字。正書。誌長六十三厘米、寬六十一厘米。

韋述撰，徐浩書。

唐故給事中宜春郡司馬廣陽子張府君墓誌銘并序

銀青光禄大夫行尚書工部侍郎集賢院學士知史官事方城縣公上柱國韋述撰

朝議大夫行尚書憲部郎中攝司農少卿上柱國徐浩書

有唐哲士范陽張埱，字正平。左丞相、贈太師、燕文貞公〔一〕之少子。憲部尚書〔二〕、太常卿〔三〕之季弟也。德門垂慶，儒風繼美。忠貞孝友，至性形於自然；禮樂詩書，素業就於童孺。洎乎漸勝冠帶，式踐周行。輝光日新，物譽增茂。清真不雜，美秀而文；容止閑和，言詞雅實。加以親仁嘉善，泛愛容衆，朝廷縉紳之士莫不飲酌道義，自謂不足者矣。弱歲補弘文生，以文貞公翼亮之重，拜太子通事舍人，遷符寶郎。推恩受惠，封廣陽縣子。家艱去職，禮終授河南功曹，換京兆府法曹，歷藍田令、金部員外郎、太子中舍人、光禄少卿。其在京掾，則綱紀庶務輕重必舉；□爲邑宰，則緝綏群黎巨細咸理。郎官萬務之本也，亞卿九列之貳也，皆以才實允膺其選。貢賦有□，鼎飪惟和。雅步臺寺，無思不韙。屬夔龍入輔，急於求賢。出納王言，尤思慎擇。乃拜給事中，屈資就劇，旌異才也。當以七命之貴，名高秩宗。賈虎齊驅，荀龍並騖。朱輪滿道，孰不稱榮。君又與太常同於翰林待詔，論思獻納，並入雙飛。金馬崇嚴，且類東萊之路；石渠清秘，無異平輿之泉。嗚呼！滿盈有虧，高明必瞰。四時代序，天道之常。即以明年三月左遷宜春郡員外司馬，驅驛赴任。太常亦出佐盧溪，涉素滻而南上。尚書又謫守閩越，出青門而左轉。去國無幾，俄然異途。枝條遽分，雲日無色。羽翼將散，悲鳴斷腸。行路之人，莫不隕淚。君素有心疾，不堪憂僨。行至洛師之東南，暴終於汝墳之郵舍。春秋卌四，即天寶十三載三月十六日也。元昆撫喪，枕股慟哭。迫以嚴命，無容少留。哀否泰之靡常，痛死生之難訣。粤以其載十月十一日歸厝於萬安之南原，從 先塋也。孀妻隴西郡君李氏，嗣子河南府參軍崟、京兆府參軍嵲等，銜疚庀喪，約禮從儉。載刊沉石，永誌泉扃。其銘曰：

令君之子，高陽之里。文學政事，兼才具美。静如珪璋，芬若蘭芷。亦既筮仕，揚名立身。道存簡惠，德著寬仁。恕己待物，其誰不親。金友玉昆，名高日下。忠肅恭懿，風流儒雅。邑里荀陳，朝端牧馬。吉凶倚伏，命也□常。光華倏變，奄此彫亡。啓手行旅，歸魂舊鄉。清洛之南，維嵩之右。卜筮叶吉，囦寧斯阜。勒美貞珉，式垂不朽。

〔一〕「燕文貞公」據《舊唐書》卷九七《張説傳》，即張説。

〔二〕「憲部尚書」據《舊唐書》卷九七《張均傳》，即張均。

〔三〕「太常卿」據《舊唐書》卷九七《張垍傳》，即張垍。

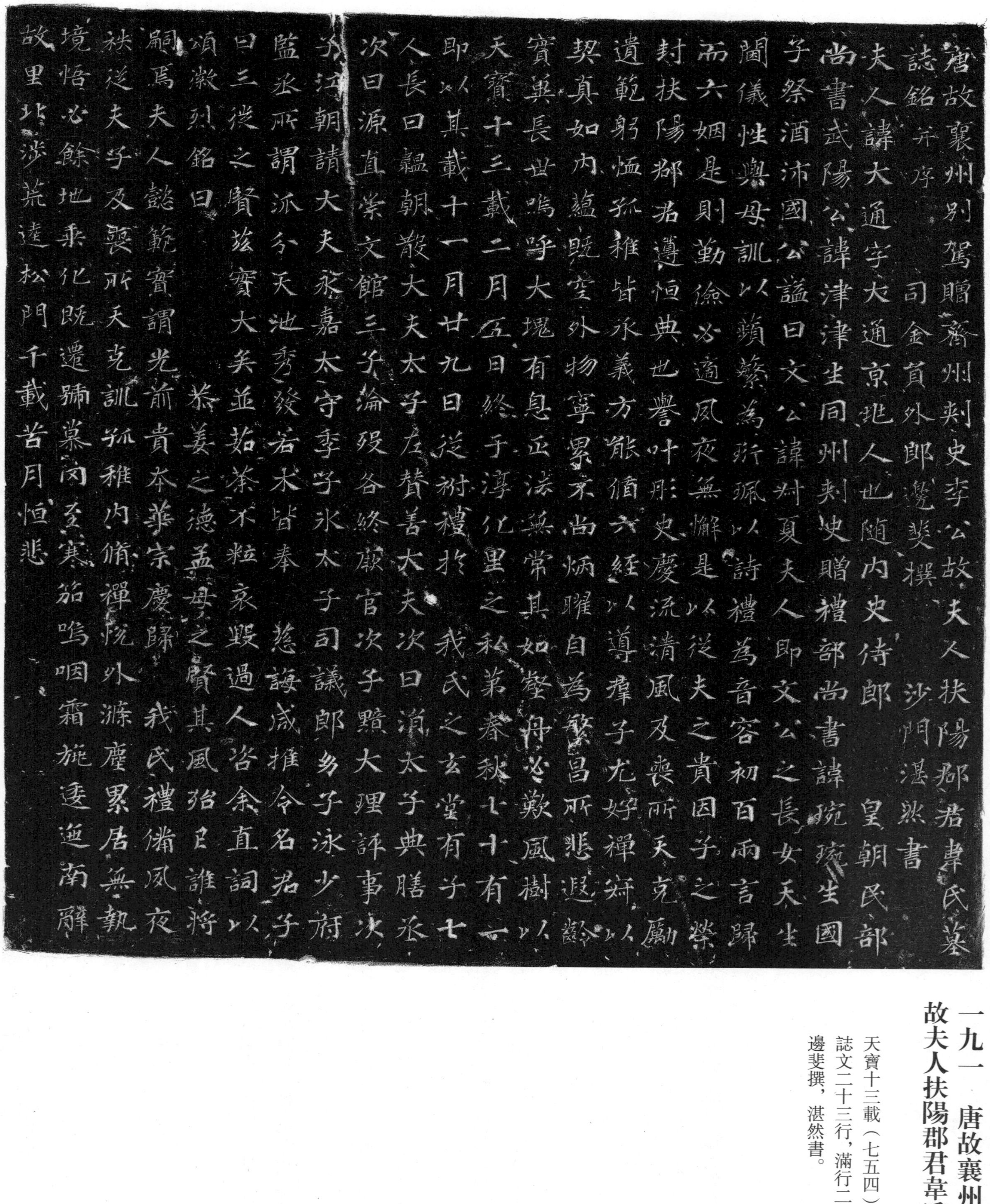
唐故襄州別駕贈齊州刺史李公故夫人扶陽郡君韋氏墓
誌銘并序　司金員外郎邊斐撰　沙門湛然書
夫人諱大通字大通京兆人也隨內史侍郎　皇朝民部
尚書武陽公諱津津生同州刺史贈禮部尚書諱琬琬生國
子祭酒沛國公謚曰文公諱對夏夫人即文公之長女天生
閫儀性與母訓以蘋蘩為珩珮以詩禮為音容初百兩言歸
而六姻是則勤儉必適夙夜無懈是以從夫之貴因子之榮
封扶陽郡君遵恒典也譽叶彤史慶流清風及喪所天克勵
遺範躬恤孤稚皆承義方能循六經以導群子尤好禪寂以
契真如內蘊既空外物寧累不尚炳曜自為繁昌所悲遐齡
寶藥長世嗚呼大塊有息正法無常其如壑舟必歎風樹以
天寶十三載二月五日終于淳化里之私第春秋七十有一
即以其載十一月廿九日從祔禮於　我氏之玄堂有子七
人長曰韞朝散大夫太子左贊善大夫次曰湞太子典膳丞
次曰源直崇文館三子倫歿各終蔽官次子黯大理評事次
曰汭朝請大夫永嘉太守季子氷太子司議郎幼子泳少府
監丞所謂派分天池秀發若木皆奉　慈誨咸推令名君子
曰三從之賢茲實大矣並茹荼不粒哀毀過人洛余直詞以
頌徽烈銘曰　恭姜之德孟母之賢其風殆已誰將
嗣焉夫人懿範實謂光前貴本華宗慶歸　我氏禮備夙夜
袂從夫子及喪所天克訓孤稚內脩禪悅外滌塵累居無執
境悟必餘地乘化既還歸菓閟至寒笳嗚咽霜旌逶迤南瞻
故里北涉荒遠松門千載苦月恒悲

一九一　唐故襄州別駕贈齊州刺史李公（靜）故夫人扶陽郡君韋氏（大通）墓誌銘

天寶十三載（七五四）十一月二十九日葬。

誌文二十三行，滿行二十三字。正書。誌長、寬均六十八·五厘米。

邊斐撰，湛然書。

唐故襄州別駕贈齊州刺史李公故夫人扶陽郡君韋氏墓誌銘并序

司金員外郎邊斐撰

沙門湛然書

夫人諱大通，字大通，京兆人也。隨內史侍郎、　皇朝民部尚書、武陽公諱津。津生同州刺史、贈禮部尚書諱琬。琬生國子祭酒、沛國公，謚曰文公，諱叔夏。夫人即文公之長女。天生閫儀，性與母訓。以蘋蘩爲珩珮，以詩禮爲音容。初百兩言歸，而六姻是則。勤儉必適，夙夜無懈。是以從夫之貴，因子之榮，封扶陽郡君，遵恒典也。譽叶彤史，慶流清風。及喪所天，克勵遺範，躬恤孤稚，皆承義方。能循六經，以導羣子，尤好禪寂，以契真如。内蘊既空，外物寧累。不尚炳曜，自爲繁昌。所悲遐齡，實冀長世。嗚呼！大塊有息，正法無常，其如壑舟，必嘆風樹。以天寶十三載二月五日終於淳化里之私第，春秋七十有一。即以其載十一月廿九日從祔禮於　我氏之玄堂。有子七人，長曰韞，朝散大夫、太子左贊善大夫；次曰涓，太子典膳丞；次曰源，直崇文館。三子淪歿，各終厥官。次子黯，大理評事；次子江，朝請大夫、永嘉太守；季子冰，太子司議郎；幼子泳，少府監丞。所謂派分天池，秀發若木。皆奉　慈誨，咸推令名。君子曰：三從之賢，茲實大矣。並茹荼不粒，哀毀過人。咨余直詞，以頌徽烈。銘曰：

恭姜之德，孟母之賢。其風殆已，誰將嗣焉。夫人懿範，實謂光前。貴本華宗，慶歸　我氏。禮備夙夜，秩從夫子。及喪所天，克訓孤稚。内脩禪悅，外滌塵累。居無執境，悟必餘地。乘化既遷，號慕罔至。寒笳嗚咽，霜旐逶迤。南辭故里，北涉荒逵。松門千載，苦月恒悲。

一九二　大唐故仙州襄城縣丞頓丘李公（珙）墓誌銘

天寶十三載（七五四）閏十一月五日葬。

誌文二十六行，滿行二十六字。正書。誌長、寬均四十五厘米。

盧深撰，盧欽書。

大唐故仙州襄城縣丞頓丘李公墓誌銘并序

外甥朝請郎前行清河郡參軍盧深撰

公諱珙，字璵，　太上玄元之裔孫也。得姓受氏，其來自遠。承家閥閲，史不絶書。暨北地太守忠家於
衛，自時厥後，乃曰頓丘人焉。後魏元恭皇后，則公八代祖姑，生獻文帝。帝念周雅秦風，寵秩諸舅，封王者五，
建侯者三，時人因稱五王李氏。公即彭城王之八代孫也。曾祖恂，　皇萊州刺史，封頓丘縣開國男。大父守真，
皇曹州長史。考幾道，　皇尚書金部員外郎，襲頓丘男。咸以英髦入仕，翹楚見稱。克廣前脩，德垂後裔。
公則員外之仲子。爰自孩幼，迄於終年。口不捨詩書，心莫離恭恪。年十八，舉孝廉甲科。調補邢州龍崗縣尉，
俄授宗城尉，改襄城縣丞。嗟乎，舟楫之材，未涉巨川之用；層臺之量，空傷壘土之卑。以開元四年十二月九
日遘疾終於位，春秋卌有三。夫人范陽盧氏，殿内侍御史彦卿之曾孫，櫟陽縣丞大道之孫，沔州司馬愔之息女。
幼則聰敏，長而淑慎。伊爾令德，歸我府君。事舅姑有承顔之恭，奉君子得齊眉之敬。嗟乎，蟲飛薨薨，正甘宵夢；
德音秩秩，俄掩夜臺。以唐隆元年六月廿八日先府君終於履信里之私第，享年廿有五。府君有三子，曰鑾、曰崟、
曰銑。鑾，終陳州溵水主簿。崟，則夫人之己生。初任寧陵，貶長沙尉。銑，亦任寧陵尉。必復之胤，佇兹弟兄。
合祔之期，每懷窀穸。深則不敏，忝承自出。情切渭陽，終慚酷似。奉　先夫人遺旨，脩舊館前規。粤以通年，
虔供葬事。銑乃哀哀匍匐，罄室僉諧。以天寶十三載閏十一月五日奉府君夫人之櫬，合祔於員外府君之兆内。
閔哉嗣子，式展孝思。託以匪才，刊於禎石。小子情深感慕，握筆增悲。義切謂生，空慚述作，其詞曰：

襄城府君，范陽夫人。芳猷不替，德義爲鄰。一自權窆，於今幾春。旌發南郭，兆啓東闉。悲夫悲夫，通
谷樹翩翩，繚嶺雲今夕。球玲與蘭桂，千秋萬古掩玄門。

外生朝散郎前行潁川郡長葛縣尉盧嶔書

唐故儒林郎行將作監右校署丞河間邢氏故
夫人光氏墓誌銘并序
惪夫邢氏之先出於周後保姓受氏食菜
于邢瓜瓞蟬聯於昔朝子孫襲嗣於當代
幹蠱傳業忠貞不愆夫人爰自笄年作嬪
君子婦德純備母儀克修主中饋而有光
邊閭訓而無失所冀長延保慶遐壽克參
豈期玄夜奄歸佳城永隔嗚呼哀哉粵以
天寶十三載歲次甲午八月十七日遘疾
終於清化里之私第春秋七十以其載閏
十一月廿一日遷窆于龜洛之陽邙山之
原平樂鄉禮也有子五人並擗地無容號
天靡訴痛風樹之莫靜泣慈顏之不再恐
陵移谷變刊茲幽石其銘曰
乾罡作始坤孕載物与時行藏任運休沒
聚壤崇墳刊石紀文安窆神鬼神祐子孫

大唐故
夫人光
氏墓誌

一九三　唐故儒林郎行將作監右校署丞河間邢氏故夫人光氏墓誌銘

天寶十三載（七五四）閏十一月十一日葬。

誌文十六行，滿行十六字。正書。誌長四十四厘米，寬四十三·五厘米。

誌蓋篆書：大唐故夫人光氏墓誌

唐故儒林郎行將作監右校署丞河間邢氏故夫人光氏墓誌銘并序

原夫邢氏之先，出於周後。保姓受氏，食菜於邢，瓜瓞蟬聯於昔朝，子孫襲嗣於當代。幹蠱傳業，忠貞不愆。夫人爰自笄年，作嬪君子。婦德純備，母儀克修。主中饋而有光，遵閫訓而無失。所冀長筵保慶，遐壽克終。豈期玄夜奄歸，佳城永隔。嗚呼哀哉！粤以天寶十三載歲次甲午八月十七日遘疾終於清化里之私第，春秋七十。以其載閏十一月十一日遷窆於龜洛之陽，邙山之原平樂鄉，禮也。有子五人，并擗地無容，號天靡訴。痛風樹之莫静，泣慈顔之不再。恐陵移谷變，刊兹幽石。其銘曰：

乾罡作始，坤厚載物。與時行藏，任運休没。聚壤崇墳，刊石紀文。安窆神鬼，神祐子孫。

一九四　唐故貶邵陽郡邵陽縣尉岳陽縣開國伯平陽柴府君（閎）墓誌銘

天寶十三載（七五四）十二月六日葬。

誌文二十八行，滿行二十九字。正書。誌長、寬均四十五厘米。

誌蓋篆書：大唐故柴府君墓誌銘

唐故貶邵陽郡邵陽縣尉岳陽縣開國伯平陽柴府君墓誌銘并序

君諱閲，字子文，平陽臨汾人也。其先高柴居魯，因以字爲氏焉。遭秦焚書，昭穆版蕩。漢有棘蒲侯武，累葉而疇爵邑。其後因家平陽，遂爲世禄者矣。曾祖朗， 皇徐王府録事參軍，積習弓裘，久遺清白。克幹父蠱，貽厥孫謀。大父令將〔一〕，舉秀才，歷侍御史、中書舍人、工部侍郎、衛尉大理二寺卿、蒲□及兖三州牧，尋加銀青，遷太子賓客，封岳陽縣伯，食邑千户。河岳秀氣，邦國鼎臣。主萃文儒，以爲泉藪。張皇德禮，以爲甲胄。好書致癖，三至絶編。學經早明，數重奪席。嘗注《周易》，撰《三傳通誌》，集《本草藥類》，凡數十万言，並傳於世。皇考少儀，進士高第，歷校書郎、洛陽縣尉、太常博士。載嗣家聲，闡揚世業。至若令妻壽母，則必大族强家，故得婚姻，孔云子孫蕃衍。故河南府掾范陽盧禧，士林名儒，夫人令弟也。惟君自中及外，積行累德，而天鍾美，誕生府君。君之爲兒，弱不好弄。屹如巨人之志，頗有通賢之識。八歲無恃，柴毁終喪。未弱冠，以門子補右千牛。無幾，又禍丁所怙，絶漿七日，必自因心。泣血三年，未嘗見齒。服闋，重任舊官，襲岳陽縣伯。咫尺 天威，翼戴雲陛。秩滿，拜睢陽郡司户參軍。董理逋逃，典司版籍。君宅心寛裕，任性謙虚。事繼母以孝聞，友諸季以義著。由是五府交辟，三語就徵。時南海郡太守兼御史中丞劉巨麟奏充幕府，以佐使車。於是經營匪躬，密勿靡盬。以役 王命，遹駿有聲。 帝賜之衣服一稱，繒綵百數。驟遷江陵郡大都督府録事參軍，攝監察御史。仍舊充採訪判官，由舊勳也。會使主坐法，淪胥以鋪，連累於君，貶潭陽郡龍標縣尉，量移邵陽郡邵陽縣尉。令尹三黜而無愠，夫子九夷而自安。天寶十一載八月三日遘疾終於邵陽官舍，春秋卅五。嗚呼！顔回早秀，禀命不融；終軍幼奇，享年不永。福善無應，天實爲之。初，君慎擇交遊，共弊裘馬。故得賓從逐進而昵就，朋友麏至以盍簪。及君云亡，衆哭之慟。越以後年臘月六日，權窆於洛陽東原，禮也。君之伉儷，中山劉氏。前軍器監，貶安陸郡都督府户曹仲丘之愛女也。柔嘉令淑，習禮明詩。鼎盛春秋，孀惸在疚。哀護喪事，務從儉約。有子三人，並在齠齔，豐下有後，柴氏其興乎。乃伐石他山，昭銘泉壤。詞曰：

白社□梓澤，東崗連嶺屬。風雲通龍盤，虎跱川原雄。人謀鬼謀此爲宫，于嗟柴君居厥中。素車白馬來送終，青松黛柏多悲風。

（一）即柴憲，字令將，墓誌見本書一〇〇《柴憲墓誌銘》。

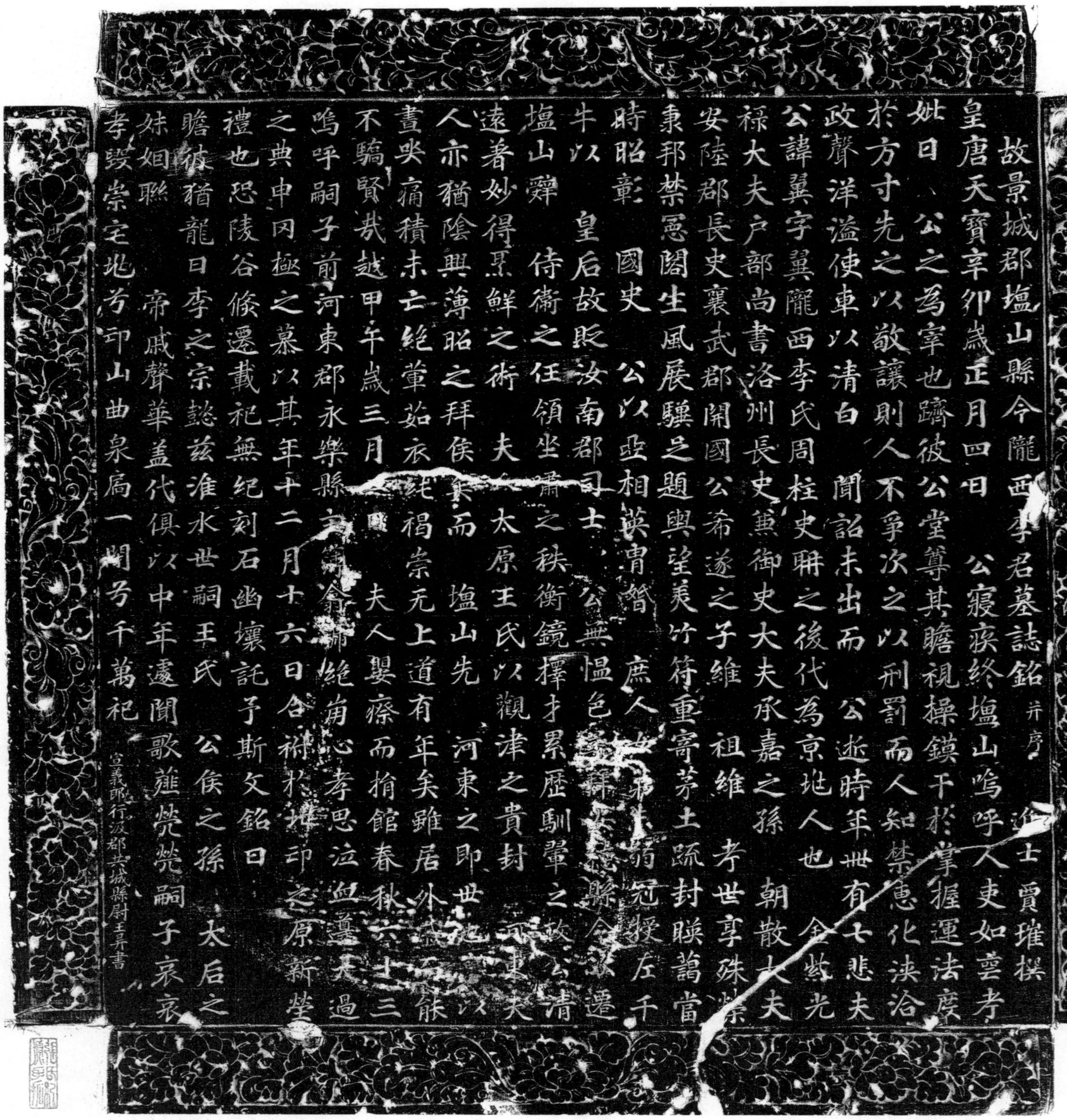
故景城郡塩山縣令隴西李君墓誌銘并序　進士賈璀撰
皇唐天寶辛卯歲正月四日　公寢疾終塩山嗚呼人吏如喪考
妣曰、公之為宰也躋彼公堂尊其瞻視操鎮于於掌握運法度
於方寸先之以敬讓則人不爭次之以刑罰而人知禁恵化浹洽
政聲洋溢使車以清白聞詔未出而　公逝時年卌有七悲夫
公諱翼字翼隴西李氏周柱史聃之後代為京兆人也　金紫光
祿大夫户部尚書洛州長史兼御史大夫承嘉之孫　朝散大夫
安陸郡長史襄武郡開國公希遂之子維　祖維　考世享殊禁
秉邦禁憲閣生風展驥之題與望美竹符重膺茅土疏封暌譪當
時昭彰　國史　公以亞相英胄　庶人[illegible]弱冠授左千
牛以　皇后故貶汝南郡司士　公無慍色[illegible]縣令遷
塩山辭　侍衛之任領坐肅之秩衡鏡擇才累歷馴翬之效公清
遠著妙得烹鮮之術　夫人太原王氏以觀津之貴封[illegible]夫
人亦猶陰興薄昭之拜侯矣而　塩山先　河東之即世[illegible]以
晝哭痛積未亡絕葷茹衣純褐崇元上道有年矣雖居外[illegible]能
不驕賢哉越甲午歲三月[illegible]　夫人嬰瘵而捐館春秋六十三
嗚呼嗣子前河東郡永樂縣主簿[illegible]絶漿心孝思泣血逾[illegible]過
之典申罔極之慕以其年十二月十六日合祔於北邙之原新塋
禮也恐陵谷倏遷載祀無紀刻石幽壤託予斯文銘曰
瞻彼猶龍曰李之宗懿茲淮水世嗣王氏　公侯之孫　太后之
妹姻聯　帝戚聲華蓋代俱以中年遽聞歌薤煢煢嗣子哀哀
孝踐崇宅兆于邙山曲泉扃一閟兮千萬祀
宣義郎行汲郡共城縣尉王昇書

一九五　故景城郡鹽山縣令隴西李君（翼）墓誌銘

天寶十三載（七五四）十二月十六日葬。

誌文二十二行，滿行二十五字。正書。誌長五十三厘米、寬五十二厘米。

賈璀撰，王昇書。

故景城郡鹽山縣令隴西李君墓誌銘并序

進士賈璀撰

皇唐天寶辛卯歲正月四日　公寢疾終鹽山。嗚呼！人吏如喪考妣曰。公之爲宰也，躋彼公堂，尊其瞻視。操鏌干於掌握，運法度於方寸。先之以敬讓，則人不争；次之以刑罰，而人知禁。惠化浹洽，政聲洋溢。使車以清白　聞，詔未出而　公逝，時年卌有七，悲夫！公諱翼，字翼，隴西李氏。周柱史聃之後，代爲京兆人也。　金紫光禄大夫、户部尚書、洛州長史兼御史大夫承嘉之孫，　朝散大夫、安陸郡長史、襄武郡開國公希遂之子。維　祖維　考，世享殊榮。秉邦禁，憲閣生風；展驥足，題輿望美。竹符重寄，茅土疏封。映藹當時，昭彰　國史。　公以亞相英胄，婚　庶人〔一〕女弟。未弱冠授左千牛。以　皇后故貶汝南郡司士，　公無愠色。尋拜安德縣令，次遷鹽山。辭　侍衛之任，領坐嘯之秩。衡鏡擇才，累歷訓翬之政；公清遠著，妙得烹鮮之術。　夫人太原王氏，以觀津之貴，封　河東夫人。亦猶陰興、薄昭之拜侯矣。而　鹽山先河東之即世也，喪以晝哭，痛積未亡。絶葷茹，衣純褐，崇無上道有年矣。雖居外戚，而能不驕，賢哉！越甲午歲三月二日，夫人嬰瘵而捐館，春秋六十三，嗚呼！嗣子前河東郡永樂縣主簿翕，號絶崩心，孝思泣血。遵大過之典，申罔極之慕。以其年十二月十六日合祔於北邙之原新塋，禮也。恐陵谷倏遷，載祀無紀。刻石幽壤，託予斯文。銘曰：

瞻彼猶龍，曰李之宗。懿兹淮水，世嗣王氏。　公侯之孫，　太后之妹。姻聯　帝戚，聲華蓋代。俱以中年，遽聞歌薤。煢煢嗣子，哀哀孝毁。崇宅兆兮邙山曲，泉扃一閉兮千萬祀。

宣義郎行汲郡共城縣尉王昇書

〔一〕「庶人」據《舊唐書》卷五一《玄宗废后王氏傳》，即玄宗王皇后，後废爲庶人。

故袁公
墓誌銘

一九六　故晉陵郡晉陵縣令袁府君（恒）墓誌銘

天寶十四載（七五五）某月十三日葬。
誌文三十五行，滿行三十五字。正書。誌長、寬均六十厘米。
某嘉隱撰，賀若載書。
誌蓋正書：故袁公墓誌銘

故晉陵郡晉陵縣令袁府君墓誌銘并序

太子舍人□□字嘉隱撰

白珪所復者審，清簡所存者大，審以涖官政，大以□□□，府君得之矣。公諱恒，字恒，陳郡人也。　祖康，洛州長史。　父仁敬，大理卿。　帝□其心，家積其慶。至公爲天下所賴，至潔爲朝廷所仰。衣冠接武，俊乂盈門。以詩禮爲義方，以文章爲事業。訓誨彐益，德華自遠。故公未弱冠以孝廉登科，心貫連珠，器成琢玉。閨門以潤其風雅，禮樂以懲其嗜欲。趨庭學茂，遊藝道深。調集授揚州揚子縣尉。東南望美，淮海惟錯。其立政也嚴，其理人也惠。幹能動衆，清白有聞。府主李尚隱囦善吏曹，雅相欽挹，三考見陟，一鳴驚人。遷右驍衛倉曹參軍。載筆自公，佩蘭毓德。從容簡牘之下，噓吸雲霄之上。長君子之道，交游孔門；利武人之貞，出納惟吝。玉筠旁達，環衛攸叙。以資轉河南府伊陽縣丞。巘嶙王畿，崢嶸巖邑。國家帑藏，我有錢監以供之；國家玉府，我有銀坑以實之。公爲兼統，聲出寮友。連甍十室，化成忠允之士；興役萬人，皆是子來之衆。威恩俱舉，寬猛相濟。片言可折，在心鏡而無疲；餘力若行，登蕙樓而動詠。風流滿目，功績盈庭。閭閻共慕其政善，臺省咸嗟於才屈。暫拘常調，又至銓衡。屬　聖上甄録英髦，旁求多士。將勸後來之俊，廣收前任之迹。類能而用，取則春官。明揚清白之狀，寄理親人之邑。超資拜晉陵郡晉陵縣令。位踰三命，班列五等。玉帑發大官之榮，子男有小鮮之美。况地帶郛郭，利兼江湖。里胥滿庭，比屋填野。削無益以示簡，底無訟以示明。有害人以必去，有利國而必行。或彈古琴，或出新政，或進温良，或黜邪佞。我克静而人不擾，我恤刑而人知禁，我好讓而人吏不争，我好農而田疇自闢。物既和矣，人胥悦矣。優優布政，載經寒暑；肅肅在公，克諧僚佐。耆艾惜其秩滿，井邑凝其去思。大患曰身，脩短惟命。梁木忽壞，逝川何居。天寶十四載春末去職，夏初廿九日卒於晉陵郡私館，春秋六十有二。嗚呼！魂斷圖南，歸轅未北。孤幼號慟，官寮揮涕。里閈痛於遺愛，士庶傷其絶筆。函關路遠，悲生於紫氣；　帝鄉目極，聲咽於白雲。舟沉江淮，馬及川陸。一哀水際，吊盡往來之鶴；一篋路隅，血流朝夕之奠。城南别業，洛下閑居。愛弟摧陟岡之心，親友興埋玉之嘆。九筵時暮，宅兆光遠。蓊靈已出，彰行古之道；石槨不脩，無速朽之謗。以翌歲□月十三日遷厝於河南縣伊汭鄉平原，禮也。伊水北注，連巖中絶。背新城之闕塞，臨寶刹之福庭。故吏常來，望九原而□淚；明神不滅，居十地而成果。嗣子俌，次子僎、侹、偘、侄、僔、□、倫等，茹蓼死孝，□□號天。英晤有八龍之徵，必復多五公之兆。子婿臨汝郡司法參軍張翰、滎陽郡參軍杜操等，冰玉滿堂，椒聊盈掬。坦腹無怙，銜悲送終。相與採掇遺芬，叙傳舊德，介於貞石，貽厥泉臺。其詞曰：

門爲正卿，世有才子。繼體貞幹，象賢惟似。拾紫南宮，宅仁東里。白華稱孝，黄綬入仕。明照秋月，清流淮水。布政人歸，昇聞狀美。載筆環衛，馳聲蘭錡。毗贊王畿，邦家樂只。風規滿邑，畏愛盈耳。令色令儀，能終能始，武城絃歌，單父商徵。晉陵舊德，惟公竊比。原野雷震，江淹草靡。考績俄凋，桑田忽徙。秦醫不及，越□更使。命也含珠，人兮罷市。竹箭東别，蒲葵北指。幽靈舊居，胤嗣童稚。血迸苦凷，心崩螻蟻。馬鬣開封，魚懸設披。地接嵩岳，樹連伊涘。兄弟陟崗，親賓繼□。墳草未宿，悲風自起。莫問黄泉，留圖青史。

河南賀若載書

一九七　唐故御史中丞大理少卿贈高平郡太守河東裴公（曠）墓誌銘

天寶年間葬。

誌文三十行，滿行二十九字。正書。誌長六十九厘米、寬六十七·五厘米。

李吉甫撰，張誠書。

唐故御史中丞大理少卿贈高平郡太守河東裴公墓誌銘并叙

朝請郎前行京兆參軍趙郡李吉甫撰

前湖州司馬張誠書

公諱曠，字允升，河東聞喜人也。當　皇唐開元□□，□髦在位，多士咸集。而□□□□□□苦節□宜天憲十年，守官不由外，□□義可知也。後以按舉不法，事連相府，執政者□□□□移公大理少卿，猶患逼己，乃貶公黔府都督。享年六十四，以開元廿三年夏六月□□終於黔府。天下思其遺直，邦人泣其遺愛。我誠必□□感□□哀哉。公生□德門，幼有休問。體資剛毅，動協規矩。□□□□□□□撓。禮義之度，造次不愆。始歷温縣主簿，吏部侍郎王丘舉公之清通，委以詮□□□□□□□□□□史也。范陽節度張守珪據上將之尊，受一隅之寄。位崇致滿，動□□□。□□請禁於纖微，節以制□。又以時方偃革，民久忘戰。故嘗請巡邊，以諸武備。　上皆答以優詔而不之□也。既而守珪□□□□□終於逆命，天□□□不序，戎馬在郊。一□勵階，及此爲梗，則公之知微，若叶幽贊矣。其爲中丞也，吏部侍郎劉彤宦由中人，政不率道。公常臨以風憲，彰其寵賂。夫嚴霜降而天地肅，王剛舉而世議清。小人冒位，必亂於王度；君子爲政，在弘其名教。是以施罪而咸服，舉事而有成。蓋異夫察察缺缺，以悩民怚下者矣。及公之既終也，　玄宗悼焉，且謂公盈篋非辜，歷職皆治。於死生之際，示君臣之恩。乃敕□□長史韓朝宗給官錢護送，仍賻以縑帛。故得以開元廿四年歸葬於邙山之北伯樂堰，後以夫人隴西郡君李氏祔焉。天寶初，朝廷又贈公以高平太守。殁而見思，德不孤也。夫人能循采蘋之度，不弃絲枲之業。母儀有訓子之方，婦道克家人之禮。德容之備，我實兼焉。公二子，長曰鷗、次曰虬。鷗不幸早卒，虬能奉公義訓，爲時骨鯁。涉滅頂而不危，由匪躬而三接。昔臧僖伯以矢魚補過，哀伯以納鼎陳謨。魯史存其立言，君子以爲有後。深於《春秋》者謂裴氏世嗣，與古爲鄰，盛矣哉！既而詢於卜筮，崇我封域。申命小子，鏤石爲文。若公歷官之次序，祖考之名位。令胤之卜宅，奉先之美志。則咸紀豐碑，將不□述矣。今直銘其梗概，昭示後昆。其詞曰：

□若古訓，疇兹往術。吕刑既弊，秦綱苛密。昔在開元，刑惟公恤。不紊不偏，神□□□。□□天憲，嚴嚴大理。君子持法，秉心如矢。宜光後嗣，克誕才子。於公□□，□□□□。孝則不匱，至哉封崇。詢於卜筮，卜筮攸同。一門盛業，子孝臣□。□□□□，□□仁風。

一九八　大唐中散大夫行巴東郡司馬孫府君（玄）誌文

天寶年間葬。

誌文十八行，滿行十九字。正書兼行意。誌長四十三厘米、寬四十二厘米。

大唐中散大夫行巴東郡司馬孫府君誌文

君諱玄，吴郡富春人也。 帝後過江，析居臨汝。君之大門諱才，列仕皇朝，折衝千里。君 父諱昉，高節勵行，詩書自閑。從意所如，脱落塵俗。外忘軒冕，内弃身心。懷五蘊而皆空，向九疑而見獨。山居□飲，有去無還。君少而孤，慈母鞠育。七歲能學，弱冠而成。 君之事親，古人不代。時 太夫人寢疾，遂易學而求醫，扶侍數年，方書洞曉。職參七正，考歷廿。出則佐郡巴東，入乃春宫掾局。開廿二載卒於私第，行年八十有一。君海里無涯，心廣志豁。與物無競，包和□深。更因不二圂門，有慕 先人之業。盡忠於國，執信於朋。光族榮親，義方時譽。君之喪弟，除服而加哀；痛往撫存，郕人而多謝。君妻王氏，早虧鸞鏡之儀，緒結任門，復慶鵷鶵之念。生雖異代，没後同榮。更徵雙鳳之魂，再召鳴鳩之德。遷居浰右，長寢流川。終厝泉洞，永悲行路。荒山草色，夜月松風。臺榭徒施，春秋何有？子孫餘訓，空思罔極之恩；碑碣標林，但有千年之迹。〔一〕

〔一〕墓誌未明確記載葬年，按墓誌中稱州爲郡，年爲載。故其葬年約爲天寶年間。

一九九　故鄚郡司士參軍武府君（道）墓誌銘

天寶年間。

誌文二十四行，滿行二十五字。正書。誌長四十四厘米、寬四十二・五厘米。

鄭聿撰。

原石藏洛陽張存才唐誌精品館。

誌蓋篆書：大唐故武府君墓誌銘

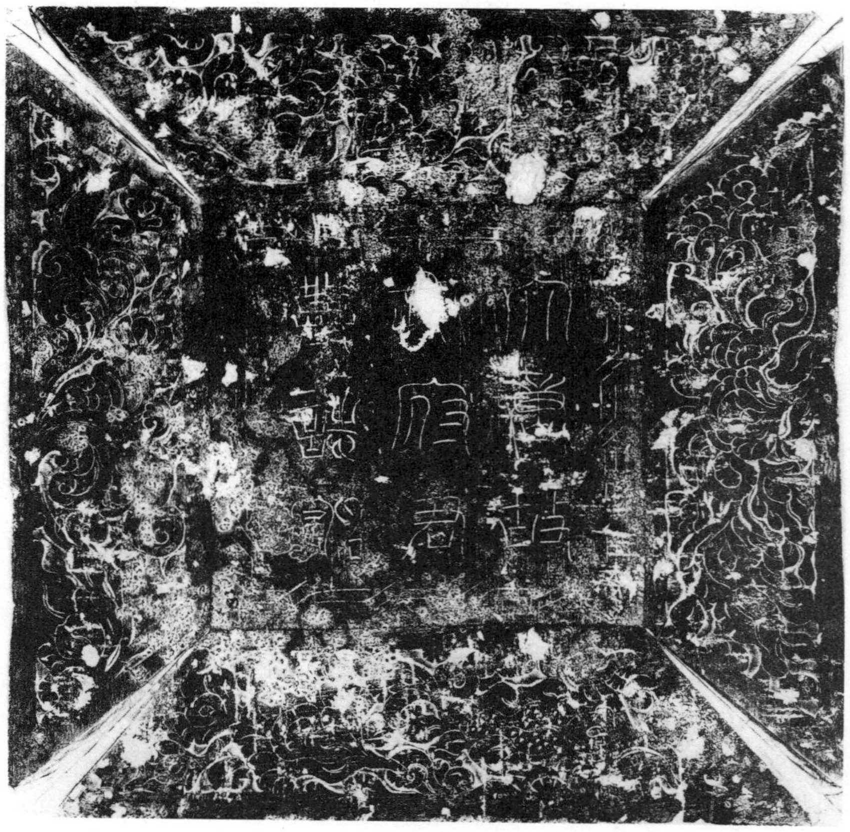

故鄴郡司士參軍武府君墓誌銘并序

朝議郎前行右領軍衛青曹參軍鄭聿選[一]

君諱道，字昌暎，沛國人也。昔姬昌之肇開王業，睿哲作聖。聖理垂嗣，誕膺其發。剪暴誅虐，克清緝熙。功崇前王，慶流後葉。綿綿瓜瓞，我誒[二]興焉。故其地積高門，家承　帝緒，時欽髦傑，世有哲王。曾祖士讓，周潞王，葭莩之英也。祖懷道，周楚王，盤石之賢也。父攸寧，周金紫光禄大夫、建昌郡王、夏官尚書、平章事。宰輔之任，於惟我王。弼□帝圖，燮讚元化。邊鄙不聳，風雨攸若。光股肱之重寄，體台鉉之顧□。則知稷薛之匡理，蕭曹之佐命，有足侔也。珪璋之寵，茅土之封。或光於家，或崇於邑。君即王之第若六子。智周萬物，德茂純深。幼襲義方，早崇庭訓。依仁遊藝，悦禮敦諸。遒七步之文，贍三冬之學。載十八，以諸親擢第，解褐任左屯衛騎曹。秩滿，改太子通事舍人，復爲河東郡司倉參軍。先天中，以親累遷竄於陸□，非其罪也。尋會開元廿七載，　恩制特從選調，授會稽郡功曹參軍。又轉鄴郡司士參軍。君所居有聞，利用無却。仁以從政，寬以約法。縉紳之士，咸以公輔許之。而雅尚直道，不由斜徑。晏乎卑位，曾非慼慼也。故位不充量，而軒冕懿其道，忠良仙其迹。竟不能矯翰雲路，振鱗渤澥。斯所以飲恨而茹嘆也。而君含弘藏諸，樂此冲□。從宦非宦，雖喧勿喧。天之不仁，春秋五十有九，遘疾終於官舍。載月日遷葬於河南縣龍門鄉原，禮也。[三]嗣子休，追惟承絡，仰遵先旨。痛□門之將墜，懼世業之既泯。乃勒豐石，庶傳不朽。來徵未學，早述斯文。銘曰：

光光我君，弈世載芬。盤石累襲，茅苴聿分。位卑黄綬，量□□□。代崇其美，天喪斯文。秋來夏往，德音逾廣。地久天長，顯允不忘。

[一]「選」應爲「撰」之訛誤。

[二]「誒」應爲「族」之訛誤。

[三]墓誌未記載遷葬時間，然墓誌中稱州爲郡，且以載稱年，故應在玄宗天寶三載以後。

二〇〇　大燕故兗州泗水縣令裴府君（令臣）墓誌銘

聖武元年（七五六）十月二十九日葬。

誌文二十五行，滿行二十五字。正書。誌長五十・五厘米、寬四十九・五厘米。

鄭伯餘撰文。

誌蓋篆書：大燕故裴府君墓誌銘

大燕故兖州泗水縣令裴府君墓誌銘并序

河南府河南縣尉鄭伯餘撰

公諱令臣，字令臣，河東聞喜人也。其先與秦同出，魏晉已還，尤更彰大。或簉於八王，或間於兩社。潛也著廉潔之美，楷也振清通之目。大才貴位，無世無之。紛綸葳蕤，滿於方策者矣。曾祖爽，東陽郡長史。祖承家，弋陽郡司馬。烈考挺，鹿城令。禮樂忠信，世無違德。政術□□，人挹遺風。公植性不群，因心則友。少遊太學，以孝廉登科，調補汝南郡參軍事。時州將察公精敏，假公督郵，糾按六曹。政無頗紊，奏課連最，時議榮之。尋遷高平郡司士參軍，實司鉛錯，或多乾没。州命覆視，允咨於公。公鏡澄襟懷，鉤摭微細。矯詭詛計，叢殘必書。於是所獲動以萬數。廉使歸美，嘉績上聞。豈唯坐嘯見推，固亦倚辦斯在。時天子下詔，敷求良宰。俾爾列嶽，舉其所知所知〔一〕。太守李栢以公應詔，詔授泗水令。公乃恭儉以率下，禮讓以軌物。儉所以足用，禮所以知恥。未及期月，人變其風。時歲則愆陽，農實勤雨。公乃撤私俸，齋祈於法王。設大會一千人，天香始焚，法鼓初振。□感肸蠁，允如答焉。時有碑在堂，實流津液。觀者稠疊，聳視駭聽。曾不崇朝，闔境霑洽。則積薪待燎，異感同符。緇黄耆耋，荷公之誠愨，刻石頌美，今則存焉。固宜入爲王之股肱，出爲人之父母。而昊天不吊，殲我貞良。以唐天寶十四年五月八日遇疾終於縣之官舍。老幼失聲，寮吏泃涕。以燕之聖武元年十月廿九日歸窆於河清縣親□鄉，祔先塋之原，禮也。嗣子曰雅、曰頌，泣血哀哀，盡力封兆。斯文見託，庶不朽兮。銘曰：

泱泱泗水，與道徘徊。至誠有孚，精感理開。灑我膏雨，潤我田萊。闔境胥悦，仁遠乎哉。政息道消，人亡世往。逖聽冥寞，如存仿像。夕旐威遲，寒松森爽。重泉一閉，以永天壤。

〔一〕此處衍出「所知」二字。

二〇一　故汝州司法參軍張公（翰）墓誌銘

聖武二年（七五七）三月一日葬。

誌文二十三行，滿行二十四字。正書。誌長、寬均三十五厘米。

□顒撰。

故汝州司法參軍張公墓誌銘并序

秘書郎兼諸王侍讀□□撰〔一〕

公諱翰，字翰，其先范陽人也。七葉貴種，三張茂族。談經則夫子下拜，理輪則御史先鳴。布在方策，可略言也。曾祖柬之，唐中書令、封漢陽郡王。閒氣而生，應期而出。凌騰三傑，振曜千□。指顧而弼成帝業，爕和而允會天心。祖漪，著作郎。學冠游夏，行儕顔閔。文而不害，義以成聲。父緦，荆州大都督府倉曹參軍。藻涣□龍，識高豹鼠。果行以不貪爲寶，事君以有犯稱賢。公才業□□，儀形端雅。非禮不視，時然後言。始以解褐授僕寺進馬，俄遷右監門衛録事參軍。歲滿，調補汝州司法。公因性爲忠，任真成德。不以風雨奪其節，不以金帛紊其情。友賢寧聞於窮通，從宦自攻於敬慎。是以每蒞事而開物由我，逮去官而遺愛在人。迹是儒流，心閑釋典。頃居 太夫人哀疚而毁瘠異倫，以爲報罔極之恩無過於積善，拯冥途之祐其惟佛經。爰誦法華，迨於六卷。心念口演，日納千言。豈期命也有涯，天之不慭。嗟乎 □有風雲之會，人非金石之固。以公之道，以公之賢未圖象於南宫，忽遊魂於東岱。時命不偶，傷如之何？年方卅九，奄終於敦化里之私第。嗚呼！嗣子老成，惸惸靡依，哀哀泣血。式遵卜宅之義，將合□終之典。以聖武二年三月一日安厝於龍門原，禮也。顒接偶□宴，語者久之。感嘆張衡之美，爰動蔡邕之興。銘曰：

滔滔江漢兮南國之紀，中和純粹兮挺生名士。觀身勵節兮□行時止，方冀遭遇兮猶魚有水。豈圖一旦兮生涯及此，巨原□□兮無憂稚子。含毫述德兮悲何能已。

〔一〕由於墓誌漫漶不清，撰者姓名無法識讀。然墓誌有「顒接偶□宴，語者久之」之句，則知撰者名顒。

大燕故司膳卿阿史那公墓誌銘并文 沙門靈㬚撰

二〇二　大燕故司膳卿阿史那公（明義之）墓誌銘

聖武二年（七五七）八月二十五日葬。

誌文二十八行，滿行二十九字。正書。誌長、寬均六十一厘米。靈㬚撰，張芬題篆。

誌蓋篆書：故司膳卿阿史那公誌

故司膳卿阿史那公誌

大燕故司膳卿阿史那公墓誌銘并文

沙門靈曒撰

四氣肇形，分地理而立正朔；八方俶建，稱天驕以置右臣。單單夫莫與京也。公諱明義之，字守謙。其先自夏后淳維之胤也。
託聖誕靈，憑神啓土。雞秩崢嶸而作鎮，余吾濆薄以通波。日隱穹廬，雲低代馬。境連中夏，國壯邊方。欝爲强宗，世不之祀。
曾祖纈繄施，任本藩可汗。 祖惠真，本藩特懃。並屠耆表德，須卜貽芳。錦服琱鞍，珠纓玉帳。既成貴種，亦曰豪家。 父承休，
司徒、同中書門下平章事、雲中郡王。當唐室盛昌，歲時交會。遠慕漢宣之化，遂逐呼韓之朝。 相公敷奏中京，累承寵寄。
將改温敦之號，旋封義陽之名。作捍幽燕，以禦夷羯。 公即 相公第三子也。生而歧嶷，志性不群。沉静而好謀，含弘而尚智。
相公雅愛之，嘗於衆子中指而言曰：「此子必大吾門也。」 相公授鉞軍疆， 公亦隨 侍。或漠南塞北，日夕邊陰。寇戎
相持，彼衆我寡。長戈雪落，飛鏑星流。 公之妙年，曾未介意。手揮一劍，腰佩雙鞬。突圍而踣斃者如麻，衝陣而摧傷者接武，
如此數矣。剋敵夷凶，救 父之危，成子之孝。 詔書〔一〕詔書褒賞，有超凡等。遂授右領軍衛左郎將，又轉左司禦率府率，又
轉左驍衛將軍，又轉左威衛大將軍。扞邊剋清，能官人也。頃者唐祚陵夷， 燕邦遂啓。 相公攀 龍附鳳，卜宅周泰。特標
建國之勲，大署元功之績。不變奥鞬之號，更崇丞相之班。 父貴子隨，徵還洛邑， 詔授司膳卿。 皇情有屬，鼎餁斯調。
九列增輝，百寮取則。冀其紹伊吕之業，翼 堯舜之君。保固邦家，昭彰史策。豈謂昊天不惠，殲厥賢良。生也有涯，溘從淪謝。
以大燕聖武二年八月遘疾，越八日薨於中都尊賢里之私第，春秋卅有七。嗚呼！榮衰迭换，倏短同歸。 天子悼龍劍之匣空，
家君慟驪珠之掌碎。賵贈羽儀，有加恒典。即以其年後八月廿五日歸窆於洛陽南原之禮也。有子垂髫，任太僕主簿，繼 公而夭。
夫人郎氏，泣井桐之半死，悲鸞鏡之一沉。展敬 舅姑，永期同穴。嗚呼！秋風蕭鼓，哀鳴非出塞之時；落日旃旌，繚繞是送
終之騎。高樓相府，長絶晨昏；隴月松門，永沉泉壤。曒迹忝緇門，情非俗侣。奉渭陽之命，敢辭琢玉之文。牢讓難勝，遂爲銘曰：
鳳城南，龍門北，地吉祥兮龜食墨，開塋卜兆將封域。夕月松林千古色，年代悠揚浩無極，獨有功名紀燕國。此二。
太子率更令翰林供奉張芬題篆

〔一〕此處衍出「詔書」二字。

二〇三　大燕贈魏州都督嚴府君（復）墓誌銘

聖武二年（七五七）十月四日葬。

誌文三十二行，滿行三十二字。正書。誌長、寬均九十一厘米。

趙驊撰，劉秦書，丁玩、李誼等刻字。

誌蓋篆書：大燕贈魏州都督嚴府君墓誌

大燕贈魏州都督嚴府君墓誌銘并述

宣義郎守中書舍人襄陵縣開國男趙驊撰

公諱復，本馮翊人。大父承構，仕唐爲滄州司户參軍，因官而還，今爲渤海人也。烈考亮，州察孝廉，未仕而歿。公特受淳氣，生而有知。方爲兒時，旨趣即異。七歲遭家閔凶，孺慕之哀，傷於鄰里，孝思之感，發於動植。及長受業，見《易》象與《魯春秋》，曰：「《易》本隱以之顯，《春秋》推見以至隱。夫子文章，性與道合，微言久絶，吾將學焉。」曾未數年，遂通大義。異時邑人有陳寡尤、王迥質者，皆高世之士也，專經領徒，聞於河朔。二賢既歿，公又繼之，昇堂者無不摳衣，及門者爲之捨瑟，豈渤碣之氣，變鄒魯之風歟？自後牧守，屢致禮命，欲表公署職，以顯儒林。公以爲魚貪餌而觸綸，鳥善驚而遠害，苟知所避，夫有何患乎？竟以疾辭，不求其達。玄虚静默，養浩然之氣；几杖琴書，有終焉之志。尚矣哉！天寶中，公見四星聚尾，乃陰誡其子，今御史大夫、馮翊郡王莊曰：「此帝王易姓之符，漢祖入關之應，尾爲燕分，其下必有王者，天事恒象，爾其志之。」既而　太上皇蓄初九潛龍之姿，啓有二事殷之業，爲國藩輔，鎮於北垂。功紀華戎，望傾海内，收攬英儁而馮翊在焉。目以人傑，謂之天授。及十四年，義旗南指，奄有東周，鞭笞群凶，遂帝天下。金土相代，果如公言，殷馗之識，無以過也。於時馮翊以不世之才，遇非常之　主，當帷幄之任，翼經綸之初，萬姓注其安危，一人同其休感。夫公之葆光也，守箕潁之志，馮翊佐命也，邁伊吕之勳，立德立功，濟美於一門矣。屬孟津始會，函谷猶封，天下匈匈，人心未定，既服又叛，釁結兵連。公遂與少子希莊聖武元年春二月戊子，夫人王氏夏四月庚申，俱在本州，相隨及難。公享年六十二，夫人六十三，義士聞之，莫不隕涕。夫君子有煞身以成仁，無求生以害仁。嗚呼！我公爲不朽矣。二年春，寇黨平殄，訃至洛陽，馮翊仰天而呼，勺飲不入。恩深父子，義極君臣，毁家成國，近古未有。　皇帝於是下哀痛之　詔，申褒崇之典，贈公魏州都督，夫人齊國夫人，備禮飾終，加於常等。遷神於故鄉，合祔於北邙。是歲冬十月己酉，乃克葬也。嚴氏其來，與楚同姓，始則若敖蚡冒啓土於南荆，後則青翟彭祖顯名於西漢。至若門風世德，積行累仁，　王業之本由，臣節之忠孝，已見於中書侍郎、范陽公府君神道碑〔一〕矣。紛綸汪洋，徽烈昭彰，則小子何述焉，故略而不載也。銘曰：

楚莊霸世，祚及後裔。蜀嚴沉冥，實曰炳靈。我公是似，亦不降志。師孔六經，鄙齊千駟。棲遲衡泌，戴仁抱義。　昊穹有命，命　燕革唐。公之令子，預識興王。翼佐龍戰，時惟鷹揚。　皇運之初，天保未定。河朔攜貳，海隅逆命。禍及舉宗，哀哉斯横。公之所貴，德名爲幾。以家殉國，自古所稀。伍員之父，王陵之母。事各一時，俱垂不朽。　帝謂忠烈，宜加飾終，榮褒大邦，恩感元功。崇邙北峙，清雒南通。刊石表墓，永代無窮。

朝議郎守太子左贊善大夫彭城縣開國男劉秦書

丁玩、李誼等刻字

〔一〕此范陽公府君應爲張均。

大唐故范陽盧府君墓誌銘并序　堂兄式虛撰
君諱濟，范陽人也。其先公子奚食菜於盧邑，博士
敖避秦居涿縣，其後因著姓焉。及德散弥芳，泉流
益濬，所以得天下之人謂之盛族矣。曾祖安壽，錦
州長史。祖正道，鄂州刺史。父諫，太原府文城令。君
即文城之長子也。澤潤居心，松筠表節，為王室之
令士，成我家之名器。澡身浴德，功已著於常山；而
名位未揚，遽興悲於閱水。以乾元二年二月八日
遘疾，終於河南伊汭鄉之別業，享年廿四。以其月
十七日塵于萬安山陽先塋之次，禮也。君少孤，
訓支子也必資善誘，御僮僕也必以嚴。疑由山鄉
黨稱悌，里人為美。比疾亟也，每憂後之生計；及屬
纊也，託孤於尊屬。可謂有恩感矣，可謂有孝
慈矣。嘶余宗之不興，傷令弟之長往，鄰里為之衆
感，況余之宗族姻親焉。新婦隴西李氏，揚府長史
成式之孫也，年始十四，藐然嫠居。須以國難未平，
新婦尚居江漢，當撫櫬之際，聞於同泉，三號莫歸，
痛纏罔極。銘曰：不憖蒼天，奄極流年。黃華土實，
白玉徒捐。杳杳上日，冥冥下泉。終寄恨於玄石，永
託體於荒埏。

二〇四　大唐故范陽盧府君（濟）墓誌銘

乾元二年（七五九）二月十七日葬。

誌文二十行，滿行二十字。正書。誌長三十七・五厘米、寬三十八厘米。

盧式虛撰。

大唐故范陽盧府君墓誌銘并序

堂兄式虚撰

君諱濟，涿郡人也。其先公子奚食菜於盧邑，博士敖避秦於涿縣，其後因著姓焉。及德散彌芳，泉流益濬。所以得天下之人，謂之盛族矣。曾祖安壽，綿州長史。祖正道，鄂州刺史。父竦，太原府交城令。君即交城之長子也。澤潤居心，松筠表節。爲王室之令士，成我家之名器。澡身浴德，功已著於常山；而名位未揚，遽興悲於閱水。以乾元二年二月八日遘疾終於河南伊汭鄉之別業，享年廿四。以其月十七日瘞於萬安山陽　先塋之次，禮也。君少孤，訓友於也，必資善誘；御僮僕也，必示嚴凝。由此鄉黨稱悌，里人爲美。比疾亟也，每憂後之生計；及屬纊也，託孤切於　尊屬。可謂有恩威矣，可謂有孝慈矣。嘆余宗之不興，傷令弟之長往。鄰里爲之哀感，况余之宗族姻親焉。新婦隴西李氏，楊府長史成式之孫也。年始十四，藐然孀居。頃以國難未平，新婦尚居江漢。當撫櫬之際，闕於同哀。三號莫歸，痛纏罔極。銘曰：

不憗者天，奄極流年。黃華未實，白玉徒捐。杳杳上日，冥冥下泉。終寄恨於玄石，永託體於荒埏。

二〇五　大唐故通議大夫守道州刺史上柱國河東薛府君（鄭賓）墓誌銘

乾元二年（七五九）五月十九日葬。

誌文三十一行，滿行三十一字。正書。誌長六十八厘米、寬六十七厘米。

王邕撰，柳暈書。

原石藏洛陽張存才唐誌精品館。

大唐故通議大夫守道州刺史上柱國河東薛府君墓誌銘并序

前京兆府高陵縣尉王邕撰

府君諱鄭賓，字珉，河東人也。徵其盛烈，我則先封；傳之史官，我實争長。 曾祖景山， 皇朝金紫光禄大夫、易州刺史。祖元宗， 皇朝正議大夫、虢州刺史。父洽， 皇朝散大夫、左司禦率府長史。皆簪紱弈葉，軒車繼世。 府君才則高步，德惟中和。禮樂所以廣其心，廉貞所以行其義。雲崖峻秀，霜鍔鋒芒。十五，齋郎出身。初授左監門衛録事參軍，又授左清道率府冑曹參軍。耀環列之名，示堅冰之漸。政□餘地，聲乃聞 天。於是 制授陝州芮城縣丞，轉澤州司法參軍、鄭州司倉參軍、揚州倉曹參軍。一佐琴堂，三爲郡掾。邑滿輿誦，府多清風。遷大理寺丞、太子司議郎，昭其能也。夫公家秉節，字物爲先。因稱畿甸之雄，果得子男之譽。遂任河南府新安縣令。無何，遷恭陵令。地參花縣，翱翔可望於重霄；官奉 寢園，擢拜因加於列岳。乃除丹州刺史。城依朔塞，務總戎行。 府君清白潔身，威權適中。公門息訟，畫戟空摇。州里作歌，甘棠勿剪。尋改揚州司馬。俗分吴楚，舟引江淮。論兵欲鎮於此邦，建節又臨於他境。遂爲樂安郡太守。時 詔求良宰，官在選能。 府君以好賢爲心，渴日不足。其推誠也，必先於薦士；其速謗也，有誤於知人。貶道州刺史，從其法也。敷六條之政，克樹休聲；當五嶺之間，終無愠色。爰自解印，憩來登舟。向荆門以隨波，懷 魏闕而增思。嗚呼，以至德二年閏八月廿九日寢疾，薨於江陵龍興寺，年六十七。福之不集，壽之不永，有足悲矣。 夫人滎陽郡君鄭氏，曾祖處亮， 皇朝散大夫、蒲州長史。祖昭慶， 皇岳州湘陰縣令。父建， 皇朝請大夫、青州司馬。皆士林之傑也。 夫人大雅增輝，令儀有則。宜家表慶，主饋成功。嗟一劍之先沉，對三湘而掩泣。以乾元元年五月十日遇疾薨於江陵鼓腹里之客舍，年五十九，聞者慟焉。况旅櫬同歸，故園斯在，鄰無相杵，路有霑襟。以乾元二年五月十九日合祔於河南縣龍門鄉之北原，禮也。有一子名家丘，豫州參軍，早夭。孫佃等哀摧過禮，匍匐主喪。知 府君雅譽良才，積德累行。屢登清貫，頻列諸侯。穹倉不仁，奪魄奚甚。有五女，長適河東柳希隱，次適京兆韋迢，次適河東裴鼎，次適蘭陵蕭畏盈，次適弘農楊輯。皆號天罔極，陟岵無依。幽幽泉門，永刻貞石，其詞曰：

惟彼先封，傳之華裔。竹帛推美，公侯繼世。儒雅發揮，忠貞砥礪。 清朝列岳，盛德無替。其一。楚塞天末，荆江信稀。清風不泯，旅櫬方歸。命與凶集，仁將善違。九原長往，雙劍相依。其二。孝女摧心，幼孫垂淚。卜兆何所，佳城此地。雲色凝愁，鳥聲增思。用刻貞石，永存幽隧。其三。

河南府參軍柳暈書

唐故大
德惠澄
墓誌銘

二〇六　故大德慧澄禪律師墓誌銘

大曆三年（七六八）四月十五日葬。

誌文共十八行，滿行二十字。正書。誌長、寬均三十九厘米。

誌蓋正書：唐故大德惠澄墓誌銘

故大德慧澄禪律師墓誌銘并序

□師俗姓焦氏，諱慧澄，河南潁陽人也。自幼及長，超然悟法，遂於業縣安居寺出家，續於福先寺宿殖律師所受具戒，又於天宮寺大德思勗律師所習毗尼宗四分威儀，數臘成就，六遍終講，第一能持。以是精勤漸入禪□。復於大照和尚門下學大乘業，護明月□□珠，味□露之悅食。志離塵俗，性樂山林。便依伊□□蘭若居住，宴坐經行，不舍晝夜。清泉涌出，明神□□。□於閑君寺和尚□再習禪宗，兼精妙典。登壇□□□餘年，道俗門人，莫知共數行。專脩於　菩薩□□□衆□。春秋七十有三，僧臘卌有五。以大曆□□□八日戌時遷化。緇衣士庶，號慟呴咽，如執□□□□訓，慈緣廣被，遠近咸奔。粵以其月十五日□□□□河南縣畢圭鄉天竺寺內。其銘曰：

□□□□，四衆歸依。寶山忽倒，慈雲不飛。彼岸初陟，□□□達。于嗟法侶，安仰巍巍。

大曆三年歲次戊申四月甲戌朔十五日戊子建

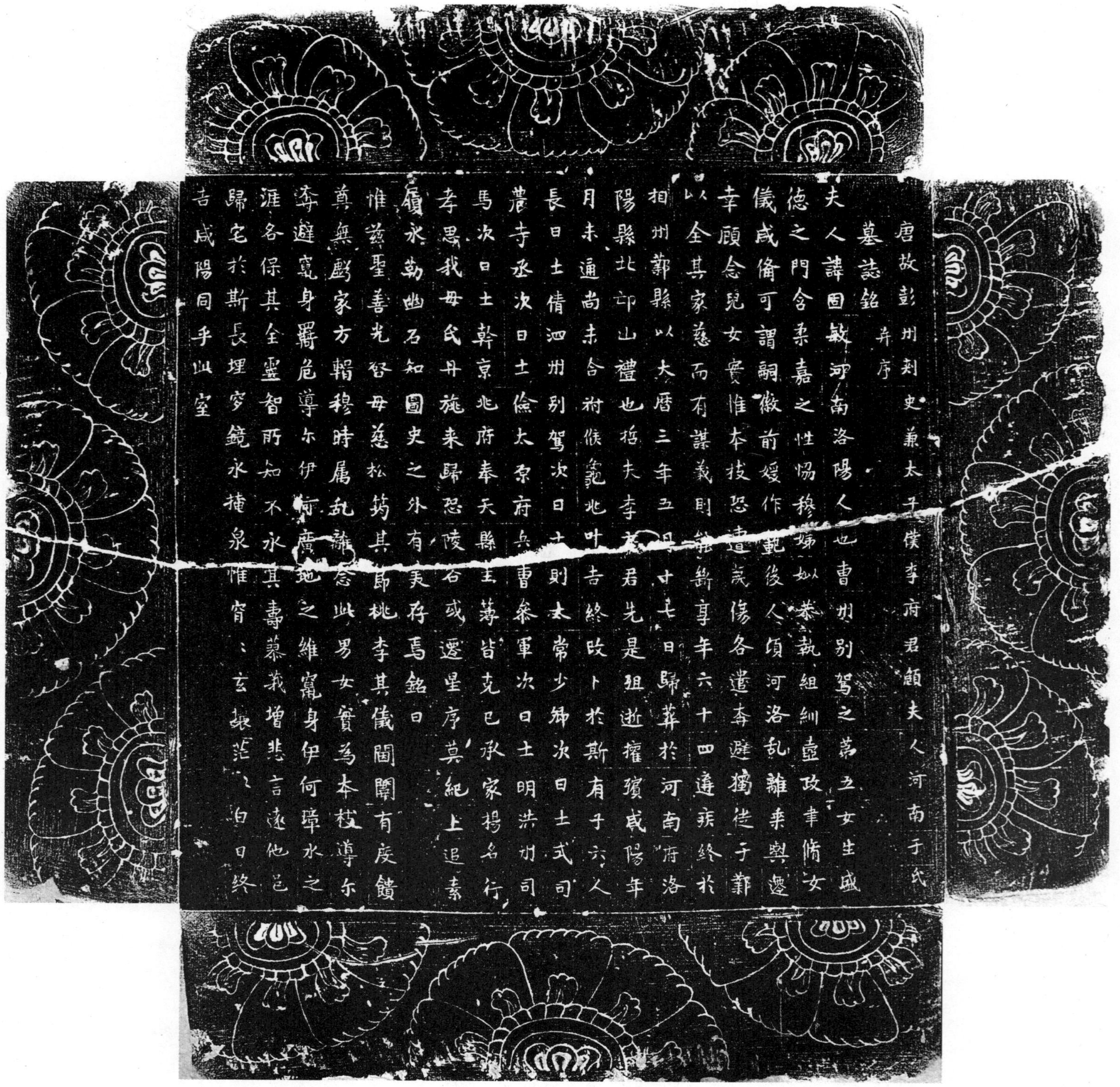

唐故彭州刺史兼太子僕李府君頠夫人河南于氏
墓誌銘 并序
夫人諱固敏河南洛陽人也曹州別駕之第五女生盛
德之門含柔嘉之性恊穆娣姒恭執組紃壼政聿脩女
儀咸備可謂嗣徽前媛作範後人頃河洛亂離秉與遷
幸顧念兒女實惟本枝忍遣孩傷各遣奔避獨徙于鄴
以全其家慈而有謀義則能斷享年六十四遘疾終於
相州鄴縣以大曆三年五月十七日歸葬於河南府洛
陽縣北邙山禮也拾夫李君先是殂逝權殯咸陽年
月未通尚未合祔候龜兆叶吉終歿卜於斯有子六人
長曰士倩泗州別駕次曰士則太常少卿次曰士式司
農寺丞次曰士儉太原府兵曹參軍次曰士明洪州司
馬次曰士幹京兆府奉天縣主簿皆克己承家揚名行
孝思我母氏丹旐來歸忍陵谷或遷星序莫紀上追素
履永勒幽石知圖史之外有美存焉銘曰
惟茲聖善光啓母慈松筠其節桃李其儀閨闈有度饋
奠無虧家方輯穆時屬亂離念此男女實為本枝導尓
奔避寬身羈危導尓伊何廣地之維寬身伊何漳水之
涯各保其全靈智所知不永其壽慕義增悲言遠他邑
歸宅於斯長埋穸鏡永掩泉帷宵〻玄壤茫〻白日終
吉咸陽同乎此室

二〇七　唐故彭州刺史兼太子僕李府君頠夫人河南于氏（固敏）墓誌銘

大曆三年（七六八）五月十七日葬。
誌文二十一行，滿行二十一字。正書。誌長、寬均四十二·五厘米。
誌蓋篆書：唐故于夫人墓誌之銘

唐故于夫人墓誌之銘

唐故彭州刺史兼太子僕李府君傾夫人河南于氏墓誌銘并序

夫人諱固敏，河南洛陽人也。曹州別駕之第五女。生盛德之門，含柔嘉之性。協穆娣姒，恭執組紃。壼政聿脩，女儀咸備。可謂嗣徽前媛，作範後人。頃河洛亂離，乘輿遷幸。顧念兒女，實惟本枝，恐遭夷傷，各遣奔避。獨徙於鄴，以全其家。慈而有謀，義則能斷。享年六十四，遘疾終於相州鄴縣。以大曆三年五月十七日歸葬於河南府洛陽縣北邙山，禮也。哲夫李府君先是殂逝，權殯咸陽。年月未通，尚未合祔。候龜兆叶吉，終改卜於斯。有子六人：長曰士倩，泗州別駕；次曰士則，太常少卿；次曰士式，司農寺丞；次曰士儉，太原府兵曹參軍；次曰士明，洪州司馬；次曰士幹，京兆府奉天縣主簿。皆克己承家，揚名行孝。思我母氏，丹旐來歸。恐陵谷或遷，星序莫紀。上追素履，永勒幽石。知圖史之外，有美存焉。銘曰：

惟玆聖善，光啓母慈。松筠其節，桃李其儀。閫闈有度，饋奠無虧。家方輯穆，時屬亂離。念此男女，實爲本枝。導爾奔避，竄身羈危。導爾伊何，廣地之維。竄身伊何，璋水之涯。各保其全，靈智所知。不永其壽，蓼莪增悲。言遠他邑，歸宅於斯。長埋奩鏡，永掩泉帷。窅窅玄壤，茫茫白日。終吉咸陽，同乎此室。

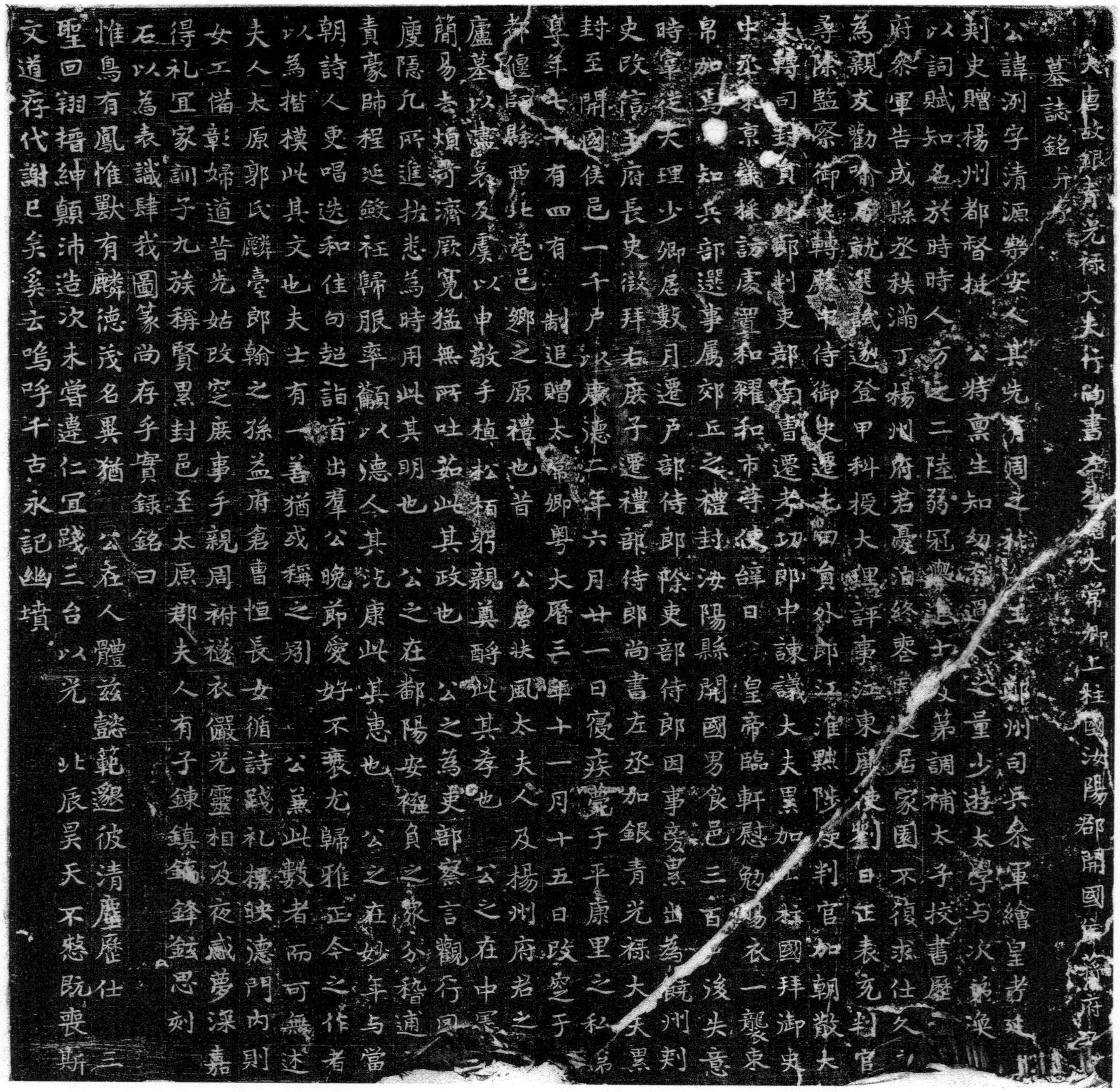

大唐故
蔣府君
墓誌銘

二〇八　大唐故銀青光禄大夫行尚書左丞贈太常卿上柱國汝陽郡開國侯蔣府君（洌）墓誌銘

大曆三年（七六八）十一月十五日葬。

誌文二十九行，滿行二十九字。正書。誌長、寬均五十九厘米。

誌蓋篆書：大唐故蔣府君墓誌銘

大唐故銀青光禄大夫行尚書左丞贈太常卿上柱國汝陽郡開國侯蔣府君墓誌銘并序

公諱洌，字清源，樂安人，其先有周之祚胤。王父鄭州司兵參軍繪。皇考延　刺史、贈揚州都督挻。　公特禀生知，幼有過人之量。少遊太學，與次弟涣　以詞賦知名於時，時人方之二陸。弱冠舉進士及第，調補太子校書。歷　府參軍、告成縣丞。秩滿，丁揚州府君憂。洎終喪，因園居家園，不復求仕。久之爲親友勸喻，乃就選試，遂登甲科，授大理評事。江東廉使劉日正表充判官。尋除監察御史，轉殿中侍御史。遷屯田員外郎、江淮黜陟使判官，加朝散大夫。轉司封員外郎，判吏部南曹。遷考功郎中、諫議大夫。累加上柱國，拜御史中丞、東京畿採訪處置和糴和市等使。辭日，　皇帝臨軒慰勉，賜衣一襲，束帛加焉。□知兵部選事，屬郊丘之禮，封汝陽縣開國男，食邑三百户。後失意時宰，徙大理少卿。居數月，遷户部侍郎，除吏部侍郎。因事旁累，出爲饒州刺史，改信王府長史。徵拜右庶子，遷禮部侍郎、尚書左丞，加銀青光禄大夫，累封至開國侯、邑一千户。以廣德二年六月廿一日寢疾薨於平康里之私第，享年七十有四。有　制追贈太常卿。粤大曆三年十一月十五日改窆於　都偃師縣西北亳邑鄉之原，禮也。昔　公居扶風太夫人及揚州府君之□廬墓以盡哀，反虞以申敬。手植松柏，躬親奠酹，此其孝也。　公之在中憲，　簡易，去煩苛，濟厥寬猛，無所吐茹，此其政也。　公之爲吏部，察言觀行，罔　廋隱，凡所進拔，悉爲時用，此其明也。　公之在鄱陽，安繈負之衆，分稽逋　責。豪帥程延斂衽歸服，率籲以德，人其汔康，此其惠也。　公之在妙年，與當朝詩人更唱迭和，佳句超詣，首出群公。晚節愛好不衰，尤歸雅正，今之作者，以爲楷模，此其文也。夫士有一善，猶或稱之。矧　公兼此數者，而可無述。夫人太原郭氏，麟臺郎翰之孫，益府倉曹恒長女。循詩踐禮，標映德門。内則女工，備彰婦道。昔先姑改窆，庶事手親。周袝襚衣，儼光靈相。及夜感夢，深嘉得禮。宜家訓子，九族稱賢。累封邑至太原郡夫人。有子鍊、鎮、鐈、鋒、鉉思刻　石以爲表識，肆我圖篆，尚存乎實録。銘曰：

惟鳥有鳳，惟獸有麟。德茂名異，猶　公在人。體玆懿範，邈彼清塵。歷仕　三聖，回翔搢紳。顛沛造次，未嘗違仁。宜踐三臺，以光　北辰。昊天不憖，既喪斯文。道存代謝，已矣奚云。嗚呼千古，永記幽墳。

二〇九　唐故銀青光禄大夫太府卿南陽郡開國公袁府君（建康）墓誌銘

大曆四年（七六九）八月二十日葬。

誌文二十五行，滿行二十五字。正書。誌長、寬均五十厘米。關播撰，李逞書。

原石藏北京北庵劉氏。

唐故銀青光禄大夫太府卿南陽郡開國公袁府君墓誌銘并序

宣德郎守河南府兵曹參軍關播撰

夫源深則流遠，德盛則慶延。蓋倚伏常符，勢數恒理，至若脩德義，守忠信，象賢不替，垂裕有光者，其在公乎！公諱建康，字建康，汝南人也。其先虞舜之後，後封於陳，因字命氏，爲卿大夫，與周終始。至於有漢，四代五公。其冠冕忠賢，史不絶記。曾祖諱慶，國初朝請大夫、同州别駕兼行臺郎中。道叶從龍，而壽不終會。祖諱異弘，皇洪州都督，贈禮部尚書。德懋承家，業貽良嗣。考諱恕己，張、桓等五公并爲中朝社稷臣，累遷中書令，封南陽郡王。廣厦棟梁，大川舟楫。由於盛德，寔有我邦。公以孝友承宗，故禮義光於内；以温良接物，故問望彰於外。初拜太子通事舍人，歷宗正寺主簿、恭陵令、慶王府諮議、贊善大夫、尚舍奉御、宋州别駕。雖或散秩，居必有聞。累遷普、鄂、陳、潭、復、萊等七州刺史，皆著美政，人懷清德。大業之後，孰不望焉。入爲左領軍衛將軍，拜銀青光禄大夫、鴻臚太府卿，時議以爲才命不偶，位未充量。廣德初，西郊不虞，大駕東狩。公素以疾免，適於閩越。會嗣子高爲撫州臨川令，公因寢疾，受養於兹。以明年十月十六日薨於邑之官舍，春秋六十有三。高性純孝，殆於毁滅。洎永泰元年二月權窆於洪州建昌縣。以大曆四年四月庚申遷歸洛陽。至八月廿日壬寅卜宅於龍門西崗，陪於先塋，禮也。嗚呼！名臣早世，國之不幸。然有子四人：長曰擇交，前鳳翔府兵曹參軍；次曰高，今遷潤州丹陽令；曰齊，前邢州内丘令；曰直，未仕。皆承善訓，令問不已。文友恭以所知，敢昭景行。用銘於石。詞曰：

大運不可遏兮古往今來，唯賢達之去世兮爲時所哀。寂寞幽途，昭彰令德。刻表千古，其聲不忒。

通直郎前綿州長史李逞書

二一〇　唐故朝請大夫行蜀州長史崔府君墓誌銘

大曆六年（七七一）十一月二日葬。誌文二十三行，滿行二十五字。正書。誌長四十二厘米、寬四十一厘米。
程浩撰。

唐故朝請大夫行蜀州長史崔府君墓誌銘并序

子婿尚書禮部員外郎程浩纂

惟乾元三年夏五月廿有七日，朝請大夫、行蜀州長史崔公終於位。大曆六年冬十有一月二日，越自江漢，達於河洛，合葬於首陽山之舊塋。其先派分營丘，世爲盛族。在漢昭帝時，朝爲侍御史；在明帝時，駰爲長岑長；在靈帝時，寔著作東觀。天下宗之，號爲儒家。大王父臨卿，亳州永城令。王　父子楚，司農寺丞。皇考□，蔚州長史。光有素業，稱爲慶門。　公天受純嘏，性與貞簡。以孝友敬讓理於内，以清廉恭肅正於外。年甫十八，以儒門子補許州參軍。轉陳州司户，理訟之次，邦伯李邕因而謂曰：「檢身以禮樂爲文，决事以清直爲操，斯國器也，寧泊於常流乎？」開元末，　聖君凝命穆清，聿求良宰，授鄭州任丘令。制事典，煦疲人，頒賦而役不頗，恤獄而刑不濫。政流一邑，澤潤四封。尋换越州之山陰，又轉蜀州之晉原。驟更大邑，而三變至道。天寶十有五載，　天子南巡狩，至於蜀都。詔除蜀州司馬。班貢率賦，飈驣電舉，公主辦也。又遷本州長史。嗚戲！德廣而位不躋，道周而命不淑，有是夫！夫人彭城縣君劉氏，禮全四德，寵備六珈。往則先逝，今也同祔。孤長曰榮，蜀州青城丞。次曰季華，殿中侍御史。孝爲士則，父爲藝極。感霜露於異鄉，列□楸於舊域。恭承　嘉惠，敢叙全德。銘曰：

周之四履，漢之柱史。派分清源，族茂繁祉。弈世載德，間生〔一〕。政機精明，道氣冲融。如玉外潔，如泉内空。建旐爲邦，題輿佐國。變越之化，鎮蜀之德。賦政息民，頌聲靡極。夢奠西州，返葬東夏。旌翻蜀雲，彭門之野。墳起周原，首陽之下。没有清風，長在松檟。

〔一〕此處有三字空格，應有闕字。

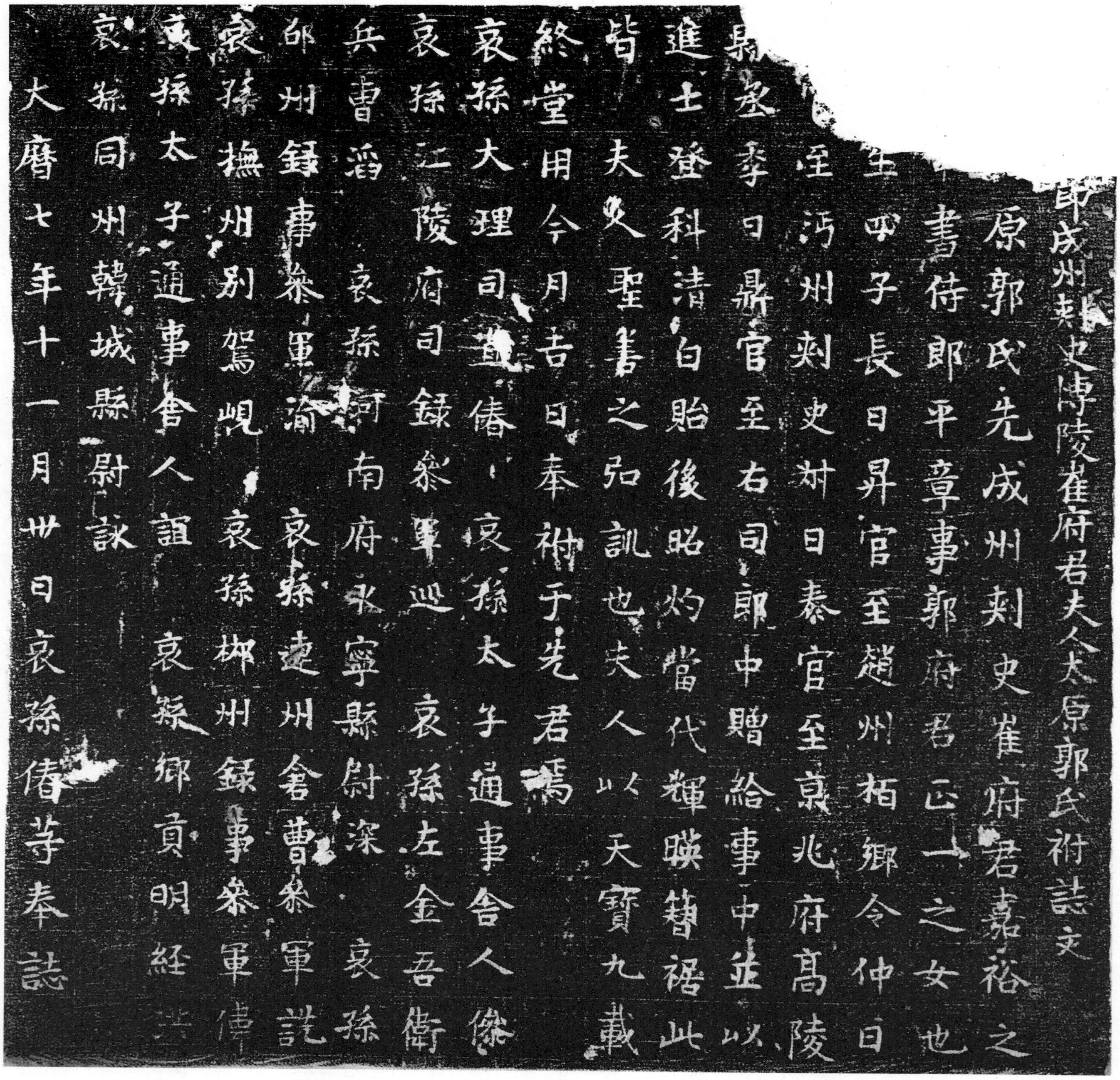
節成州刺史博陵崔府君夫人太原郭氏祔誌文
原郭氏先成州刺史崔府君嘉裕之
書侍郎平章事郭府君正一之女也
生四子長曰昇官至趙州栢鄉令仲曰
至汾州刺史叔曰泰官至京兆府高陵
縣丞季曰鼎官至右司郎中贈給事中並以
進士登科清白貽後昭灼當代輝暎簪裾此
皆夫人聖善之弘訓也夫人以天寶九載
終堂用今月吉日奉祔于先君焉
哀孫大理司直倩　哀孫太子通事舍人傑
哀孫江陵府司録參軍迥　哀孫左金吾衛
兵曹滔　哀孫河南府永寧縣尉深　哀孫
邠州録事參軍渝　哀孫遂州倉曹參軍詵
哀孫撫州別駕峴　哀孫郴州録事參軍儔
哀孫太子通事舍人誼　哀孫鄉貢明經洪
哀孫同州韓城縣尉詠
大曆七年十一月卅日哀孫倩等奉誌

大唐故
崔府君
墓誌銘

二一一　□□□□節成州刺史博陵崔府君（嘉裕）夫人太原郭氏祔誌文

大曆七年（七七二）十一月三十日葬。
誌文十七行，滿行十七字。正書。誌長、寬均三十三厘米。
誌蓋篆書：大唐故崔府君墓誌銘

□□□□節成州刺史博陵崔府君夫人太原郭氏祔誌文

□□□原郭氏，先成州刺史崔府君嘉裕之□□，[中]書侍郎平章事郭府君正一之女也。□□生四子：長曰昇，官至趙州柏鄉令；仲曰□，[官]至沔州刺史；叔曰泰，官至京兆府高陵縣丞；季曰鼎，官至右司郎中，贈給事中。並以進士登科，清白貽後。昭灼當代，輝映簪裾。此皆夫人聖善之弘訓也。夫人以天寶九載終堂，用今月吉日奉祔於先君焉。哀孫大理司直倖、　哀孫太子通事舍人傪、哀孫江陵府司録參軍巡、　哀孫左金吾衛兵曹滔、　哀孫河南府永寧縣尉深、　哀孫邵州録事參軍渝、　哀孫連州倉曹參軍詵、哀孫撫州別駕峴、　哀孫郴州録事參軍偉、哀孫太子通事舍人誼、　哀孫鄉貢明經洪、哀孫同州韓城縣尉詠。

大曆七年十一月卅日哀孫倖等奉誌

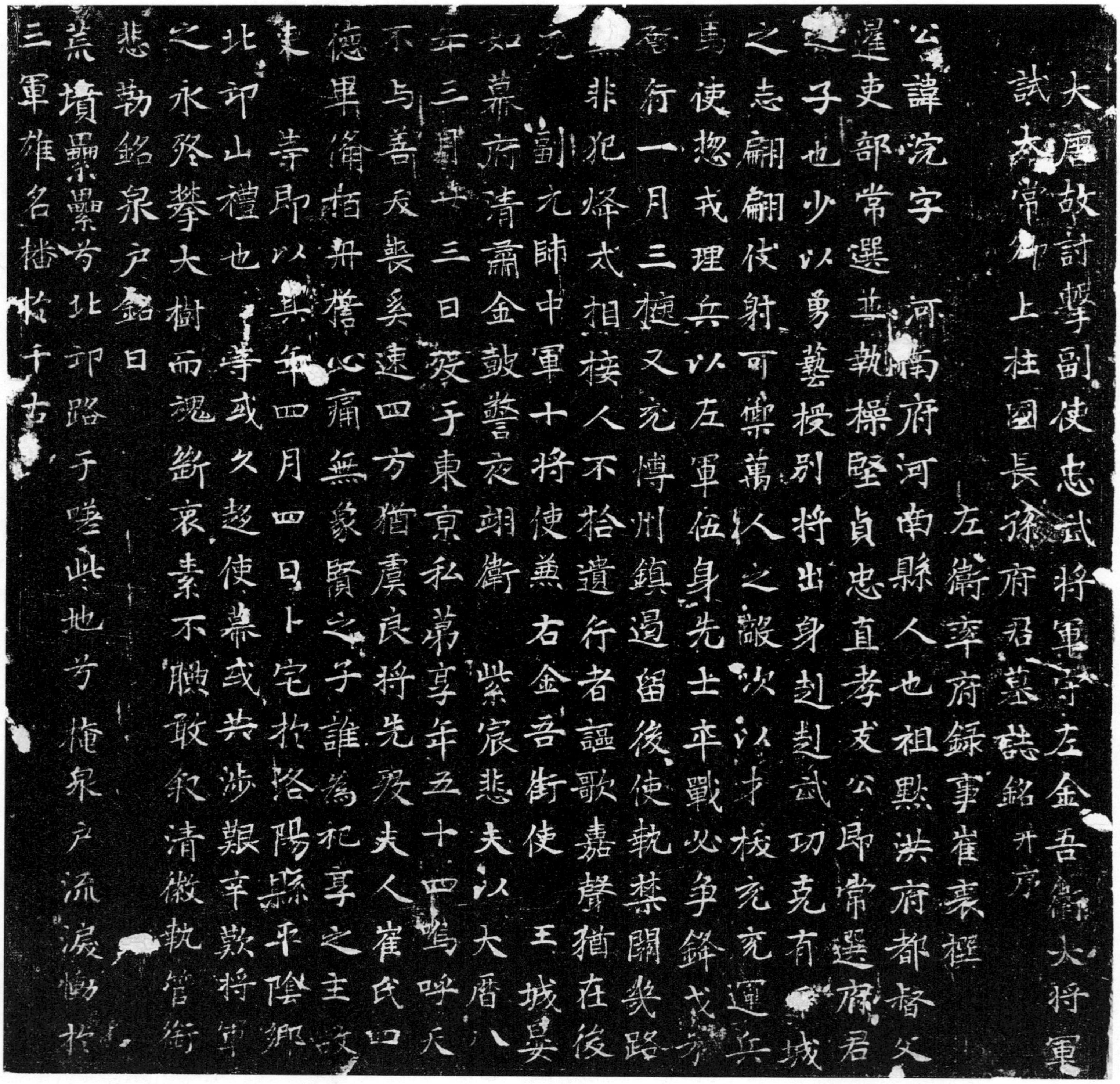
大唐故討擊副使忠武將軍守左金吾衛大將軍
試太常卿上柱國長孫府君墓誌銘并序
公諱浣字　河南府河南縣人也祖默洪府都督父
暹吏部常選並執操堅貞忠直孝友公即常選府君
之子也少以勇藝授别將出身赳赳武功克有城
之志翩翩伎射可禦萬人之敵次以才校充運兵
馬使揔戎理兵以左軍伍身先士卒戰必争鋒戈矛
不行一月三捷又充博州鎮遏留後使執禁關奚路
無非犯烽太相接人不拾遺行者謳歌嘉聲猶在後
充副元帥中軍十將使兼右金吾衛使　王城旲
如幕府清肅金鼓警夜胡衛　紫宸悲夫以大曆八
年三月廿三日殁于東京私第享年五十四嗚呼天
不与善友喪奚速四方猶慶良將先殁夫人崔氏口
德畢備栢舟誓心痛無象賢之子誰為祀享之主故
東寺即以其年四月四日卜宅於洛陽縣平陰鄉
北邙山禮也姪等或久趍使幕或共涉艱辛歎將軍
之永終攀大樹而魂斷哀素不腆敢叙清徽執管銜
悲勒銘泉户銘曰
荒墳纍纍兮北邙路于嗟此地兮掩泉户流淚慟於
三軍雄名播於千古

大唐故
長孫府
君墓誌

二一二　大唐故討擊副使忠武將軍守左金吾衛大將軍試太常卿上柱國長孫府君（浣）墓誌銘

大曆八年（七七三）四月四日葬。

誌文二十一行，滿行二十字。正書。誌長、寬均三十八・五厘米。

崔衷撰。

誌蓋篆書：大唐故長孫府君墓誌

大唐故討擊副使忠武將軍守左金吾衛大將軍試太常卿上柱國長孫府君墓誌銘并序

左衛率府録事崔衷撰

公諱浣，字　，河南府河南縣人也。祖默，洪府都督。父暹，吏部常選。並執操堅貞，忠直孝友。公即常選府君之子也。少以勇藝授別將出身，赳赳武功，克有干城之志；翩翩伎射，可禦萬人之敵。次以才拔充兖運〔一〕兵馬使。總戎理兵，以左〔二〕軍伍。身先士卒，戰必争鋒。戈矛啓行，一月三捷。又充博州鎮遏留後。使執禁關幾，路□非犯。烽戎相接，人不拾遺。行者謳歌，嘉聲猶在。後充　副元帥中軍十將使兼右金吾街使。　王城晏如，幕府清肅。金鼓警夜，翊衛　紫宸。悲夫！以大曆八年三月廿三日殁於東京私第，享年五十四。嗚呼！天不與善，夭喪奚速。四方猶虞，良將先殁。夫人崔氏，四德畢備，柏舟誓心。痛無象賢之子，誰爲祀享之主。故吏　等即以其年四月四日卜宅於洛陽縣平陰鄉北邙山，禮也。　等或久趨使幕，或共涉艱辛。嘆將軍之永終，攀大樹而魂斷。衷素不腆，敢叙清徽。執管銜悲，勒銘泉户。銘曰：

荒墳累累兮北邙路，于嗟此地兮掩泉户。流淚慟於三軍，雄名播於千古。

〔一〕「運」當爲「鄆」之訛。

〔二〕「左」當爲「佐」之訛。

大唐故
魏府君
墓誌銘

二一三　唐故安西大都護府長史瓜州刺史上柱國鉅鹿魏府君（遠望）墓誌銘

大曆九年（七七四）五月四日葬。

誌文十九行，滿行字數不等。正書兼行意。誌長、寬均五十九厘米。

誌蓋篆書：大唐故魏府君墓誌銘

唐故安西大都護府長史瓜州刺史上柱國鉅鹿魏府君墓誌銘并序

公諱遠望，字雲期。蓋周之同姓，分珪祚土，其來尚矣。　曾祖利貞，　皇昌平縣令。　祖賓，皇嬀州刺史。　考操，　皇幽州良鄉縣丞。□生而惠和，幼則齊敏。年纔志學，經史尤精。文可以濟時，武可以静難。長壽初，有　詔旁求，時登科授左執戟，從其志也。累遷營府别駕、檀薊砂瓜四州刺史。凡歷職一十八政，未展其足也。三副節制，再秉戎旃。凡理軍使十三政，雖執兵權，恥在攻襲伐謀，以智料敵未嘗勞師。芳聲益聞，政頌尤著。中年安遭流謗，謫居隴外。朝廷知其非罪，尋授安西大都護府長史，轉沙、瓜二州刺史。　公以懸車之歲，屢乞骸骨。有詔許留長安，惜其老也。其年遘疾薨於長安勝業里之私第，春秋七十有一。　朝野感嘆，羌胡慟哭。夫人安平郡君李氏、廣平郡夫人程氏，令淑夙著，德行早聞。自　公謫居，憂心成疾。郡君夫人李氏先　公云亡，時年五十有二。夫人程氏，後相次亡歿，合葬於定州恒陽縣之南原。以大曆九年夏五月四日壬寅改葬於洛陽邙山之東原，禮也。息八人：廣之、敏、端、演、岵、峋、直、堅等象其賢也。氣殞萓裳，悲纏荒屺。恭惟休烈，咸願鼎銘。懼陵谷之遷移，刊貞石而爲固。銘曰：

弈弈魏宗，侯王繼軌。爰洎府君，將復其始。且武且文，知足知止。天不憖遺，永居蒿里。哀哀八子，令問不已。刻石銘勳，永存厥美。

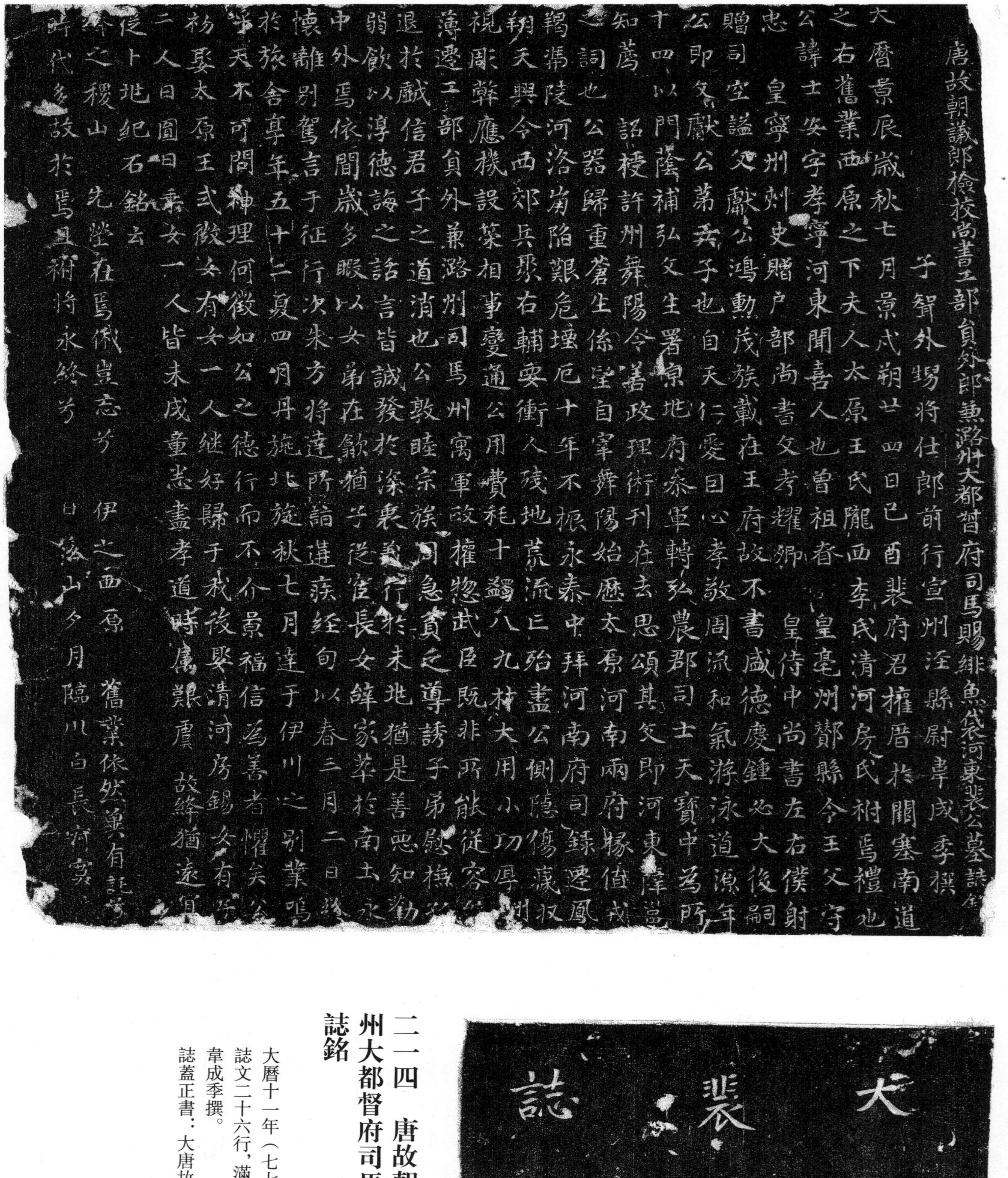
唐故朝議郎檢校尚書工部員外郎兼潞州大都督府司馬賜緋魚袋河東裴公墓誌銘

大唐故
裴公墓
誌銘

二一四　唐故朝議郎檢校尚書工部員外郎兼潞州大都督府司馬賜緋魚袋河東裴公（士安）墓誌銘

大曆十一年（七七六）七月二十四日葬。

誌文二十六行，滿行二十六字。正書。誌長、寬均四十六・五厘米。韋成季撰。

誌蓋正書：大唐故裴公墓誌銘

唐故朝議郎檢校尚書工部員外郎兼潞州大都督府司馬賜緋魚袋河東裴公墓誌銘

子婿外甥將仕郎前行宣州涇縣尉韋成季撰

大曆景辰歲秋七月景戌朔廿四日己酉裴府君權厝於闕塞南道之右舊業西原之下。夫人太原王氏、隴西李氏、清河房氏祔焉，禮也！公諱士安，字孝寧，河東聞喜人也。曾祖育，　皇亳州鄭縣令。王父守忠〔一〕，　皇寧州刺史，贈户部尚書。父考耀卿，　皇侍中、尚書左右僕射，贈司空，謚文獻。公鴻勳茂族，載在王府，故不書。盛德慶鍾，必大後嗣。公即文獻公第五子也。自天仁愛，因心孝敬。周流和氣，游泳道源。年十四以門蔭補弘文生，署京兆府參軍，轉弘農郡司士。天寶中，爲所知薦，　詔授許州舞陽令。善政理術，刊在《去思頌》，其文即河東薛邕之詞也。公器歸重，蒼生係望。自宰舞陽，始歷太原、河南兩府掾。值戎羯憑陵，河洛崩陷。艱危堙厄，十年不振。永泰中，拜河南府司録，遷鳳翔天興令。西郊兵聚，右輔要衝。人殘地荒，流亡殆盡。公惻隱傷痍，收視凋弊。應機設策，相事變通。公用費耗，十蠲八九。材大用小，功厚酬薄。遷工部員外，兼潞州司馬。州寓軍政，權總武臣。既非所能，從容辭退。於戲！信君子之道消也。公敦睦宗族，賙急貧乏。導誘子弟，慰撫孤弱。飲以淳德，誨之話言。皆誠發於深衷，義行於未兆。猶是善惡知勸，中外焉依。間歲多暇，以女弟在歙，猶子從宦。長女辭家，葬於南土。永懷離別，駕言於征。行次朱方，將達所詣，遘疾經旬，以春三月二日終於旅舍，享年五十二。夏四月，丹旐北旋。秋七月，達於伊川之別業。嗚呼！天不可問，神理何徵。如公之德行而不介景福，信爲善者懼矣。公初娶太原王式微女，有女一人，繼好歸於我。後娶清河房錫女，有子二人：曰圓，曰乘。女一人。皆未成童，悉盡孝道。時屬艱虞，故絳猶遠。宜從卜兆，紀石銘云：

翳之稷山，先塋在焉，俄豈忘兮。伊之西原，舊業依然，冀有託兮。時代多故，於焉且祔，將永終兮。日落山夕，月臨川白長寂寞。

〔一〕據《舊唐書》一八八《孝友傳·裴守真傳》及本書一六六《裴子餘墓誌》，「守忠」應爲「守真」之訛誤。

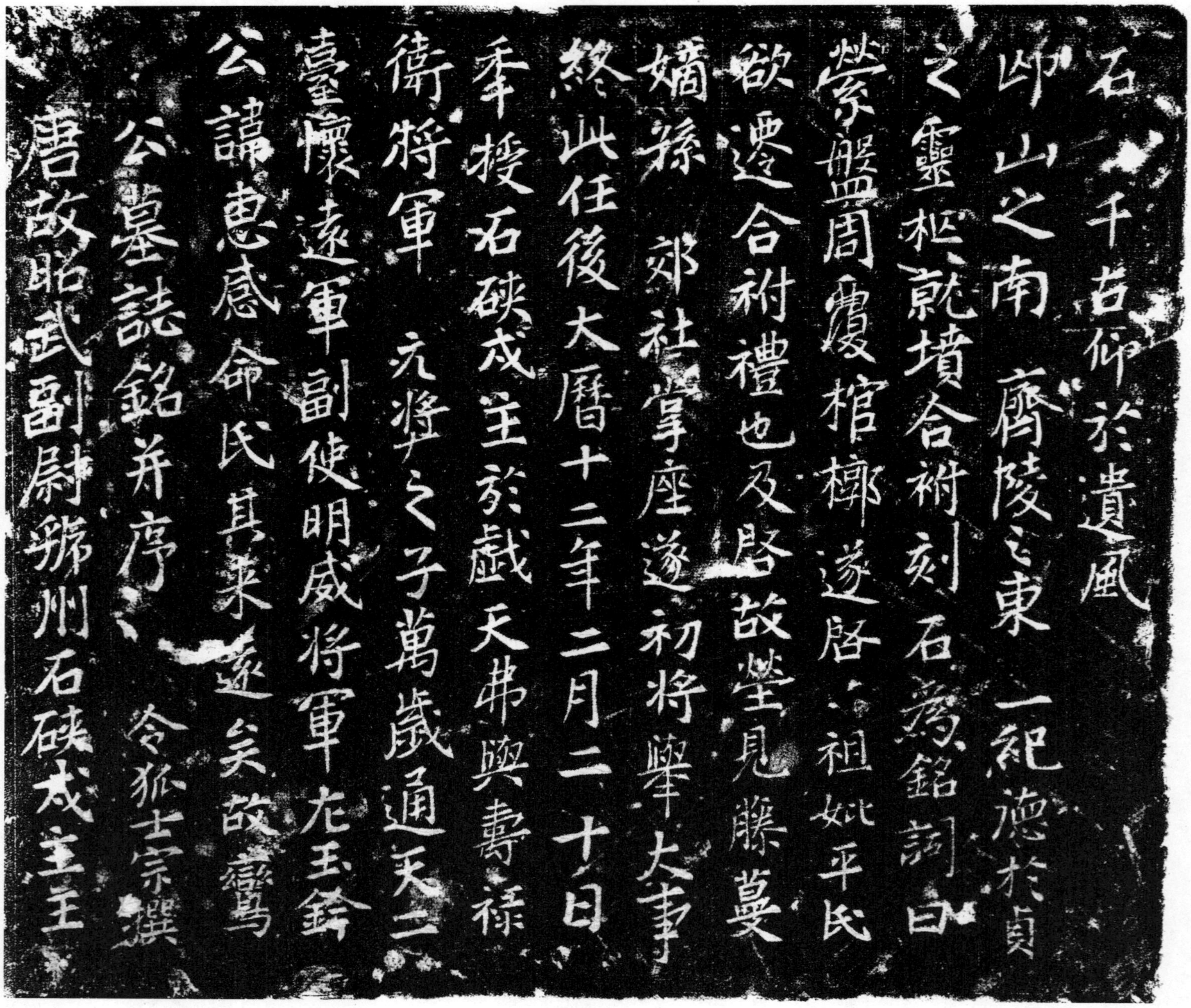
唐故昭武副尉虢州石硤戍主王
公墓誌銘并序　令狐士宗撰
公諱惠感命氏其來遠矣故鸞
臺懷遠軍副使明威將軍左玉鈐
衛將軍　元獎之子萬歲通天二
季授石硤戍主於戲天弗與壽祿
終此任後大曆十二年二月二十日
嫡孫　郊社掌座遂初將舉大事
欲遷合祔禮也及啓故塋見藤蔓
縈盤周覆棺槨遂啓　祖妣平氏
之靈柩就墳合祔刻石爲銘詞曰
邙山之南　膺陵之東　一紀德於貞
石千古仰於遺風

二一五　唐故昭武副尉虢州石硤戍主王公（惠感）墓誌銘

大曆十二年（七七七）二月二十日葬。

誌文十三行，滿行字數不等。正書。誌長三十九厘米、寬三十五厘米。

令狐士宗撰。

唐故昭武副尉虢州石硤戍主王公墓誌銘并序

令狐士宗撰

公諱惠感，命氏其來遠矣。故鸞臺懷遠軍副使、明威將軍、左玉鈐衛將軍　元奬之子。萬歲通天二年授石硤戍主。於戲！天弗與壽，禄終此任。後大曆十二年二月二十日嫡孫郊社掌座遂初將舉大事，欲遷合祔，禮也。及啓故塋，見藤蔓縈盤，周覆棺槨。遂啓　祖妣平氏之靈柩，就墳合祔，刻石爲銘。詞曰：

邙山之南，齊陵之東。一紀德於貞石，千古仰於遺風。

唐故河南府伊闕縣源君墓誌銘并序
檢校倉部員外郎李卬撰
諱至字德冲河南人也丁巳歲六月十日終于潁川陽
陵縣淳化里之私第饗年卌有八十一月廿二日窆于河
南縣北原先塋之側從所祔而卜日禮也五代祖賀
後魏與國同源因以為氏皇大父允[illegible]鄭州別駕烈考
汝陰縣令君即汝陰之元子也弱冠以門蔭補清廟郎
出封丘後儀尉氏三縣尉轉胡城丞遷伊闕尉凡所參貳
有政焉宜操利刃以經務馳絕足而涉遠大運不通夭
於中年適來時也適去順也知之者鮮也君位不及而安
畢壽不至而達命得之矣君罷秩來歸脩然里閈昆弟輯
睦室家相樂務積繁圃怡然自得今則已矣嗚呼昌仰夫
人京兆王氏即天官卿延昌之猶子也淑慎婦德恭服閫
儀悲龍劍昔分而露華先萎合祔之禮式遵典故有子幼
卿禪師茹荼泣血殆不勝喪季弟巡軫終鮮之哀匍匐營
護余與君從祖兄有同官之舊敢刊貞石以為之銘詞曰
崇崇世祿顯允君子既濬其流亦濟其美我有貞幹不遇
匠人既無大用徒夭斧斤其一黃綬豈勞及初多暇優遊幾
日奄忽長夜其二青青兮舊栢園旃施去兮翻翻埋玉兮為
恨窮蒼兮不言窶氣歎姿空寂寞寒風落日慘淒原野
大曆十二年朔十一月廿二日紀

唐故源
府君墓
誌之銘

二一六　唐故河南府伊闕縣源君（至）墓誌銘

大曆十二年（七七七）十一月二十二日葬。

誌文二十一行，滿行二十二字。正書。誌長三十八厘米、寬三十七・五厘米。

李昂撰。

誌蓋正書：唐故源府君墓誌之銘

唐故河南府伊闕縣源君墓誌銘并序

檢校倉部員外郎李昂撰

囗諱至，字德冲，河南人也。丁巳歲六月十日終於潁川鄢陵縣淳化里之私第，饗年卌有八，十一月廿二日窆於河南縣北原。先塋之側，從所祔而卜日，禮也。五代祖　賀，後魏與國同源，因以爲氏。皇大父　光胤，鄭州别駕。列考□〔一〕，汝陰縣令。君即汝陰之元子也。弱冠以門蔭補清廟郎，歷封丘、浚儀、尉氏三縣尉，轉胡城丞，遷伊闕尉。凡所參貳，□有政焉。宜操利刃以經務，馳絶足而涉遠。大運不通，夭於中年。適來時也，適去順也，知之者鮮也。君位不及而安卑，壽不至而達命，得之矣。君罷秩來歸，脩然里閈。昆弟輯睦，室家相樂。務穡繁圃，怡然自得。今則已矣，嗚呼曷仰。夫人京兆王氏，即天官卿延昌之猶子也。淑慎婦德，恭服閫儀。悲龍劍昔分，而露華先萎。合祔之禮，式遵典故。有子幼卿禪師茹荼泣血，殆不勝喪。季弟巡軫終鮮之哀，匍匐營護。余與君從祖兄有同官之舊，敢刊貞石，以爲之銘。詞曰：

崇崇世禄，顯允君子。既濬其流，亦濟其美。我有貞幹，不遇匠人。既無大用，徒夭斧斤。其一。黄綬豈勞，反初多暇。優遊幾日，奄忽長夜。其二。青青兮舊柏園，旃旎去兮翻翻。埋玉兮爲恨，問穹蒼兮不言。爽氣英姿空寂寞，寒風落日慘郊原。其三。

大曆十二年朔十一月廿二日紀

〔一〕據本書二一七《源通墓誌》，此人爲源倚。

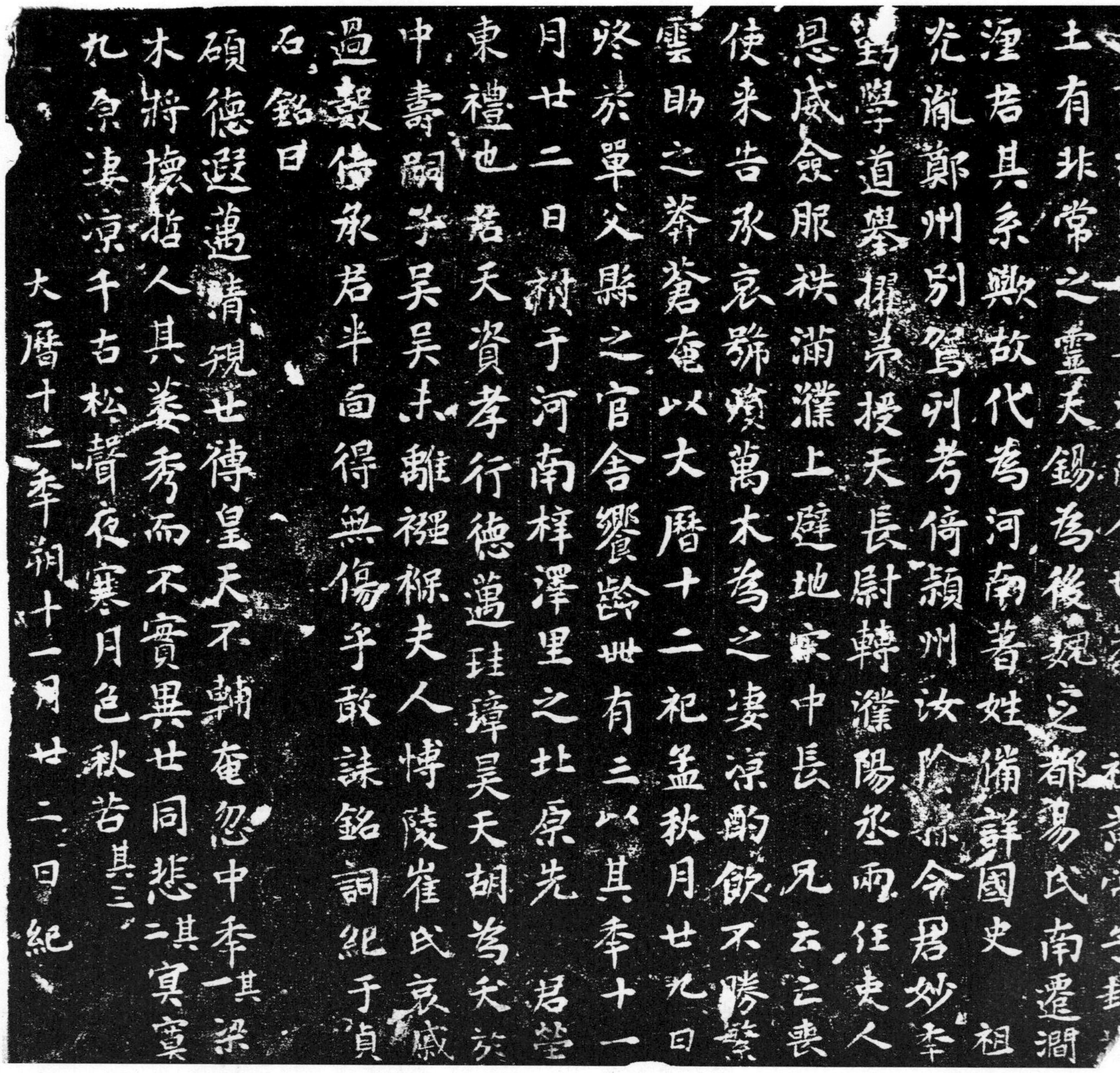
唐故濮州濮陽縣丞源公
大理丞皇甫佶撰
君諱通字靈長河南人也先祖黄帝子封
土有非常之靈天錫為後魏之都暘氏南遷澗
瀍君其系歟故代為河南著姓備詳國史祖
允胤鄭州别駕列考倚潁州汝陰縣令君妙季
勤學道舉擢弟授天長尉轉濮陽丞而任吏人
恩威僉服袄滿濮上避地寘中長凡云之喪
使来告承哀號踴萬木為之淒涼酌飲不勝縈
雲助之蔡蒼奄以大曆十二祀孟秋月廿九日
終於單父縣之官舍饗齡卌有三以其季十一
月廿二日祔于河南梓澤里之北原先君塋
東禮也君天資孝行德邁珪璋昊天胡為夭於
中壽嗣子吳吳未離襁褓夫人博陵崔氏哀感
過毀倚承君半面得無傷乎敢誄銘詞紀于貞
石銘曰
碩德遐邁清規世傳皇天不輔奄忽中季其一梁
木將壞哲人其萎秀而不實異世同悲其二冥冥
九泉淒涼千古松聲夜寒月色秋苦其三
大曆十二季朔十一月廿二日紀

唐故
源府
君墓
誌之
銘

二一七　唐故濮州濮陽縣丞源公（通）墓誌銘

大曆十二年（七七七）十一月二十二日葬。

誌文二十行，滿行十八字。正書。誌長三十六厘米、寬三十・五厘米。

皇甫佶撰。

誌蓋正書：唐故源府君墓誌之銘

唐故濮州濮陽縣丞源公墓誌銘

大理丞皇甫佶撰

君諱通，字靈長，河南人也。先　祖黄帝子封□土，有非常之靈，天錫爲後，魏定都易氏，南遷澗瀍，君其系歟。故代爲河南著姓，備詳國史。　祖光胤，鄭州別駕。列考倚，潁州汝陰縣令。君妙年勤學，道舉擢第。授天長尉，轉濮陽丞。兩任吏人，恩威僉服。秩滿濮上，避地宋中。長　兄云亡，喪使來告。承哀號殞，萬木爲之淒涼；酌飲不勝，繁雲助之莽蒼。奄以大曆十二祀孟秋月廿九日終於單父縣之官舍，饗齡卌有三。以其年十一月廿二日祔於河南梓澤里之北原，先　君塋東，禮也。君天資孝行，德邁珪璋。昊天胡爲，夭於中壽。嗣子吴吴，未離襁褓。夫人博陵崔氏，哀戚過數。佶承君半面，得無傷乎？敢誄銘詞，紀於貞石。銘曰：

碩德遐邁，清規世傳。皇天不輔，奄忽中年。其一。梁木將壞，哲人其萎。秀而不實，異世同悲。其二。冥寞九原，淒涼千古。松聲夜寒，月色秋苦。其三。

大曆十二年朔十一月廿二日紀

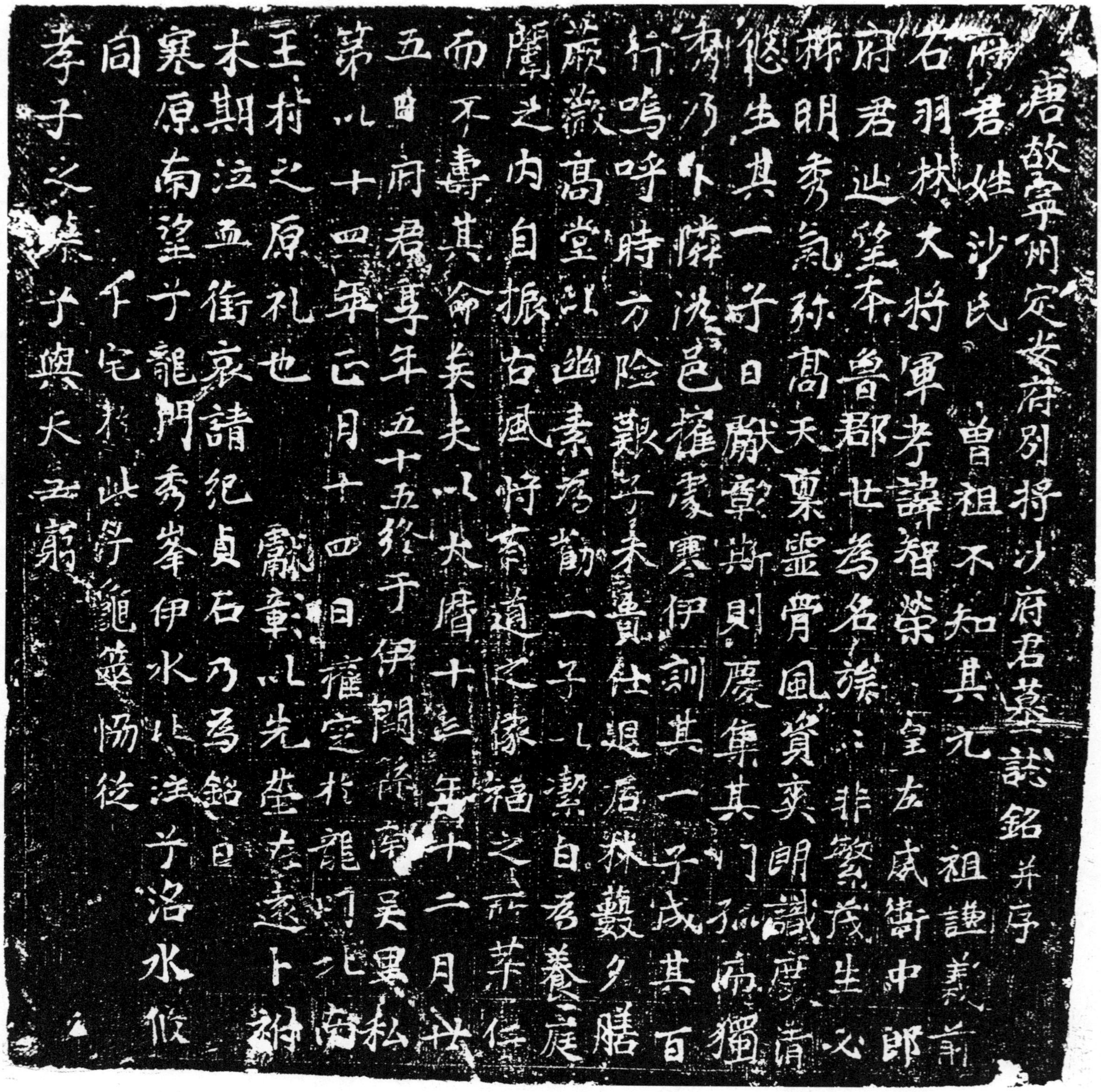
唐故寧州定安府別將沙府君墓誌銘并序
府君姓沙氏　曾祖不知其冗　祖諱義前
右羽林大將軍　考諱智榮　皇左威衛中郎
府君辿望本魯郡世為名族　非繁茂生必
挺明秀氣秀高天稟靈骨風資爽朗識度清
悠生其一子曰獻彰斯則慶集其門孤而獨
秀乃卜隣洛邑擢處寒伊訓其一子成其百
行嗚呼時方險艱學未貫仕退居林藪夕膳
嚴徵高堂以幽素為歡一子以絜白為養庭
闌之內自振古風將薦遺之像福之斯莘仁
而不壽其命矣夫以大曆十三年十二月廿
五日府君享年五十五終于伊闕縣南吳墅私
第以十四年正月十四日權窆於龍門北原
王村之原禮也　獻彰以先塋在遠卜兆
未期泣血銜哀請紀貞石乃為銘曰
寒原南望兮龍門秀峯伊水北注兮洛水攸
向　千宅於此兮龜筮協從
孝子之誌兮與天無窮

二一八　唐故寧州定安府別將沙府君（辿）墓誌銘

大曆十四年（七七九）正月十四日葬。
誌文十八行，滿行十七字。正書。誌長三十一厘米、寬三十厘米。
誌蓋篆書：大唐故沙府君墓誌銘

唐故寧州定安府別將沙府君墓誌銘并序

府君姓沙氏，曾祖不知其元。祖謙義，前右羽林大將軍。考諱智榮，皇左威衛中郎。府君辿，望本魯郡，世爲名族。族非繁茂，生必材明。秀氣彌高，天稟靈骨。風資爽朗，識度清悠。生其一子曰獻彰。斯則慶集其門，孤而獨秀。乃卜鄰瀍邑，權處寒伊。訓其一子，成其百行。嗚呼！時方險艱，子未貴仕。退居林藪，夕膳蕨薇。高堂以幽素爲勸，一子以潔白爲養。庭闈之內，自振古風。將有道之家，福之所萃，仁而不壽，其命矣夫。以大曆十三年十二月廿五日，府君享年五十五，終於伊闕縣南吴里私第。以十四年正月十四日權窆於龍門北南王村之原，禮也。獻彰以先塋在遠，卜祔木〔一〕期，泣血銜哀，請紀貞石。乃爲銘曰：

寒原南望兮龍門秀峰，伊水北注兮洛水攸同。卜宅於此兮龜筮協從，孝子之慕兮與天無窮。

〔一〕「木」疑爲「未」之訛。

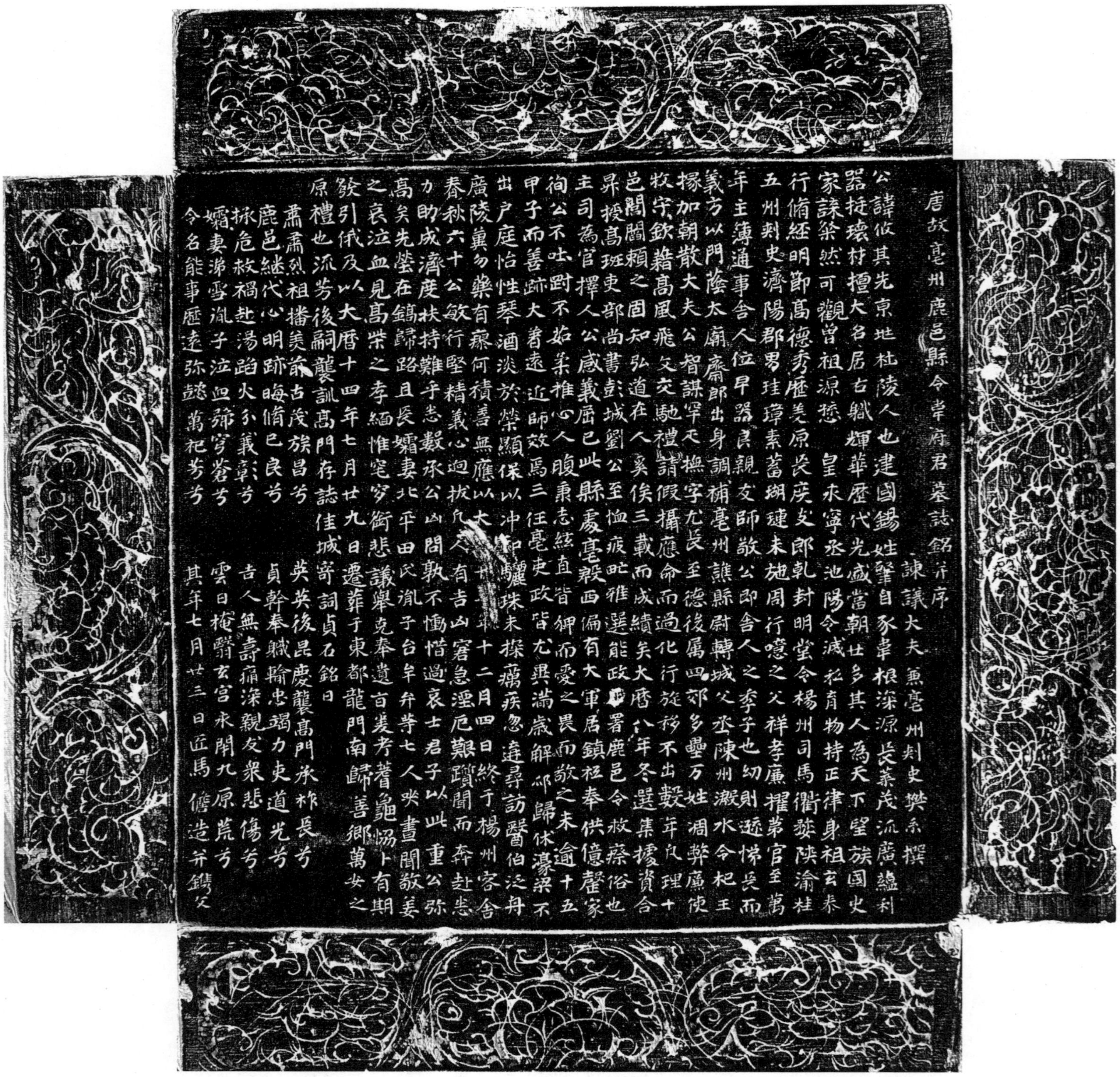
唐故亳州鹿邑縣令韋府君墓誌銘并序

大唐故韋府君墓誌銘

二一九　唐故亳州鹿邑縣令韋府君（攸）墓誌銘

大曆十四年（七七九）七月二十九日葬。

誌文二十九行，滿行二十九字。正書。誌長四十二厘米、寬四十一・五厘米。

樊系撰，馬儋鐫。

誌蓋篆書：大唐故韋府君墓誌銘

唐故亳州鹿邑縣令韋府君墓誌銘并序

諫議大夫兼亳州刺史樊系撰

公諱攸，其先京兆杜陵人也。建國錫姓，肇自豕韋。根深源長，葉茂派廣。藴利器，挻瓌材，擅大名，居右職。輝華歷代，光盛宫朝。世多其人，爲天下望族。國史家諜，粲然可觀。曾祖源愻，皇永寧丞、池陽令。滅私育物，持正律身。祖玄泰，行脩經明，節高德秀。歷美原長、度支郎、乾封明堂令、揚州司馬、衢婺陝渝桂五州刺史、濟陽郡男。珪璋素蓄，瑚璉未施，周行噫之。父祥，孝廉擢第，官至萬年主簿、通事舍人。位卑器良，親友師敬。公即舍人之季子也。幼則遜悌，長而義方。以門蔭太廟齋郎出身，調補亳州譙縣尉，轉城父丞、陳州溵水令、杞王掾，加朝散大夫。公智謀罕疋，撫字尤長。至德後，屬四郊多壘，萬姓凋弊。廉使牧守，欽藉高風。飛文交馳，禮請假攝。應命而過，化行旋移。不出數年，凡理十邑，閭閻賴之。固知弘道在人，奚俟三載而成績矣。大曆八年冬選集，據資合昇授高班。吏部尚書彭城劉公[一]至恤疲甿，雅選能政。□署鹿邑令，救療俗也。主司爲官擇人，公感義屈己。此縣處亳殷西偏，有大軍居鎮。祇奉供億，罄家徇公。不吐剛，不茹柔，推心人腹，秉志絃直。皆狎而愛之，畏而敬之。未逾十五甲子而善迹大著，遠近師效焉。三任亳吏，政皆尤異。滿歲解印，歸休濠梁。不出户庭，怡性琴酒。淡於榮顯，保以冲和。驪珠未探，痼疾忽遘。尋訪醫伯，泛舟廣陵。冀勿藥有瘳，何積善無應。以大曆十□年十二月四日終於揚州客舍，春秋六十。公敏行堅精，義心迴拔。凡人有吉凶窘急，湮厄艱躓，聞而奔赴，悉力助成。濟度扶持，難乎悉數。承公凶問，孰不慟惜過哀，士君子以此重公彌高矣。先塋在鎬，歸路且長。孀妻北平田氏，胤子台、牟、弁等七人，哭晝聞敬姜之哀，泣血見高柴之孝。緬惟窀穸，銜悲議舉。克奉遺旨，爰考蓍龜。協卜有期，發引俄及。以大曆十四年七月廿九日遷葬於東都龍門南歸善鄉萬安之原，禮也。流芳後嗣，襲訓高門。存誌佳城，寄詞貞石。銘曰：

肅肅烈祖，播美前古，茂族昌兮。英英後昆，慶襲高門，承祚長兮。鹿邑繼代，心明迹晦，脩己良兮。貞幹奉職，輸忠竭力，吏道光兮。拯危救禍，赴湯蹈火，分義彰兮。吉人無壽，痛深親友，衆悲傷兮。孀妻涕雪，胤子泣血，號穹蒼兮。雲日掩翳，玄宫永閉，九原荒兮。令名能事，歷遠彌懿，萬祀芳兮。

其年七月廿三日匠馬儋造并鎸文

[一] 彭城劉公即劉晏，大曆四年至十二年間爲吏部尚書。

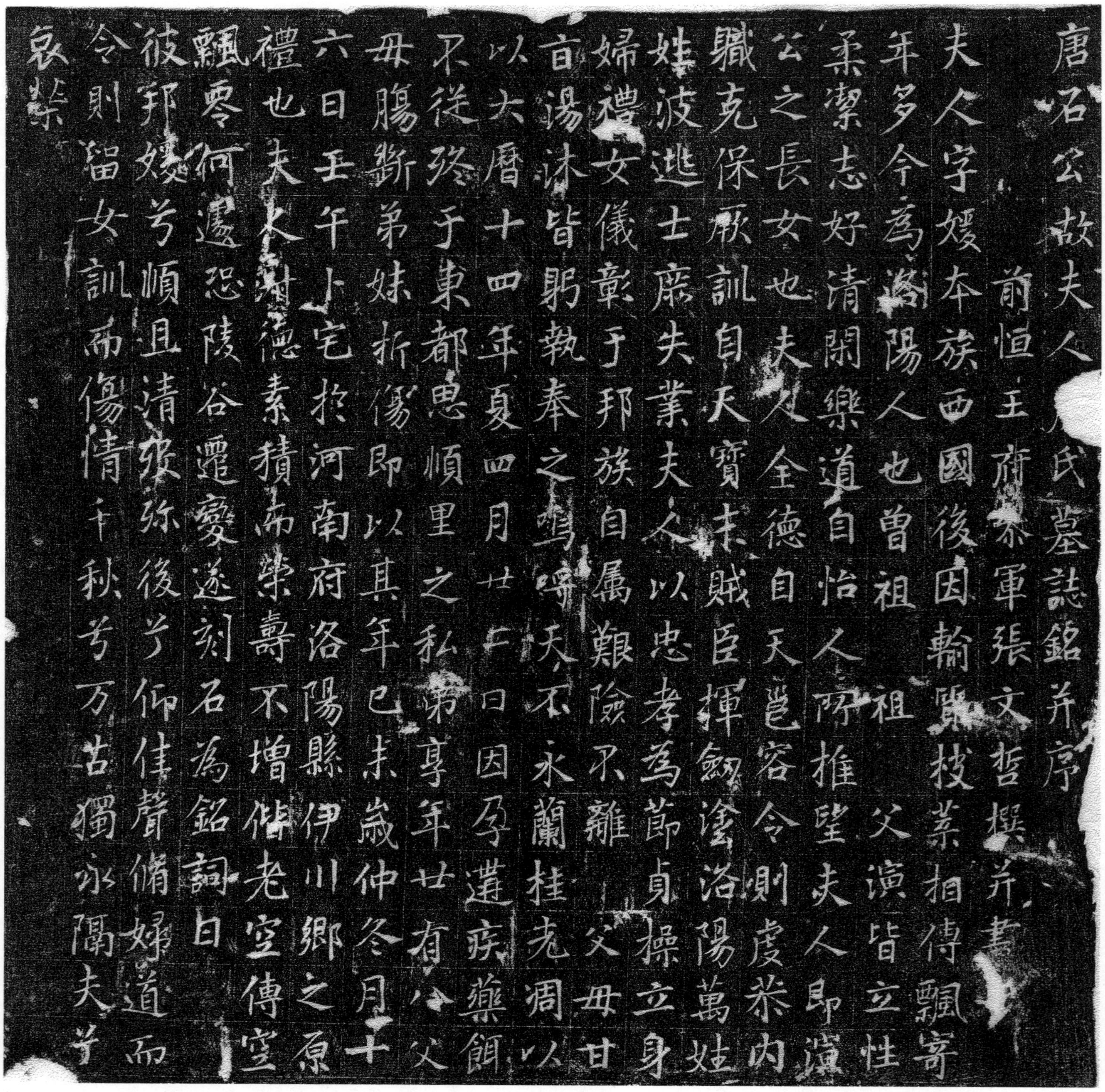
唐石公故夫人□氏墓誌銘并序
前恒王府參軍張文哲撰并書
夫人字媛本族西國後因輸贇枝葉栢傳飄寄
年多今爲洛陽人也曾祖　祖　父演皆立性
柔潔志好清閑樂道自怡人所推望夫人即演
公之長女也夫人全德自天邕容令則虔恭内
職克保承訓自天寶末賊臣揮劒塗洛陽萬姓
姓波逃士庶失業夫人以忠孝爲節貞操立身
婦禮女儀彰于邦族自屬艱險不離　父母甘
旨湯沐皆躬執奉之嗚呼天不永蘭桂先凋以
以大曆十四年夏四月廿二日因孕遘疾藥餌
不從殁于東都思順里之私第享年廿有八父
母腸斷弟妹折傷即以其年己未歲仲冬月十
六日壬午卜宅於河南府洛陽縣伊川鄉之原
禮也夫人淑德素積而榮壽不增偕老空傳空
飄零何遽恐陵谷遷變遂刻石爲銘詞曰
彼邦媛兮順且清疾殄後兮仰佳聲備婦道而
令則留女訓而傷情千秋兮万古獨永隔夫兮
哀榮

二二〇　唐石公故夫人康氏墓誌銘

大曆十四年（七七九）十一月十六日葬。
誌文十九行，滿行十八字。正書。誌長、寬均三十九・五厘米。
張文哲撰并書。
誌蓋篆書：大唐故康夫人墓誌銘

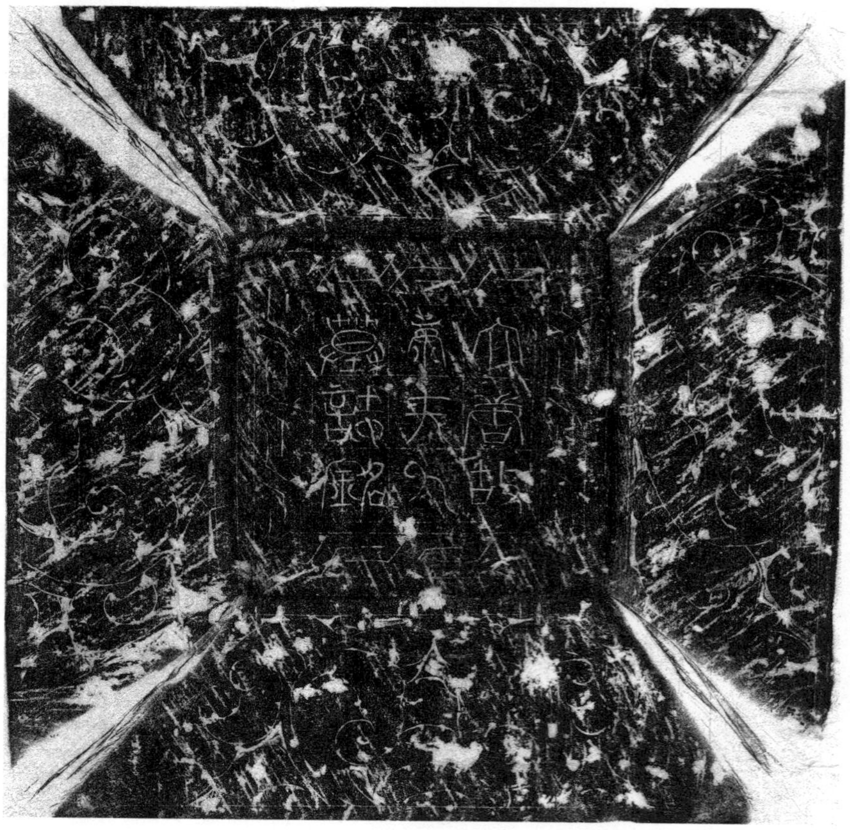

唐石公故夫人康氏墓誌銘并序

前恒王府參軍張文哲撰并書

夫人字媛，本族西國，後因輸質，枝葉相傳，飄寄年多，今爲洛陽人也。曾祖　，祖　，父演，皆立性柔潔，志好清閑。樂道自怡，人所推望。夫人即演公之長女也。夫人全德自天，邕容令則。虔恭内職，克保厥訓。自天寶末，賊臣揮劍塗洛陽。萬姓姓〔一〕波逃，士庶失業。夫人以忠孝爲節，貞操立身。婦禮女儀，彰於邦族。自屬艱險，不離　父母。甘旨湯沐，皆躬執奉之。嗚呼！天不永，蘭桂先凋。以以〔二〕大曆十四年夏四月廿二日因孕遘疾，藥餌不從，終於東都思順里之私第，享年廿有八。父母腸斷，弟妹折傷。即以其年己未歲仲冬月十六日壬午卜宅於河南府洛陽縣伊川鄉之原，禮也。夫人淑德素積，而榮壽不增。偕老空傳空〔三〕，飄零何遽？恐陵谷遷變，遂刻石爲銘。詞曰：

彼邦媛兮順且清，殁殄後兮仰佳聲。脩婦道而令則，留女訓而傷情。千秋兮萬古，獨永隔夫兮哀榮。

〔一〕此處衍出一「姓」字。

〔二〕此處衍出一「以」字。

〔三〕此處衍出一「空」字。

二二一　唐故太子贊善大夫賜緋魚袋琅邪王公（佃）墓誌銘

建中元年（七八〇）二月二十五日葬。

誌文三十一行，滿行三十字，正書。誌長五十五・五厘米、寬五十四・五厘米。

劉復撰，張文哲書。

誌蓋篆書：大唐故王府君墓誌銘

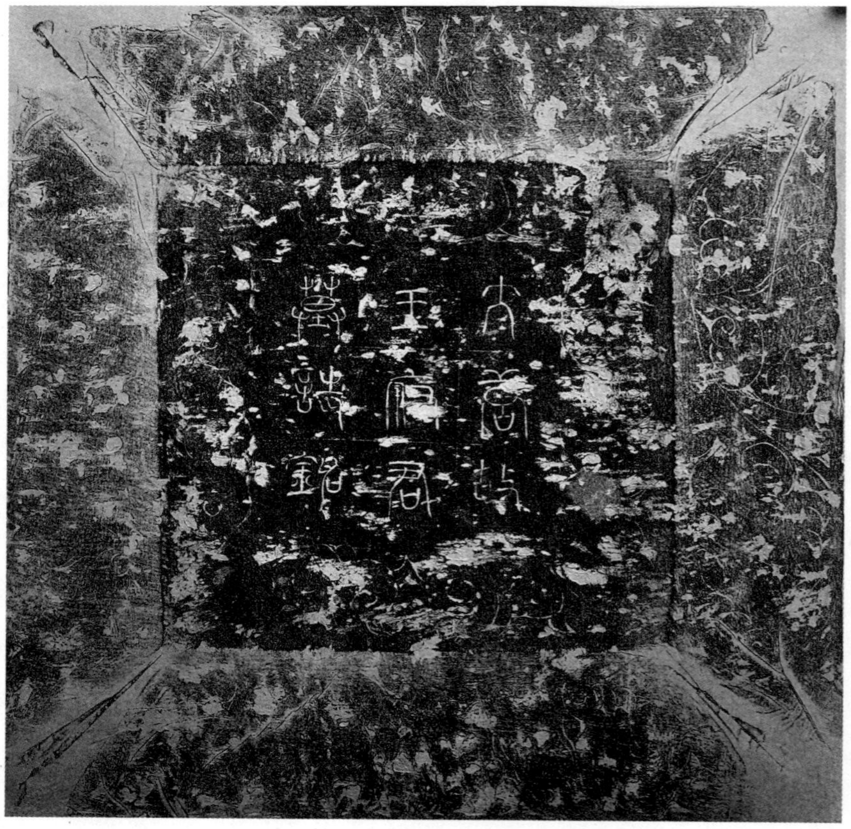

唐故太子贊善大夫賜緋魚袋琅邪王公墓誌銘并序

河陽主簿劉復撰

恒王府參軍張文哲書

維大暦十四年太子左贊善大夫王公終於東都私第，春秋六十有六。嗣子河南府參軍素以建中元年二月廿五日葬於洛陽三川鄉之南原，夫人河東氏氏〔一〕祔焉。公諱仙，字敬祖，琅邪臨沂人也。族茂山東，世多才賢。曾祖迪，有隋驃騎大將軍。祖弘，皇朝散大夫、洪州司馬。考崇古，中大夫、深州長史。公虔奉先德，炳其元貞。高陵深源，瓌寶以生。天寶初，進士登科，署宋州襄邑縣尉。天朝以此官爲士之初秩。採訪使李公彦允奏充支使。以優選授左領軍衛冑曹參軍。後使郭納表請如前職，其奉事以廣平稱。十四年，禄山叛於幽都，兵及二京。胡臣衣冠，戮辱寇庭。公逃居陸渾南山，凶徒大搜山澤，不從逆命者誅無遺類。公慷慨激憤，陷於迫脅，勒充蕭華判官、河北道宣慰。後元凶殪於都城。其明年，大司徒、汾陽王奉　肅宗皇帝龔行天罰，克清關中，暨於東夏。禄山子慶緒走保相州，又爲所脅受職。乃與友人邵説間行詣史思明於幽州。時思明以所部歸降，而公得以投焉。朝庭嘉其忠節，　詔拜東宮文學。後思明潛謀大逆，引兵趣鄴城殺慶緒，遂驚王師，濟河而南。公蒼黄於戎馬之間，不得走去。卒爲所執。胡人以專殺爲威，而公以死無所益，不若受職而圖之。外雖縲縻，内守忠鯁。奮行陰謀，潛表國朝。其欲有所攻取，無不沮議。寶應初，大軍臨東都。思明子朝義將保河陽，決謀於公。公慮其憑險守固，矯陳利害。賊竟奔走而官軍整行。　上聞，召至闕下，拜襄王友，又除侍御史。汾陽王表授尚書司門郎，兼河東縣令。遷金部郎中，領河東少尹。莅官多能，詔居中朝。累升駕部、考功、吏部三郎中。佐於天官，肅其權衡。公鑒孔明，九流以平，及大臣權政，以公亮直多悟，移左贊善大夫。無何，爲風疾所中，有　詔賜歸，竟以疾終。烏虖！守忠不諒，才不極用。骨鯁無所告，以至於没齒。哀哉！夫人故安州刺史煒之長女，以淑德歸於我。顯修内職，叶於國風。性至孝，太夫人源氏居陸渾，以春秋高，每歲歸寧，視寢膳不如常，其憂見於色。竟以勤勞遘疾。十四年五月五日終於太夫人之内寢，享年五十有三。權厝於伊闕縣南界之西山，及今而返葬焉。嘗受微言於釋氏之師，及終如師旨。公亦學於弘正大師，故道藴於内，才顯於外。既没如夫人，然莫知其極焉。公一子八女，四適人，四在室。閔凶號天，閭里感傷。子素多病，苫居杖行。與從父弟兄奉營窀穸，遷神而歸焉。命同師之友，誌於貞石。銘曰：

於穆琅邪，淑靈英姿。遭世明夷，或潔或淄。運開中興，五登省闈。清芬葳蕤，命服有暉。宜秉台衡，移□宮司。降齡不永，殂於清〔二〕。僚友殄瘁，邦人涕洟。彼洛之湄，與室同歸。

〔一〕此處脱姓氏，衍出「氏」字。據本書二二七《王素墓誌》，應爲河東裴氏。

〔二〕此處疑闕字。

二二二　大唐皇再從祖姑故寧剎寺比丘尼志弘墓誌銘

建中三年（七八二）十一月二十四日葬。

誌文二十八行，滿行二十七字。正書。誌長、寬均七十一厘米。

王諒撰，王鄂書。

大唐　皇再從祖姑故寧刹寺比丘尼志弘墓誌銘并序

銀青光禄大夫前光禄卿上柱國襲琅邪郡開國公王諒撰

粤有比丘尼法號志弘，則　高宗天皇大帝之曾孫，　許貞孝王諱素節之孫，　褒信郡王諱璆之季女也。分派紫霄，承榮朱邸。百行無點，五禮克脩。笄年歸於我，封隴西郡夫人。冰雪其操，桃李其姿，至行多能，高矩全節，六姻是則，二族所推，美矣哉！常謂人曰：「蘭室之與蓮宮，如之何？袨服之與緇衣，如之何？」時人異其言。後數年，乃削髮壞衣，出家捨俗，於寧刹寺辯音律師下受具戒。遂發菩提之迹於金沙中，登蚊腳之梯爲希有事。既而曰：「禪者寂也，寂可定而惠生。」遂於東都聖善寺詣山門澄沼禪師問道。一自苦心，禪寂斯固。入三昧樂，得解脱門。可以爲住世豎王，可以爲釋教法主。悲夫！生以時也，滅以順也；以生以滅，義無常哉！厥示寢疾，反時適順。以建中三年四月七日終於東都道化坊舊宅永穆寺，春秋六十有一，僧夏凡六。以其年十一月廿四日，遷神於河南縣畢圭鄉龍門里也。嗚呼哀哉！在家之際，有子五人，有女三人。長曰郈，前青州千乘縣令；次曰鄂，前河中府解縣尉；次曰郊，前同州白水縣丞；次曰郇，前宋州楚丘縣丞；次曰鄠，前弘文館明經。長適前江陵府公安縣令段宥；次適前大理評事李係，晚年出家，法號悟真；次適太原府祁縣尉李肅。郈等並柴毀失容，綆淚成血。諒雖道俗有殊，而情理難易，還悲獨鶴之聲咽，終嘆孤鸞之影沉。墮淚裁文，寄哀貞石。銘曰：

平王之孫，齊侯之子。其德淑順，其華綺靡。稟訓梁苑，女儀如彼。言歸沁園，婦道如此。其一。佛理超寂，克修必見。豈無全生，知生如流電。豈無榮樂，知樂如露泫。電露倏欻，夫何所羨。其二。至道可保，至教可從。道教兩悟，若會雲龍。婉婉之質，凛凛之容。淬然孤貞，乃類高松。其三。法有明昧，事有生滅。生滅一致，明昧齊設。去矣反真，哀纏拉血。高樹悲風，寒原苦月。勒銘頌美，嗚呼永訣。其四。

哀子朝請郎前行河中府解縣尉驍騎尉晉陽縣開國男鄂書

唐宣州太平縣令韋公故夫人趙郡李氏墓誌銘并序
前宣州涇縣尉王溆撰
夫人諱現字現趙郡人也伯陽已降千有餘禩慶襲冠
蓋人推世禄曾祖敬忠許王府參軍祖暕都水使者父
昂倉部員外郎夫人六行克修四德攸備柔玢婉嫕幼
而有成年十五歸于京兆韋公鳳皇于飛琴瑟作合莊
敬以肅[illegible][illegible]以清嘗好習乎禮經尤精心於釋典大曆
末丁父艱米纔一溢殆至滅性時謂夫人閨房之秀純
孝之志皆可以高世矣胡積善而無徵悲上天之不憖
夕露彫蕣秋風敗蘭年卅三以建中三年三月七日終
於太平官舍享年不永九族增哀公雖義以斷恩神詛
傷於奉倩辟留遺掛詩已悼於安仁育二女而未笄撫
外男為己子窀穸將兆日月有時以其年八月廿二日
發引歸于有洛之表以建四年二月七日權窆於河
南龍門之原蓋臨殁不忘於孝心上塋請從於先
父旁臨伊水左界緱山公身繫一官情悲兩地恨夫葬
不及臨穴喪不遂終哭望龍輴兮永訣泣馬鬣而無因
刊石勒銘奉旌厥善銘曰
柱下育靈河南遺德終溫且惠惟婦之則朝露溘至夜
臺潛然匣藏飾粉鏡掩新鈿東望嵩丘北臨郟鄏玉折
珠沉叙魂山邑

大唐故李夫人墓誌銘

二二三　唐宣州太平縣令韋公（翽）故夫人趙郡李氏（現）墓誌銘

建中四年（七八三）二月七日葬。

誌文二十一行，滿行二十一字。正書。誌長四十七・五厘米、寬四十六厘米。

王溆撰。

誌蓋篆書：大唐故李夫人墓誌銘

唐宣州太平縣令韋公故夫人趙郡李氏墓誌銘并序

前宣州涇縣尉王淑撰

夫人諱現，字現，趙郡人也。伯陽已降，千有餘祺；，慶襲冠蓋，人推世禄。曾祖敬忠，許王府參軍。祖暕，都水使者。父昂，倉部員外郎。夫人六行克脩，四德攸備。柔珍婉嫕，幼而有成。年十五歸於京兆韋公。鳳皇于飛，琴瑟作合。莊敬以肅，環珮以清。嘗好習乎禮經，尤精心於釋典。大曆末，丁父艱。米𩟄一溢，殆至滅性。時謂夫人閨房之秀，純孝之志，皆可以高世矣。胡積善而無徵，悲上天之不憖。夕露凋蕣，秋風敗蘭。年卌三，以建中三年三月七日終於太平官舍，享年不永，九族增哀。公雖義以斷恩，神詎傷於奉倩；壁留遺掛，詩已悼於安仁。育二女而未笄，撫外男爲己子。窀穸將兆，日月有時。以其年八月廿二日發引歸於有洛之表。以建〔一〕四年二月七日權窆於河南龍門之原。蓋臨歿不忘於孝心，卜塋請從於　先父。旁臨伊水，左界緱山。公身繫一官，情悲兩地。恨夫葬不及臨穴，喪不遂終哭。望龍輴兮永訣，泣馬鬣而無因。刊石勒銘，奉旌厥善。銘曰：

柱下育靈，河南遺德。終温且惠，惟婦之則。朝露溘至，夜臺潛然。匣藏餘粉，鏡掩新鈿。東望嵩丘，北臨郟鄏。玉折珠沉，斂魂山足。

〔一〕此處漏刻「中」字。

二三四　唐故監察御史范陽盧公（倫）墓誌銘

興元元年（七八四）三月十三日葬。

誌文二十一行，滿行二十二字。正書。誌長、寬均三十九厘米。鄭援撰。

原石藏洛陽張存才唐誌精品館。

誌蓋正書：大唐故盧府君墓誌銘

大唐故
盧府君
墓誌銘

唐故監察御史范陽盧公墓誌銘并序

河陽軍節度判官殿中侍御史内供奉鄭援撰

公諱倫，字子温，范陽人也。本曰姜姓，分爲盧氏，德深慶遠，源峻流長。五代祖思道，北齊黄門侍郎、隋武陽太守。曾祖承泰，皇朝德州刺史。祖齊卿，太子詹事。父成軌，大理評事。公氣温而良，性貞而慤。直内方外，見素抱樸。敦詩閲禮，遊□依仁。嘗與中書舍人朱巨川爲弈棋勍敵，加以儒學潤□，由是聲名籍甚。弱歲弘文明經擢第，解褐試左羽林軍□曹參軍，兼汴州浚儀尉。歷密縣丞、虢州録事參軍。無何，河陽軍節度辟充推官，拜大理司直，寵加章服。旋以舊職遷監察御史裏行。冉有爲政，橋玄從事，課最皆著，聲問克揚。宜其騫翥青霄，永錫難老。上天降戾，曾不憖遺。以興元元年二月廿四日，因疽發背，殁於河陽軍之官舍。春秋卌有八，哀哉！夫人趙郡李氏，洛州長史承胤之孫，左武衛兵曹參軍嶷之女也。□位於内，先公而殞。以其年三月十三日合祔於偃師縣首陽南原，且從先塋，依周制也。嗣子前崇文明經圓，年方弱冠，毀殆危身。以援忝盛府之末交，有寢門之深慟。永言銘誌，見託虚無。敬酌餘芳，式傳幽壤。其詞曰：

猗歟哲人，年未中身。翱翔風憲，奄忽湮淪，于嗟乎盧公！南原北首，天長地久。彼蒼胡言，瘞我良友，于嗟乎盧公！

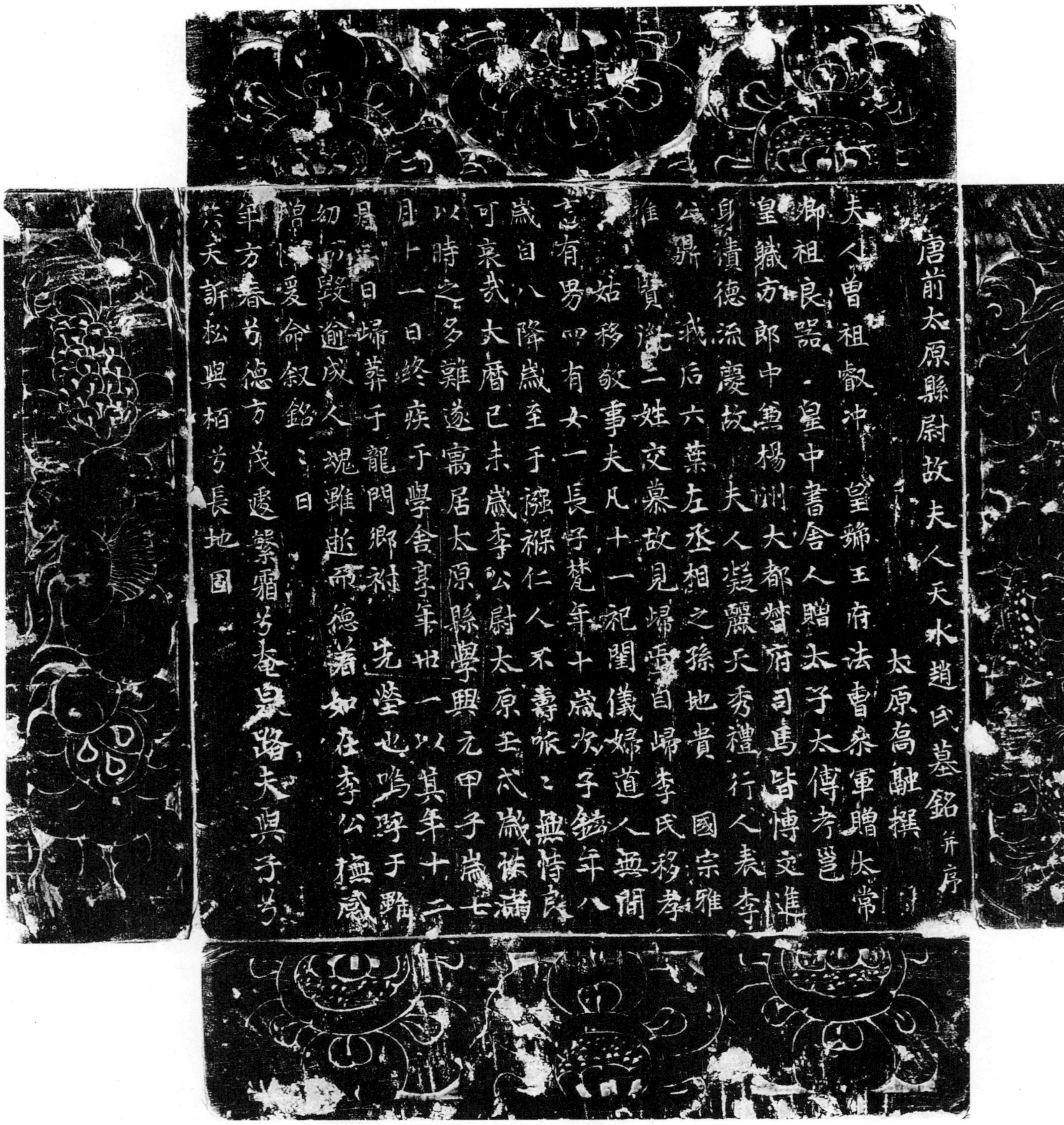
唐前太原縣尉故夫人天水趙氏墓銘并序
太原喬融撰
夫人曾祖叡沖皇鄃王府法曹參軍贈太常
卿祖良器皇中書舍人贈太子太傅考邕
皇職方郎中兼揚州大都督府司馬皆博文進
身積德流慶故夫人凝麗天秀禮行人表李
公鼎戚后六葉左丞相之孫地貴國宗雅
推賢淑二姓交慕故見婦焉自歸李氏移孝
姑移敬事夫凡十一祀閨儀婦道人無間
言有男四有女一長曰梵年十歲次子鎰年八
歲自八降歲至于襁褓仁人不壽哌哌無恃良
可哀哉大曆己未歲李公尉太原壬戌歲秩滿
以時之多難遂寓居太原縣學興元甲子歲七
月十一日終疾于學舍享年卌一以其年十二
月三日歸葬于龍門鄉祔先塋也嗚呼于戲
幼而毀逾成人魂雖逝而德著如在李公撫感
增悼爰命叙銘銘曰
年方春兮德方茂遽縈霜兮奄泉路夫與子兮
共天訴松與栢兮長地固

二二二五　唐前太原縣尉（李鼎）故夫人天水趙氏墓銘

興元元年（七八四）十二月三日葬。
誌文十九行，滿行十八字。正書。誌長、寬均三十六・五厘米。喬融撰。
原石藏洛陽張存才唐誌精品館。

唐前太原縣尉故夫人天水趙氏墓銘并序

太原喬融撰

夫人曾祖叡沖，皇號王府法曹參軍，贈太常卿。祖良器，皇中書舍人，贈太子太傅。考邕，皇職方郎中，兼揚州大都督府司馬。皆博文進身，積德流慶。故夫人凝麗天秀，禮行人表。李公鼎，我后六葉左丞相之孫，地貴國宗，雅推賢胤，二姓交慕，故見歸焉。自歸李氏，移孝□姑，移敬事夫，凡十一祀，閨儀婦道，人無間言。有男四，有女一。長子梵，年十歲；次子鉉，年八歲。自八降歲，至於襁褓，仁人不壽，呱呱無恃，良可哀哉。大曆己未歲，李公尉太原。壬戌歲，秩滿，以時之多難，遂寓居太原縣學。興元甲子歲七月十一日終疾於學舍，享年卌一，以其年十二月三日歸葬於龍門鄉，祔先塋也。嗚呼！子雖幼而毀逾成人，魂雖逝而德著如在。李公撫感增□，爰命叙銘。銘曰：

年方春兮德方茂，遽繁霜兮奄泉路。夫與子兮共天訴，松與柏兮長地固。

唐故王府君墓誌之銘

二二六　有唐故蓝田縣尉王君（素）墓誌銘

貞元元年（七八五）八月二十二日葬。

誌文二十九行，满行二十九字。正書。誌長、寬均四十八·五厘米。

梁寧撰，王質書。

誌蓋篆書：唐故王府君墓誌之銘

有唐故藍田縣尉王君墓誌銘并序

友人安定梁寧撰

君諱素，字素，琅耶人也。同州長史崇古之孫，吏部郎中佃之子。代弈簪組，晉魏尤盛。春秋卅五，寢疾經時。貞元元年秋八月九日寂然趺坐，終於洛陽審教里之所第，以其月廿二日旋葬於洛陽曰川嘉禾里之原，近其先塋，禮也。君弱歲學道於君子國大師寂公，與余同其門也。若以識心之得失，見自性之有無，則迺已惑於平生，豈不撓於將殁矣。嗟乎！死者人之大怖，不見其性者，誠可哀哉。然則見其性者亦不在坐亡矣，坐亡者蓋不易其人也。余則書其所知也，而不紀其坐亡也。余嘗問　大師曰：「君何如？」師曰：「吾與其見也，而不知其行也。」人嘗問余曰：「君何如？」余對之：「清慧。」君涵真致遠，明秀内發，微言則辨，諛問則讓，余是以有此目也。先夫人河東裴氏，定州刺史煒之子。先生二女焉，君爲一男，人不謂之少也。御史大夫崔公縱頃爲汴西使，總天下太半之務。君與陸渾尉京兆韋綬俱爲崔公所辟，雍容佐幕，言簡事通，深爲崔公所器重。綬乃贖君之日久，尚君之爲人，而欲以幼妹歸焉。納其禮矣，因循乎二年。於兹謂禮教歟，而有意耶，謂知見歟，而無意耶？余不知其所以然。始嗟鄧伯道之無兒，終不聞劉遺民之有子也。君有從父之兄曰液，平生之所親信。寓疾長安之日而得見其兄，念兮撫兮，將還故鄉。君有釋門之姊體融，亦從父之姊也，平生之所尊重。遂歸洛陽之日，又得見其姊矣。疾患終殁，盡其理焉。智慧方便，我心安然。道思所重，莫大於本師。吾師在斯，君又獲瞻焉。竊以房氏之姊相去路遥，艱難别離，遂成永訣。降此以往，余知其無所恨矣。君筮仕河南府參軍，爾後多於東洛，與河南元志有中外之舊。復性情頗同，優遊晤言，余在其間。比君避地襄漢，而元公時爲河南少尹。君有《陸渾即事詩》云：「一夜山中雪，無人見落時。」元公每詠此清句，與余思人。今元公既殁，君又次之。逝川不息，何痛如是！辭曰：

一支出源，流泳緬然。浸爾潛復，又澄其淵。洪鑪爀之，淵亦涸焉。徒知元命，惜無世年。兆從龜蓍，佳城於兹。是時涼颸，草木將衰。嵩高蒼茫，洛川逶遲，嗚呼玉人，無復見之。

從父兄質書

二二七　大唐馮府君（金石）墓誌銘

貞元二年（七八六）正月十八日葬。

誌文十八行，滿行字數不等。正書。誌長、寬均二十九厘米。

大唐馮府君墓誌銘并序

府君姓馮，望本長樂，今臨晉也。寔馮唐之後裔，鬱爲茂園。　皇曾祖及祖不干時政，遁迹隱名。考元則，冲□保其賞，雲林畢志。雖久辭昭代，尚播清風。府君名金石，字演。仁孝□□，精專經史。性唯儉素，德厚才高。不宦而得禄養親，爲兄而義深諸季。及從心之歲，策杖東都。塵網頓捐，參禪慕道。將契如如之理，入下脱之門。天不憖仁，溘先朝露。嗚呼！貞元元年二月廿六日寢疾終於河南府洛陽縣尊賢坊，享齡七十有五。夫人太原王氏，令淑□聞。長男明歇，孝義雙著。並天奪其壽，長夜先歸。異□同□，著龜叶慶。子姪伯邕，男□歇等，生事之至孝，死葬之以禮。儉以時服素棺，遂以圓元二年正月十八日合祔於河南縣龍門鄉之界，禮也。人生到此，傷如之何？銘曰：

人生倏忽，幽明遂隔。魂兮何之，作泉臺之客。相送郊外，天道寧論。新塋合契，俯邇龍門。千秋萬歲，宜爾子孫。延年益壽，福禄存存。

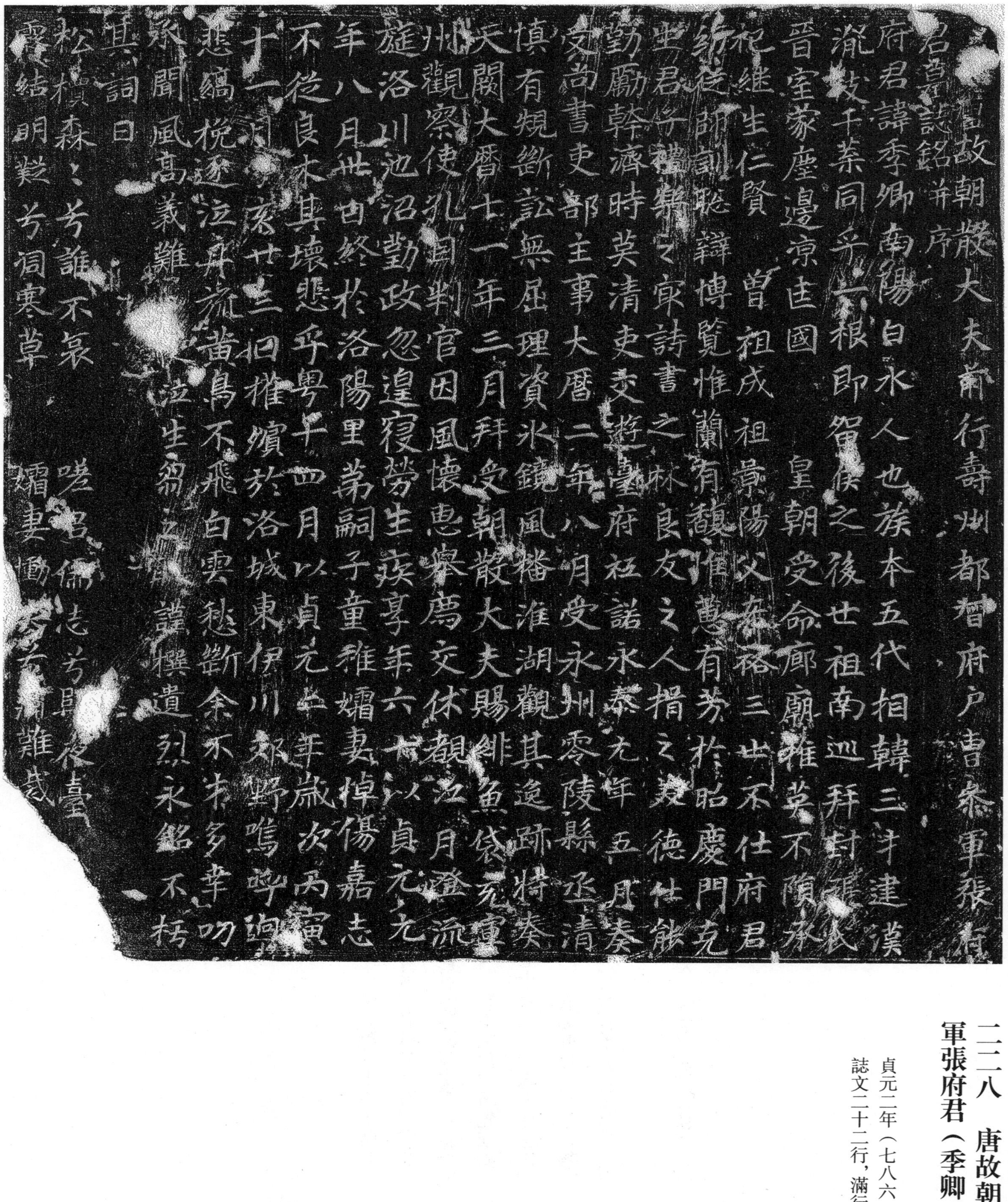

二二八　唐故朝散大夫前行壽州都督府户曹參軍張府君（季卿）墓誌銘

貞元二年（七八六）十一月二十三日葬。

誌文二十二行，滿行二十一字。正書。誌長、寬均三十二・五厘米。

唐故朝散大夫前行壽州都督府户曹參軍張府君墓誌銘并序

府君諱季卿，南陽白水人也。族本五代相韓，三才建漢。胤枝千葉，同乎一根，即留侯之後。世祖南巡，拜封張氏；晉室蒙塵，邊涼匡國。　皇朝受命，廊廟推英。不隕承祀，繼生仁賢。曾祖成，祖景陽，父希裕，三世不仕。府君幼從師訓，聰辯博覽。惟蘭有馥，惟蕙有芳。於昭慶門，克生君子。禮樂之最，詩書之林。良友之人，揖之美德。仕能勤勵，幹濟時英。清吏交遊，臺府祇諾。永泰元年五月，奏受尚書吏部主事。大曆二年八月，受永州零陵縣丞。清慎有規，斷訟無屈。理資冰鏡，風播淮湖。觀其逸迹，特奏天闕。大曆十一年三月拜受朝散大夫，賜緋魚袋，充宣州觀察使孔目判官。因風懷惠，舉薦交休。睹江月澄流，旋洛川池沼。勤政忽遑，寢勞生疾，享年六十。以貞元元年八月卅日終於洛陽里第。嗣子童稚，孀妻悼傷。嘉志不從，良木其壞。悲乎！粤十四月，以貞元二年歲次丙寅十一月丁亥廿三日權殯於洛城東伊川郊野。嗚呼！迴悲縞挽，逐泣丹旐。黄鳥不飛，白雲愁斷。余不才多幸，叨承聞風。高義難□□，泣生芻之□。謹撰遺烈，永銘不朽。其詞曰：

松櫝森森兮誰不哀，嗟君儒志兮歸夜臺。露結明凝兮凋寒草，孀妻慟哭兮痛難裁。

唐故河南府參軍張君墓誌銘并序
前鄉貢進士盧璠撰
范陽張君諱遂字遂貞元戊辰歲十月三日終于所
任春秋三十八曾祖說中書令贈太師燕文貞公祖
均刑部尚書父岯京兆府萬年縣尉君則萬年之嗣
子也嗚呼士有才適於時可濟物也竟終於下位悲
通於道可保也不及於中年其張君之謂乎君
尚簡退長棲默不徇青紫之榮杳有江湖之趣常
扁舟不繫以遐遠為娛建中末復以家學自脩聲名
益振崇文生登第選補河南府參軍斯君子舒卷在
時出處自得有之稱也偉夫性本沖和與人不競謙
讓而如水趨下進退乃自天得中楷乎承襲勳榮時
運不偶雖宦途初啓而昏礼猶虧泠則罕言永墜厥
緒可勝慟也以其年十一月五日卜窆于萬安山陽
祔于先塋禮也嗚戲余於君有內外之戚年常追
類追想綿遠若歲月何旻屬斯文刻石以誌銘曰
不有其命有其才 貞玉折兮蘭父摧 重泉冥
寞兮不復開 高門舊館兮空崔嵬 六姻三友
兮可勝哀 刻銘幽石兮實將來

二三九　唐故河南府參軍張君（遂）墓誌銘

貞元四年（七八八）十一月五日葬。

誌文十九行，滿行二十字。正書。誌長、寬均三十九厘米。盧璠撰。

誌蓋篆書：大唐故張府君墓誌銘

大唐故
張府君
墓誌銘

唐故河南府參軍張君墓誌銘并序

前鄉貢進士盧璠撰

范陽張君諱遂，字遂，貞元戊辰歲十月三日終於所任，春秋三十八。曾祖説，中書令、贈太師、燕文貞公。祖均，刑部尚書。父岯，京兆府萬年縣尉。君則萬年之嗣子也。嗚呼，士有才，適於時，可濟物也，竟終於下位；志通於道，可保□也，不及於中年。其張君之謂乎。君□尚簡退，長棲□默。不徇青紫之榮，杳有江湖之趣。嘗扁舟不繫，以遐遠爲娱。建中末，復以家學自脩，聲名益振。崇文生登第，選補河南府參軍。斯君子舒卷在時，出處自得，有足稱也。偉夫！性本冲和，與人不競。謙讓而如水趨下，進退乃自天得中。惜乎！承襲勳榮，時運不偶。雖宦途初啓，而婚禮猶虧。命則罕言，永墜厥緒，可勝慟也。以其年十一月五日卜窆於萬安山陽，祔於 先塋，禮也。嗚戲，余於君有内外之戚，年當齒類，追想綿遠，若歲月何。爰屬斯文，刻石以[紀]。銘曰：

不有其命有其才，貞玉折兮蘭亦摧。重泉厚夜兮不復開，高門舊館兮空崔嵬。 六姻三友兮可勝哀，刻銘幽石兮實將來。

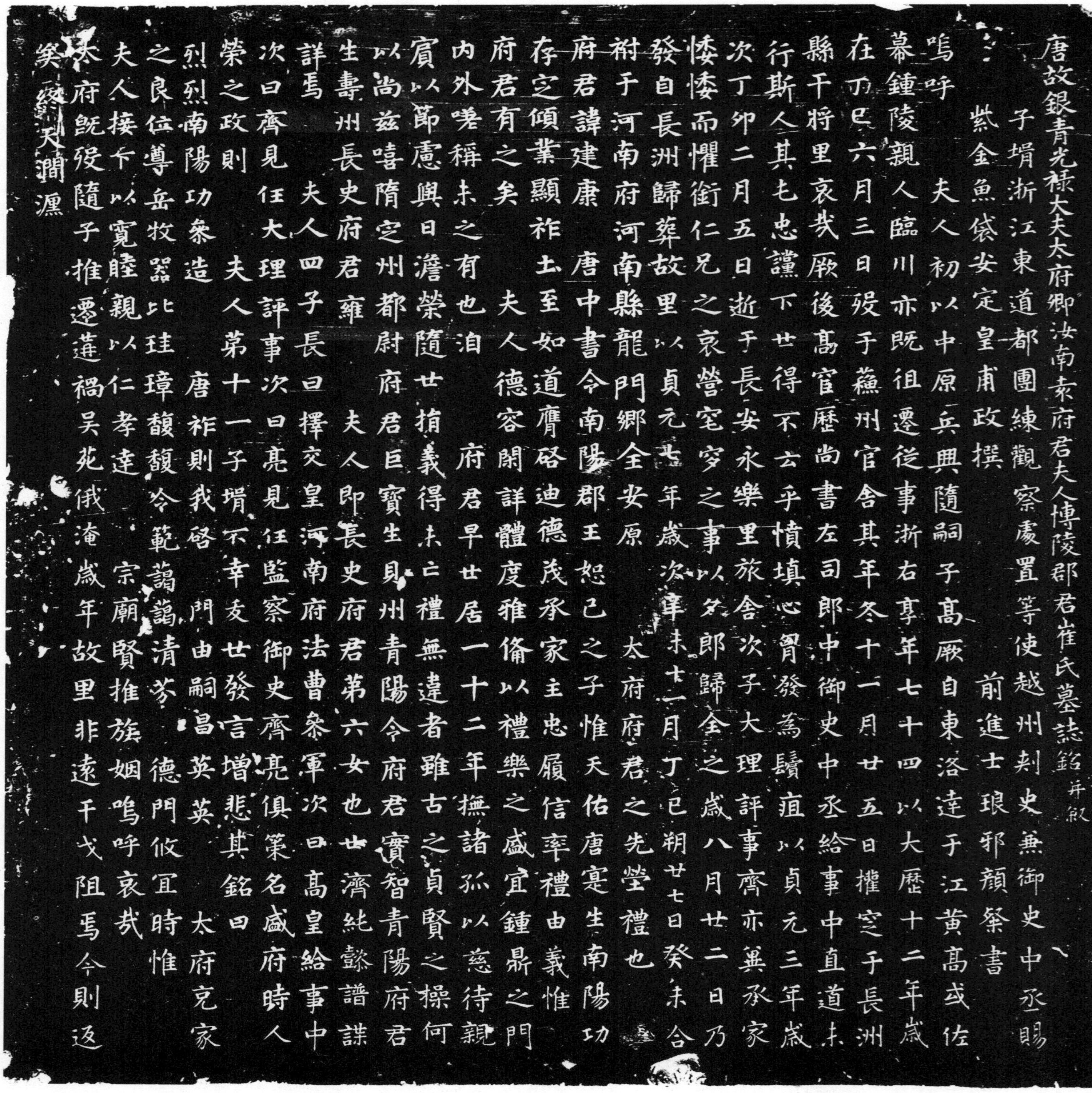
唐故銀青光祿大夫太府卿汝南袁府君夫人博陵郡君崔氏墓誌銘并敘
子壻浙江東道都團練觀察處置等使越州刺史兼御史中丞賜
紫金魚袋安定皇甫政撰　前進士琅邪顏粲書
嗚呼夫人初以中原兵興隨嗣子高厥自東洛達于江黃高或佐
幕鍾陵親人臨川亦既徂遷從事浙右享年七十四以大歷十二年歲
在丁巳六月三日歿于蘇州官舍其年冬十一月廿五日權窆于長洲
縣千將里哀哉厥後高官歷尚書左司郎中御史中丞給事中直道未
行斯人其亡忠讜下世得不云乎憤填心胷發爲疽以貞元三年歲
次丁卯二月五日逝于長安永樂里旅舍次子大理評事齊亦異承家
悽悽而懼銜仁兄之哀營窆穸之事以夕郎歸全之歲八月廿二日乃
發自長洲歸葬故里以貞元七年歲次辛未十一月丁巳朔廿七日癸未合
祔于河南府河南縣龍門鄉全安原　太府府君之先塋禮也
府君諱建康　唐中書令南陽郡王恕己之子惟天佑唐寔生南陽功
存定傾業顯祚　土至如道膺啓迪德茂承家主忠履信率禮由義惟
府君有之矣　夫人德容閑詳體度雅脩以禮樂之盛宜鍾鼎之門
內外嗟稱未之有也洎　府君早世居一十二年撫諸孫以慈待親
賓以節憲興日瞻榮隨廿損義得未亡禮無違者雖古之貞賢之操何
以尚茲嘻隋定州都尉府君巨寶生貝州青陽令府君寶智青陽府君
生壽州長史府君雍　夫人即長史府君第六女也世濟純懿譜諜
詳焉　夫人四子長曰擇交皇河南府法曹參軍次曰高皇給事中
次曰齊見任大理評事次曰亮見任監察御史齊亮俱策名盛府時人
榮之政則　夫人第十一子壻不幸夭世發言增悲其銘曰
烈烈南陽功參造　唐祚則我啓門由嗣昌英英　太府克家
之良位尊岳牧器比珪璋馥馥令範藹藹清芬　德門攸宜時惟
夫人接下以寬睦親以仁孝達　宗廟賢推族姻嗚呼哀哉
太府既歿隨子推遷遘禍吳苑俄淹歲年故里非遠干戈阻焉今則返
矣終天澗瀍

二二三〇　唐故銀青光祿大夫太府卿汝南袁府君（建康）夫人博陵郡君崔氏墓誌銘

貞元七年（七九一）十一月二十七日葬。

誌文二十七行，滿行二十七字。正書。誌長、寬均七十厘米。

皇甫政撰，顏粲書。

唐故銀青光禄大夫太府卿汝南袁府君夫人博陵郡君崔氏墓誌銘并叙

子婿浙江東道都團練觀察處置等使越州刺史兼御史中丞賜紫金魚袋安定皇甫政撰

前進士瑯邪顔粲書

嗚呼！　夫人初以中原兵興，隨嗣子高，厥自東洛，達於江黄。高或佐幕鍾陵，親人臨川，亦既徂遷，從事浙右。享年七十四，以大歷〔一〕十二年歲在丁巳六月三日殁於蘇州官舍，其年冬十一月廿五日權窆於長洲縣干將里。哀哉！厥後高宦歷尚書左司郎中、御史中丞、給事中。直道未行，斯人其屯。忠讜下世，得不云乎？憤填心胸，發爲鬢疽。以貞元三年歲次丁卯二月五日逝於長安永樂里旅舍。次子大理評事齊，亦冀承家，⿰忄垂⿰忄垂而懼。銜仁兄之哀，營窀穸之事。以夕郎歸全之歲八月廿二日乃發自長洲歸葬故里。以貞元七年歲次辛未十一月丁巳朔廿七日癸未合祔於河南府河南縣龍門鄉全安原，　太府府君之先塋，禮也。　府君諱建康，　唐中書令、南陽郡王恕己之子。惟天佑唐，寔生南陽。功存定傾，業顯祚土。至如道膺啓迪，德茂承家。主忠履信，率禮由義，惟　府君有之矣。　夫人德容閑詳，體度雅備。以禮樂之盛，宜鍾鼎之門。内外嗟稱，未之有也。洎　府君早世，居一十二年。撫諸孤以慈，待親賓以節。慮與日澹，榮隨世捐。義得未亡，禮無違者。雖古之貞賢之操，何以尚兹。嘻！隨定州都尉府君巨賓，生貝州青陽令府君實智，青陽府君生壽州長史府君雍。　夫人即長史府君第六女也。世濟純懿，譜諜詳焉。　夫人四子：長曰擇交，皇河南府法曹參軍；次曰高，皇給事中；次曰齊，見任大理評事；次曰亮，見任監察御史。齊、亮俱策名盛府，時人榮之。政則　夫人第十一子婿，不幸夭世，發言增悲。其銘曰：

烈烈南陽，功參造　唐。祚則我啓，門由嗣昌。英英　太府，克家之良。位尊岳牧，器比珪璋。馥馥令範，藹藹清芬。

德門攸宜，時惟　夫人。接下以寬，睦親以仁。孝達　宗廟，賢推族姻。嗚呼哀哉！　太府既殁，隨子推遷。遘禍吴苑，俄淹歲年。故里非遠，干戈阻焉。今則返矣，終天澗瀍。

〔一〕「歷」當爲「曆」之誤。

唐故濮州司法參軍崔府君墓誌銘并敘
府君諱振字仲舉姜姓之後洛源茂烈傳諜詳焉曾祖敬嗣贈
太常卿嘗任淦陽縣令因自洛從家于鄭祖悦贈太子少保皇
考光廼贈太子左贊善大夫名器重德光載史策　府君生
稟全氣天鍾元和純至之行幼出人表十六丁　贊善之艱
柴毁蹐禮以　太夫人在堂僅得全制蒸蒸色養動無違德
與弟抗自遠[illegible]　凶閔時危業薄怡怡相保迄于垂白宗族以
睦閭里知孝天寶末獨胡猖亂　府君　伯父鄭國公光
遠虔劉兇渠歸翼　王室賊陷相土以我為仇或勸避之
公曰弃親逃難孰愈於死雖遭縲繫泣侍　左右兇黨嗟而
釋之變棘[illegible]之心知孝悌之感古人稱難矣　公以太上立德
德非在位誓心不仕就養　北堂迫以　慈旨遂調授左
清道率府兵曹參軍再轉藩州司倉參軍三拜濮州司法參軍
皆以清慎簡約見推寮友未幾以　太夫人有疾弃官而歸
築室楚田避世自守俄遭　太夫人之喪泣血在地絰月不
趐因暑濕搆災風痺成疾纏綿星霜竟不復愈以貞元九年五
十九日終於東都德懋里之私第享年七十以其月廿九日景
午權窆于平陰鄉呂樂里禮也以俟龍辰歸于鄭之先原嗣
子俌以文行稱官至監察御史次子寅亮脩詞立誠州閭實萬
咸一克奉先志居喪過哀夫人滎陽鄭氏地望清華天下推其
第一閨風肅睦門內[illegible]其無雙撫孫奉嘗禮則斯在姪純亮承
聞遺德見命為誌飲慟申詞銘于幽壙銘曰
國門之東清洛之陽送我　伯父夜泉其長終俟元辰歸于
故鄉

二三二一　唐故濮州司法參軍崔府君（振）墓誌銘

貞元九年（七九三）五月二十九日葬。
誌文二十四行，滿行二十四字。正書。誌長、寬均三十六厘米。
崔純亮撰。
誌蓋正書：大唐故崔府君墓誌銘

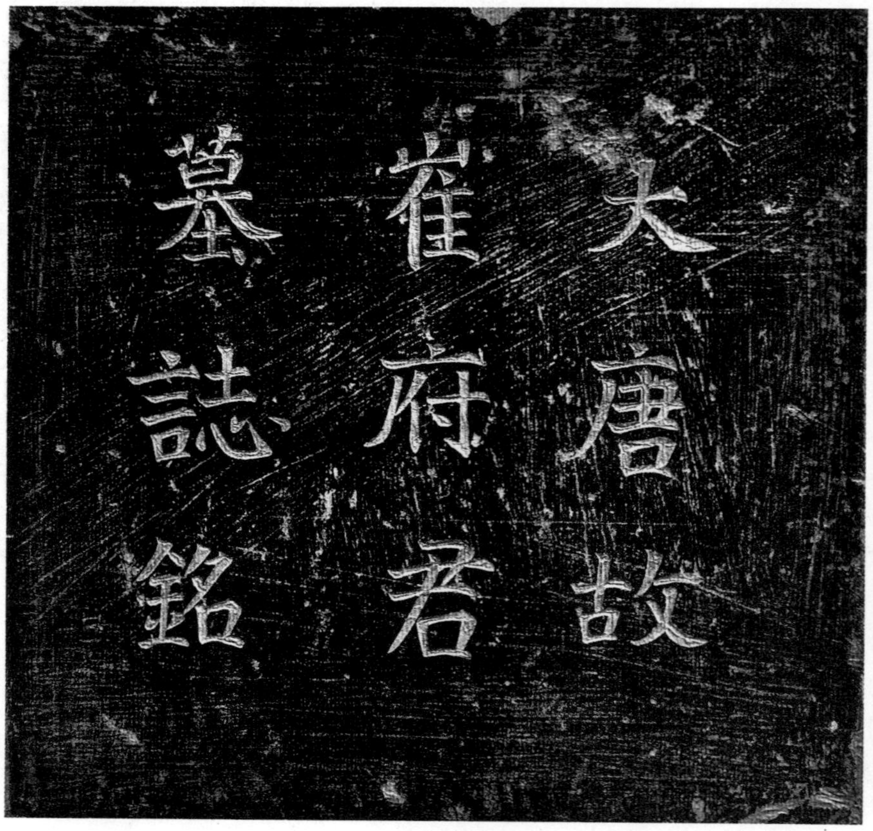
大唐故
崔府君
墓誌銘

唐故濮州司法參軍崔府君墓誌銘并叙

府君諱振，字仲舉，姜姓之後。濬源茂烈，傳諜詳焉。曾祖敬嗣，贈太常卿，嘗任滏陽縣令，因自洛徙家於鄴。祖悦，贈太子少保。皇考光迪，贈太子左贊善大夫。名器重德，光載史策。 府君生稟全氣，天鍾元和，純至之行，幼出人表。十六丁 贊善之艱，柴毁踰禮。以 太夫人在堂，僅得全制。蒸蒸色養，動無違德。與弟抗自遣 凶閔，時危業薄。怡怡相保，迄於垂白。宗族以睦，閭里知孝。天寶末，猾胡猖亂。 府君伯父鄴國公光遠，虔劉兇渠，歸翼王室。賊陷相土，以我爲仇。或勸避之。 公曰：「弃親逃讎，孰愈於死。」雖遭縲繫，泣侍 左右，兇黨嗟而釋之。變桀驁之心，知孝悌之感，古人稱難矣。 公以太上立德，德非在位，誓心不仕，就養 北堂。迫以 慈旨，遂調授左清道率府兵曹參軍，再轉蘇州司倉參軍，三拜濮州司法參軍。皆以清慎簡約，見推寮友。未幾，以 太夫人有疾，弃官而歸。築室楚甸，避世自守。俄遭 太夫人之喪，泣血在地，經月不起。因暑濕構灾，風痹成疾。纏綿星霜，竟不復愈。以貞元九年五〔一〕十九日終於東都德懋里之私第，享年七十。以其月廿九日景午權窆於平陰鄉吕樂里，禮也。以俟元辰，歸於鄴之 先原。嗣子偁，以文行稱，官至監察御史。次子寅亮，修詞立誠，州閭賓薦。咸克奉 先志，居喪過哀。夫人滎陽鄭氏，地望清華，天下推其第一；閨風肅睦，門内挹其無雙。撫孤奉喪，禮則斯在。姪純亮備聞遺德，見命爲誌。歛慟申詞，銘於幽壤。銘曰：

國門之東，清洛之陽。送我 伯父，夜泉其長。終俟元辰，歸於故鄉。

〔一〕「五」後脱「月」字。

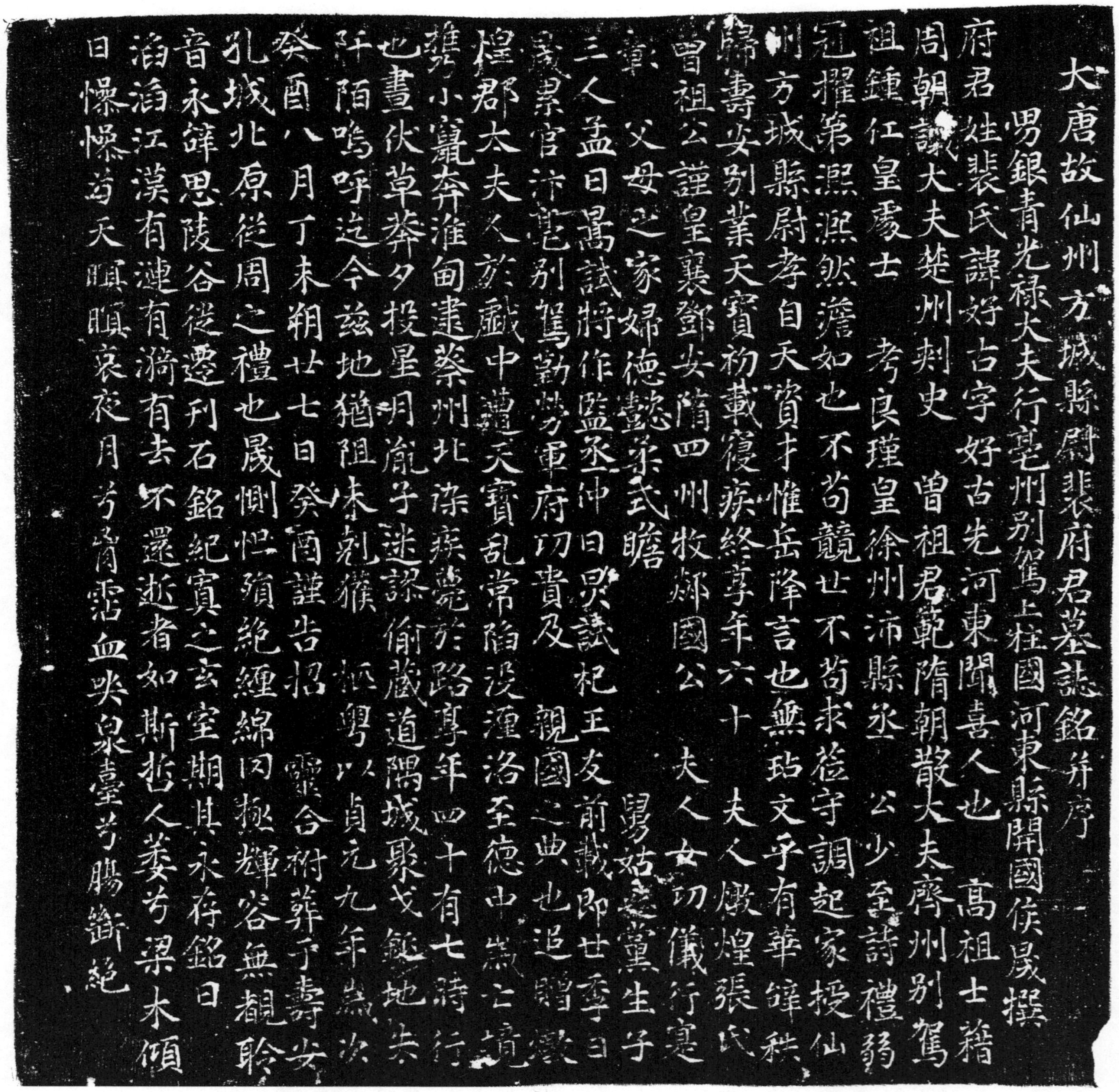
大唐故仙州方城縣尉裴府君墓誌銘并序
男銀青光祿大夫行亳州別駕上柱國河東縣開國侯晟撰
府君姓裴氏諱好古字好古先河東聞喜人也　高祖士稽
周朝議大夫楚州刺史　曾祖君範隋朝散大夫齊州別駕
祖鍾仁皇處士　考良瑾皇徐州沛縣丞　公少至詩禮弱
冠擢第淵淵然澹如也不苟競世不苟求從守調起家授仙
州方城縣尉孝自天資才惟岳降言也無玷文乎有華銓秩
歸壽安別業天寶初載寢疾終享年六十　夫人燉煌張氏
曾祖公謹皇襄鄧安隋四州牧郯國公　夫人女功儀行是
彰父母之家婦德懿範式瞻　舅姑是冀生子
三人孟曰晟試將作監丞仲曰昇試　杞王友前載即世季曰
晟累官汴亳別駕勤勞軍府叨貴及　親國之典也追贈燉
煌郡太夫人於戲中遭天寶亂常陷沒瀍洛至德中歲亡境
携小龕奔淮甸逮蔡州北染疾斃於路享年四十有七時行
也晝伏草莽夕投星明亂子迷謀衛藏道隅城聚戈鋋地失
阡陌嗚呼迄今茲地猶阻朱劍穫　抵粵以貞元九年歲次
癸酉八月丁未朔廿七日癸酉謹告招　靈合祔葬于壽安
孔城北原從周之禮也晟惻怛殞絕纏綿罔極輝容無覩聆
音永辭思陵谷從遷刊石銘紀實之玄室期其永存銘曰
滔滔江漢有漣有漪有去不還逝者如斯哲人萎兮梁木傾
日慄慄兮天䁔䁔哀夜月兮霄露血哭泉臺兮腸斷絕

二三三二　大唐故仙州方城縣尉裴府君（好古）墓誌銘

貞元九年（七九三）八月二十七日葬。

誌文二十一行，滿行二十三字。正書。誌長、寬均三十七·五厘米。裴晟撰。

大唐故仙州方城縣尉裴府君墓誌銘并序

男銀青光禄大夫行亳州别駕上柱國河東縣開國侯晟撰

府君姓裴氏，諱好古，字好古，先河東聞喜人也。高祖士藉，周朝議大夫、楚州刺史。曾祖君範，隋朝散大夫、齊州别駕。祖鍾仁，皇處士。考良瑾，皇徐州沛縣丞。公少至詩禮，弱冠擢第。溉溉然，澹如也。不苟競世，不苟求莅。守調起家，授仙州方城縣尉。孝自天資，才惟岳降。言也無玷，文乎有華。辭秩，歸壽安别業。天寶初載寢疾終，享年六十。夫人燉煌張氏，曾祖公謹，皇襄鄧安隋四州牧、郯國公。夫人女功儀行，寔彰　父母之家；婦德懿柔，式瞻　舅姑之黨。生子三人：孟曰暠，試將作監丞；仲曰炅，試杞王友，前載即世；季曰晟，累官汴、亳别駕。勤勞軍府，功貴及　親，國之典也。追贈燉煌郡太夫人。於戲！中遭天寶亂常，陷没瀍洛。至德中歲亡境，携小竄奔淮甸，逮蔡州北染疾，薨於路，享年四十有七。時行也，晝伏草莽，夕投星月。胤子迷謬，偷藏道隅。城聚戈鋋，地失阡陌。嗚呼！迄今兹地猶阻，未尅獲　柩。粤以貞元九年歲次癸酉八月丁未朔廿七日癸酉，謹告招　靈，合祔葬於壽安孔城北原，從周之禮也。晟惻怛殞絶，纏綿罔極。輝容無睹，聆音永辭。思陵谷徙遷，刊石銘紀。寘之玄室，期其永存。銘曰：

滔滔江漢，有漣有漪。有去不還，逝者如斯。哲人萎兮梁木傾，日慘慘兮天暝暝。哀夜月兮胸霑血，哭泉臺兮腸斷絶。

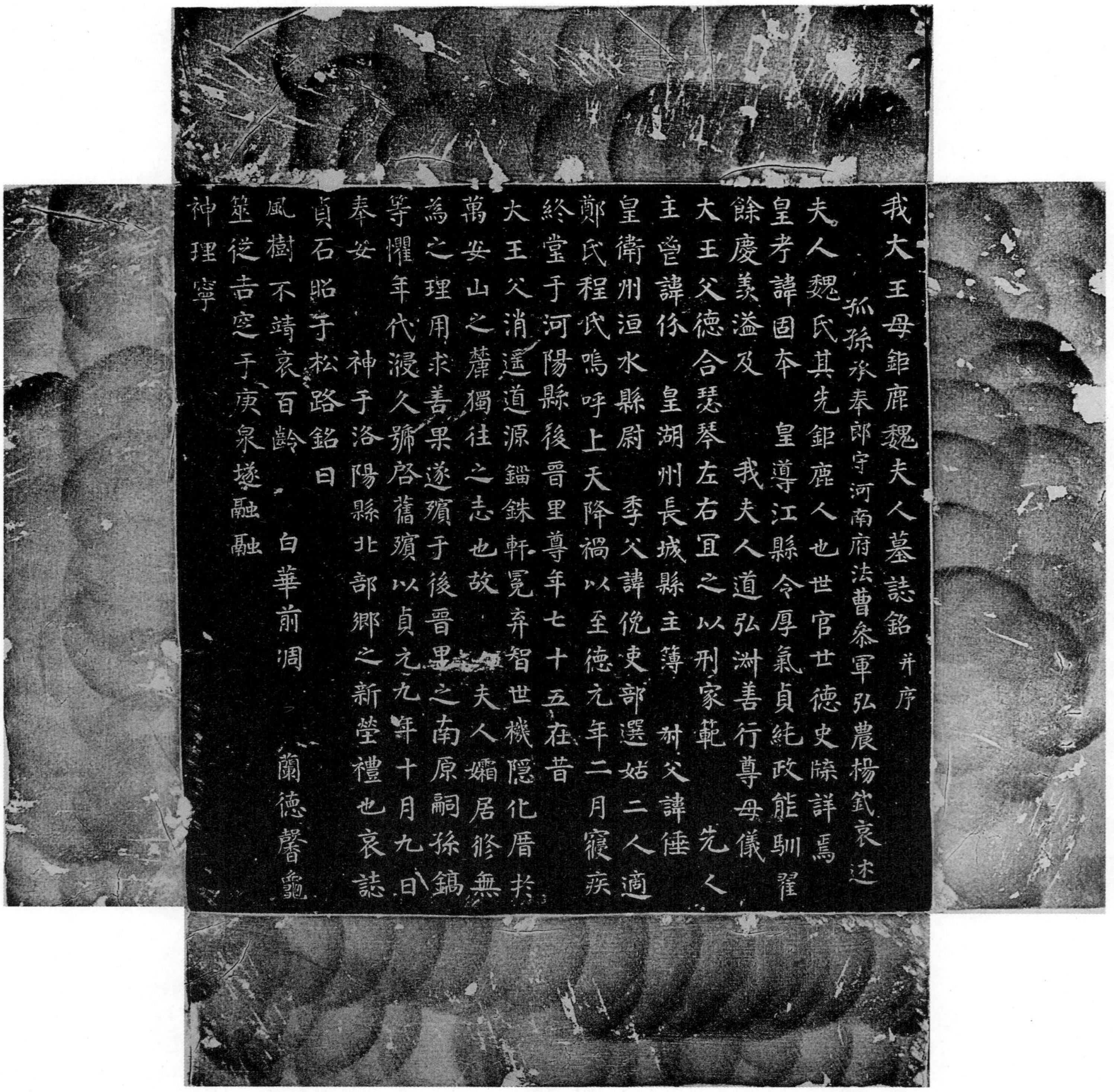
我大王母鉅鹿魏夫人墓誌銘并序
孤孫承奉郎守河南府法曹叅軍弘農楊鉽哀述
夫人魏氏其先鉅鹿人也世官世德史牒詳焉
皇考諱固本 皇尊江縣令厚氣貞純政能馴翟
餘慶羨溢及 我夫人道弘淵善行尊母儀
大王父德合瑟琴左右宜之以刑家範 先人
主曾諱俙 皇湖州長城縣主簿 材父諱倕
皇衛州洹水縣尉季父諱俛吏部選姑二人適
鄭氏程氏鳴呼上天降禍以至德元年二月寢疾
終堂于河陽縣後晉里尊年七十五在昔
大王父消遥道源錙銖軒冕弃智世機隱化厝於
萬安山之麓獨往之志也故 夫人孀居修無
為之理用求善果遂殯于後晉里之南原嗣孫鎬
等懼年代浸久號啓舊殯以貞元九年十月九日
奉安 神于洛陽縣北部鄉之新塋禮也哀誌
貞石昭于松路銘曰
風樹不靖哀百齡 白華前凋 蘭德馨龜
筮從吉窆于庚泉遂融融
神理寧

二三三 我大王母鉅鹿魏夫人墓誌銘

貞元九年（七九三）十月九日葬。

誌文十九行，滿行十九字。正書。誌長四十厘米、寬四十一厘米。楊鉽撰。

誌蓋篆書：唐故鉅鹿魏夫人墓誌

唐故鉅
鹿魏夫
人墓誌

我大王母鉅鹿魏夫人墓誌銘并序

孤孫承奉郎守河南府法曹參軍弘農楊釴哀述

夫人魏氏，其先鉅鹿人也。世官世德，史牒詳焉。 皇考諱固本， 皇導江縣令。厚氣貞純，政能馴翟，餘慶羨溢。及 我夫人，道弘淑善，行尊母儀。 大王父德合瑟琴，左右宜之，以刑家範。 先人主鬯諱价， 皇湖州長城縣主簿。 叔父諱倕， 皇衛州洹水縣尉。 季父諱俛，吏部選。姑二人適鄭氏、程氏。嗚呼！上天降禍。以至德元年二月寢疾終堂於河陽縣後晉里，尊年七十五。在昔 大王父消遥道源，錙銖軒冕。弃智世機，隱化厝於萬安山之麓，獨往之志也。故 夫人孀居，修無爲之理，用求善果，遂殯於後晉里之南原。嗣孫鎬等懼年代浸久，號啓舊殯。以貞元九年十月九日奉安 神於洛陽縣北部鄉之新塋，禮也。哀誌貞石，昭於松路。銘曰：

風樹不靖哀百齡， 白華前凋 蘭德馨。龜筮從吉窆於庚，泉隧融融神理寧。

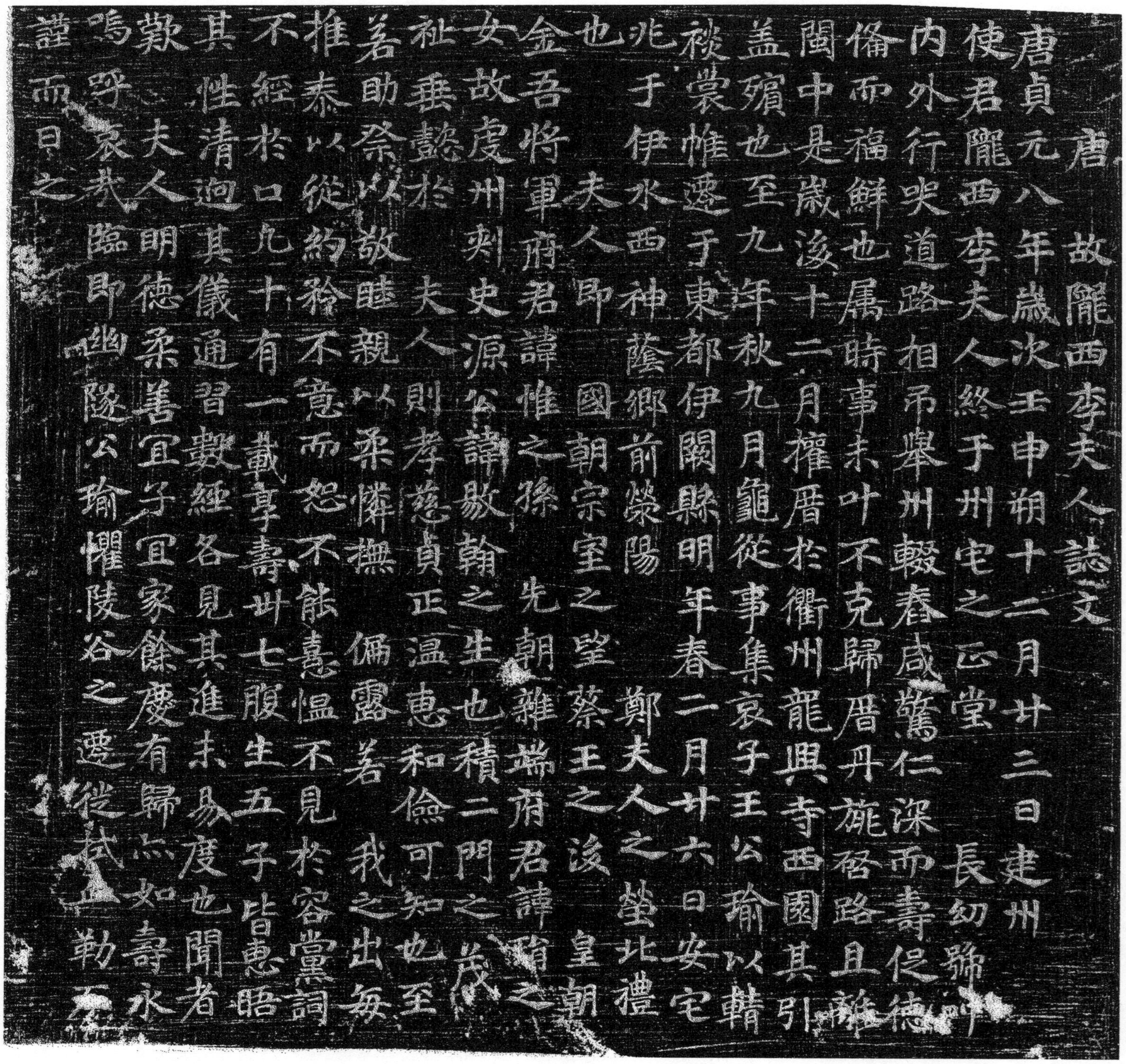
唐故隴西李夫人誌文
唐貞元八年歲次壬申朔十二月廿三日建州
使君隴西李夫人終于州宅之正堂長幼號
內外行哭道路相弔舉州輟舂咸驚仁深而壽促德
脩而福鮮也屬時事未叶不克歸厝丹旐啓路且從
閭中是歲後十二月權厝於衢州龍興寺西園其引
蓋殯也至九年秋九月龜從事集哀子王公瑜以輤
褋裳帷遷于東都伊闕縣明年春二月廿六日安宅
兆于伊水西神蔭鄉前滎陽鄭夫人之塋北禮
也夫人即國朝宗室之望蔡王之後皇朝
金吾將軍府君諱惟之孫先朝雜端府君諱寘之
女故虔州刺史源公諱敬翰之生也積二門之茂
祉垂懿於夫人則孝慈貞正溫惠和儉可知也至
若助祭以敬睦親以柔憐撫偏露若我之出每
推泰以從約矜不意而恕不能喜慍不見於容黨詞
不經於口九十有一載享壽卌七服生五子皆惠晤
其性清迥其儀通習數經各見其進未易度也聞者
歎夫人明德柔善宜子宜家餘慶有歸亦如壽永
嗚呼哀哉臨即幽隧公瑜懼陵谷之遷從式勒石
謹而日之

二三四　唐故隴西李夫人（王浦妻）誌文

貞元十年（七九四）二月二十六日葬。

誌文二十行，滿行二十字。正書。誌長、寬均三十四厘米。

王公瑜撰。

誌蓋篆書：唐故隴西李夫人誌文

唐故隴西李夫人誌文

唐　故隴西李夫人誌文

唐貞元八年歲次壬申朔十二月廿三日建州　　使君隴西李夫人終於州宅之正堂。長幼號叫，内外行哭。道路相吊，舉州輟春。咸驚仁深而壽促，德備而福鮮也。屬時事未叶，不克歸厝。丹旐啓路，且離閩中。是歲後十二月權厝於衢州龍興寺西園，其引蓋殯也。至九年秋九月龜從事集，哀子王公瑜以輤裧裳帷，還於東都伊闕縣。明年春二月廿六日安宅兆於伊水西神蔭鄉前滎陽　　鄭夫人之塋北，禮也。　夫人即　國朝宗室之望，蔡王之後。　皇朝金吾將軍府君諱惟之孫。　先朝雜端府君諱琄之女。故虔州刺史源公諱敫翰之生也。積二門之茂祉，垂懿於　夫人。則孝慈貞正，温惠和儉可知也。至若助祭以敬，睦親以柔。憐撫　偏露，若　我之出。每推泰以從約，矜不意而恕不能。熹愠不見於容，黨詞不經於口。凡十有一載，享壽卌七。腹生五子，皆惠晤其性，清逈其儀。通習數經，各見其進，未易度也。聞者嘆　夫人明德柔善，宜子宜家。餘慶有歸，亦如壽永。嗚呼哀哉！臨即幽隧，公瑜懼陵谷之遷徙，拭血勒石，謹而曰之。

唐故河中府解縣丞范陽張府君墓誌銘并序
前進士張簡甫撰
有唐燕國文貞公說始以正直佐忠良為邦之光
終以人文翼成 聖代俾乂是賴冢子刑部尚書均
休有令問以濟其美尚書支子峯年終世五官正解
縣丞君子曰以文貞邁種德尚書慎厥位天其與直
人乃福謙宜列馬遷之世家永保宗周之彝器令則
已矣天其謂何公率性簡易心胸洞開比渤澥之安
波孰知其量方維崧之峻極徒仰其高一命秘書省
校書郎再命晉州岳陽縣令三命河中府解縣丞俱
能其官而有美績辭諸邑吏則子今稱之貞元十年
棖遊至于齊土忽遘疾以二月十四日終于東平郡
郡之棖舍以八月廿日歸葬于河南縣萬安山之陽
祔于 先塋禮也夫人滎陽鄭氏有男三人女三人
曾無志學及笄之歲而有因心成人之孝諸孤以簡
甫叙於宗族則曰諸父問於室老則嘗通舊是用克
窮來告請銘于石詞曰
壯武之裔文貞之孫翼世傳慶德種後昆匪以祿富
匪以位尊象賢期美君子道存

二三三五　唐故河中府解縣丞范陽張府君（峯）墓誌銘

貞元十年（七九四）八月二十日葬。

誌文十九行，滿行二十字。正書。誌長、寬均三十七厘米。張簡甫撰。

誌蓋篆書：大唐故張府君墓誌銘

大唐故
張府君
墓誌銘

唐故河中府解縣丞范陽張府君墓誌銘并序

前進士張簡甫撰

有唐燕國文貞公説，始以正直全度，忠良爲邦之光；終以人文翼成，　聖代俾乂是賴。冢子刑部尚書均，休有令問，以濟其美。尚書支子峯，年終卌五，官正解縣丞。君子曰：以文貞邁種德，尚書慎厥位。天其與直，人乃福謙。宜列馬遷之世家，永保宗周之彝器。今則已矣，天其謂何？公率性簡易，心胸洞開。比渤澥之安波，孰知其量；方維崧之峻極，徒仰其高。一命秘書省校書郎，再命晉州岳陽縣令，三命河中府解縣丞。俱能其官，而有美績。訊諸邑吏，則於今稱之。貞元十年旅遊至於齊土，忽遘疾以二月十四日終於東平郡郡之旅舍。以八月廿日歸葬於河南縣萬安山之陽，祔於　先塋，禮也。夫人滎陽鄭氏，有男三人，女三人。曾無志學及笄之歲，而有因心成人之孝。諸孤以簡甫叙於宗族，則曰諸父；問於室老，則嘗通舊。是用充窮來告，請銘於石。詞曰：

壯武之裔，文貞之孫。翼世傳慶，德鍾後昆。匪以禄富，匪以位尊。象賢期美，君子道存。

二三六　唐故銀青光祿大夫行尚書左丞贈工部尚書博陵崔公（儆）墓誌銘

貞元十二年（七九六）七月十七日葬。

誌文三十五行，滿行三十五字。正書。誌長六十六厘米、寬六十五・五厘米。

鄭雲逵撰，崔元受書，崔元略篆蓋。

唐故銀青光禄大夫行尚書左丞贈工部尚書博陵崔公墓誌銘并叙

衛尉卿鄭雲逵撰

維唐貞元十二年歲次丙子二月廿七日崔君卒，嗚呼哀哉！　公諱儆，字文明，博陵人也。其命氏祚土，冠冕帟〔一〕代，則存諸史諜，此可不書。蓋舉其行義之略，用表陵谷。孔子曰：「夫博施於民而能濟衆者，何事於仁？必也聖乎！」　公率心研機，用是道也。凡歷官一十三正，其所至之官。立之斯立，綏之斯安，無待備紀，以累大哉之德。略其高致，示訓將來。其始仕也，吏部侍郎崔器舉以忠正孝友、文儒周慎。　肅宗皇帝臨軒策試，考居上第，授崇文館校書郎。邦之榮觀，名實斯在。時則墉隼正鵠，友賢干禄之道可見矣。　公嘗參佐山南、劍南兩道幕府。在於山南時，則有寇孽保據利州。在劍南時，則有叛將阻於西山。二方形勢，略相侔埒。時皆大擾，方議興師。甲刃相磨，始定勝負。　公識天地鬼神之誠盡，見逆順利害之理明。請奉單車之使，令其凶渠即戮。二帥悉行其計，兩寇俱喪其圖。此則信誓明於白日，方寸踰於甲兵。雖仲由之金玉其音，崔浩之指掌其策，豈遠乎哉。嗚呼！我心之未創，口之未言也，其事在於空中矣。孰知其方，衆情倀倀。方欲度其經費，料其師旅。雖損耗百萬，動役踰時，事之濟否，猶未可知也。乃知出類之才，豈得以常情校盛矣哉，古人之儔也。其牧永州也，以和感致人福，以輕重興人利。時發斂以一水旱，實倉廩以定禮方。雖潁川之條端，勃海之整亂，彼一時也，我無愧焉。　天子以議獄緩死，在乎大理，遂授　公廷尉卿。以南宫賦政，萬事之本，廢置在焉。授　公尚書左丞。　公之在大理也，原咎繇作法之意，本於隄防。進不漁人，退無蟻漏。杜權奪之門，而法情自得；慎出入之比，而天下減刑。

公之在尚書省也，　大君喉舌之司，衆目紀綱之地。百吏冒情以要誤，群司微文以集違。　公率斯誠明，示以簡易。總以勝會，直道而行。細法苛文，率多自廢。由是隱俗稍易，百爲便之。嗚呼！且文字者袪理也，而未達乎事形；事形者方體也，而未臻乎情僞。故聖人之書在世，而世恒不理者也。夫聖人觀身以畫卦，而卦於身也已末；稱情以立禮，而禮於情也已疏。　公操身以詣物，秉情以歸實。則確然以簡，隤然以順。人自盡力，程無長功。　朝野顒顒，望登鼎位。無何寢疾，遂告免。夫薨於靖安里寓居之私第，享年七十有五。嗚呼！　公出入中外，累任大官，而啓手足之日，無歌哭之所。則知薄己而後其私，行義以達其道。人不能也，我實爲之。嗚呼哀哉！　公善與人交，感深知己。撫崔吏部之孤，與均衣食。一子尋没，一女出家。吏部孤櫬旅墳，永絶歸祔。　公有一馬，貨得二百千，悉以遺崔尼，令得遷葬。此則精契感鬼神，義分激生靈。雖古之分宅成名，何足多也。則身没之日，無歌哭之所，不亦宜乎？前夫人滎陽鄭氏，先没無子。後夫人太原王氏，有三子：長曰元受，次曰元略。俱修辭立誠，卓爾秀異。並於弱冠之歲，登甲乙之科。咸謂積善流慶，　崔公爲不没矣。第三子元式，幼年補進馬，亦已爽悟。元受等窮哀訴天，有血在地。以其年七月十七日歸附於萬安山舊塋也。雲逵副父執之請，操牘録實。用誌遷壑，有愧乎文。銘曰：

繼道曰善，成善曰仁。苟符斯旨，皇天是親。天實親之，必爲造時。胡生上哲，使其徒歸。凜凜高義，仁勇兼至。解紛於不測之域，委貨於無情之地。在人之難，於我則易。記言記事，爲經爲史。我直造之，何貴文字。大聖之旨，立中爲則。非明遠大，則迷其極。趙盾恭敬，名登弑逆。宗魯謹信，是爲盗賊。筆削已還，未見同德。惟　公高明，春秋是式。瞻彼嵩洛，含圖孕靈。遽收精魄，孰取儀形。銘泉刻巔，何補幽冥。雅開向　國，千秋萬齡。

長子前進士元受書

次子前進士元略篆蓋

〔一〕「帟」當爲「奕」之訛誤。

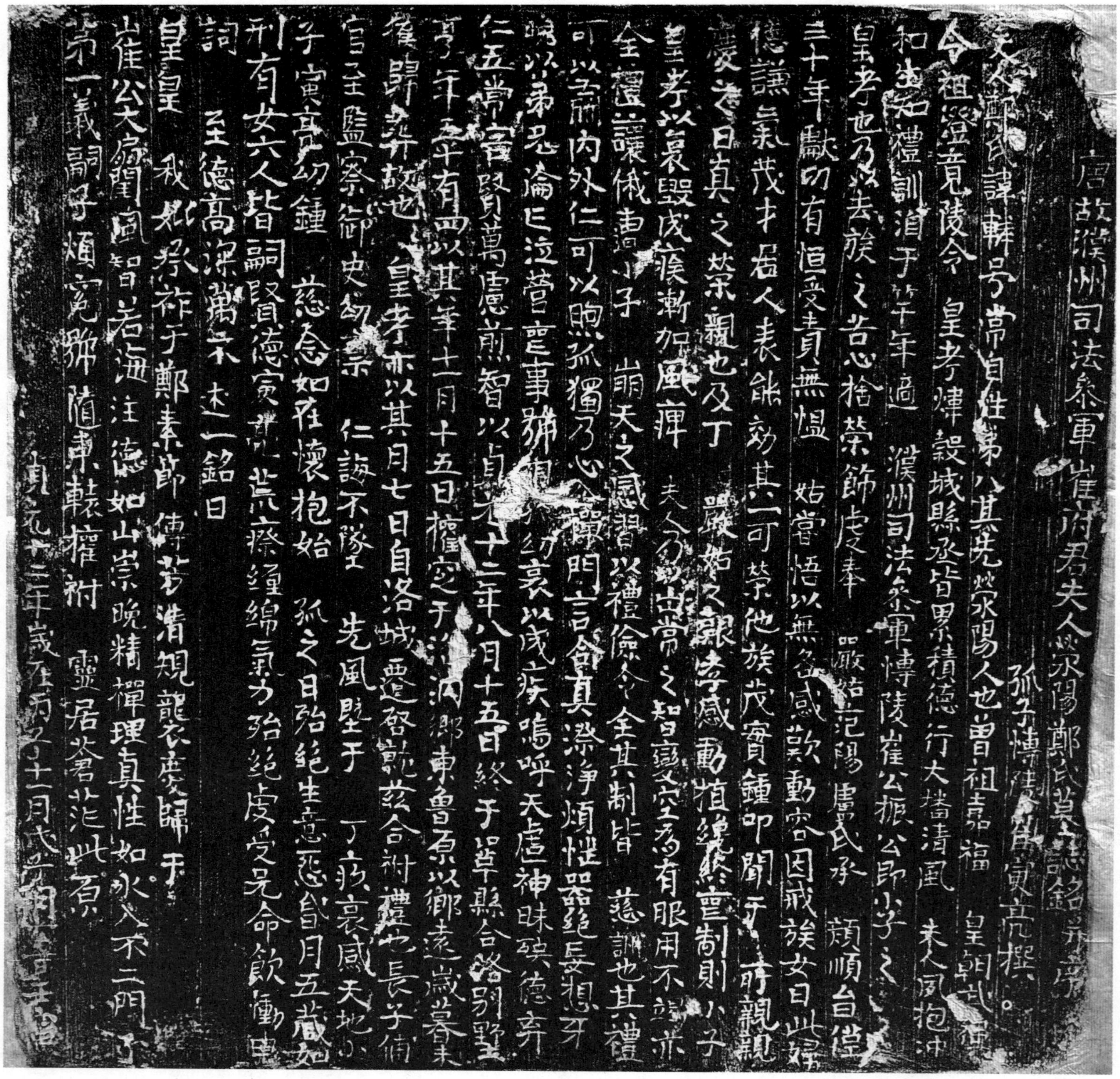

故崔府君合祔墓誌銘

二三七　唐故濮州司法參軍崔府君（振）夫人滎陽鄭氏（麟）墓誌銘

貞元十二年（七九六）十一月十五日葬。

誌文二十四行，滿行字數不等。正書。誌長四十厘米、寬四十一厘米。

崔寅亮撰。

誌蓋篆書：故崔府君合祔墓誌銘

唐故濮州司法參軍崔府君夫人滎陽鄭氏墓誌銘并序

孤子博陵崔寅亮撰

夫人鄭氏諱鱗，號常自性第八。其先滎陽人也。曾祖嘉福，　皇朝武强令。祖澄，竟陵令。　皇考焯，穀城縣丞。皆累積德行，大播清風。　夫人夙抱冲和，生知禮訓。洎於竿〔一〕年，適　濮州司法參軍博陵崔公振。公即小子之　皇考也。乃以去族之苦，心捨榮飾，虔奉　嚴姑范陽盧氏。承　顔順旨，僅三十年。獻功有恒，受責無愠。姑嘗悟以無咎，感嘆動容，因戒族女曰：「此婦德謙氣茂，才居人表。能效其一，可榮他族。」茂實鍾叩，聞於　所親。親慶之日，真之榮親也。及丁　嚴姑之艱，孝感動植。纔終喪制，則小子皇考以哀毁成疾，漸加風痹。　夫人乃以出常之智，變空爲有，服用不竭，亦全禮讓。俄遭小子　崩　天之感，習以禮儉，令全其制，皆　慈訓也。其禮可以肅内外，仁可以煦孤獨。乃心入禪門，言合真漈。净煩惱器，絶妄想牙。晚以弟兄淪亡，泣營喪事，號□孤幼，哀以成疾。嗚呼！天虐神昧，殃德弃仁。五常害賢，萬慮煎智。以貞元十二年八月十五日終於鞏縣合洛別墅，享年五十有四。以其年十一月十五日權窆於洛汭鄉東魯原。以鄉遠歲暮，未獲歸葬故也。皇考亦以其月七日自洛城遷啓，就兹合祔，禮也。長子俌，官至監察御史。幼禀　仁誨，不墜　先風。曁於丁疢，哀感天地。小子寅亮幼鍾　慈念，如在懷抱。始　孤之日，殆絶生意。死心昏月，五藏如刑。有女六人，皆嗣賢德。寅亮荒瘵纏綿，氣力殆絶。虔受兄命，飲慟申詞。　至德高深，萬不述一。銘曰：

皇皇　我妣，承祚於鄭。素節傳芳，清規襲慶。歸於　崔公，大扇閨風。智若海注，德如山崇。晚精禪理，真性如水。入不二門，了第一義。嗣子煩冤，號隨東轅。權祔　靈居，蒼茫此原。

貞元十二年歲在丙子十一月戊子朔十五日壬寅

〔一〕「竿」應爲「笄」之誤。

大唐故劉府君墓誌銘

二三八　唐故長安縣尉彭城劉府君（顯）墓誌銘

貞元十三年（七九七）五月十八日葬。

誌文二十八行，滿行二十九字。隸書。誌長七十五厘米、寬七十六厘米。

李君房撰并書及篆額。

誌蓋篆書：大唐故劉府君墓誌銘

唐故長安縣尉彭城劉府君墓誌銘并序

將仕郎前守崇文館校書郎李君房撰并書及篆額

豐沛之間，地氣秀茂。其冠族曰：叢亭諸劉，府君即其里人也。諱顥，字太冲。系承唐杜之後，代家彭韋之國。漢道方融，肇開茅土；楚疆既理，載綿瓜瓞，廿四代以至府君。高祖禮部尚書、彭城郡襄公諱德威，武德佐命之元勳也。曾祖工部尚書，襲封彭城郡僖公諱審禮，永淳死難之忠烈也。祖彭州長史、贈徐州刺史諱易從。孝通神明，誠感戎虜。烈考潤州刺史、江南東道採訪使、贈兗州都督諱日正。風規存於省闥，惠澤浹於江湖。惟襄公、僖公以大略宏謨，宣昭義問；彭州、潤州以純性至德，振起頹風。行冠人倫，事詳史諜。夫其積慶摛耀，崇高炳靈。鵷□蘊搏凌之姿，驥子踠騰驤之勢，理繇是也。府君博綜經史，雅擅詞聲。單于都護張齊丘表求掌記。玄宗特詔進士出身，參朔方節度軍事。後補尉封丘，改閿鄉，換湖城丞，試弘農守令兼大理評事。所歷以政事尤異，廉察升聞。拜陝令，擢長安尉。時賢高望，僉以臺閣延佇。會縣囚爲穴獄者所得，職司其辜。降南城尉，移衛南丞，轉襄陽丞。大曆三年九月廿一日終於穰縣旅次。嗚虖！夫人趙郡李氏，府君伯舅大理評事還之女也。詩禮箴頌，教自公宮。言功容德，合於婦順。抱禾□之憂，四歲歿於鄭州私室，皆殯於在所，哀哉。《洪範》所謂五福，唯仁者爲能享之。府君道足以保合大和，行足以軌儀衰世。而不貴不壽，或將訴諸彼蒼，抑將鐘於後人。嗣子左衛率府兵曹參軍可瞻，承蕊葉之休懿，奉保家之遺訓。府君之逝，方呱呱然。夫人之喪，僅勝縗絰。似續其慶，克紹門風。長女爲尚書右僕射　南陽公[一]夫人，無禄早世。　南陽公永懷東武之烈，用集道元之志，故兵曹得襄□九原。以今貞元十三年五月十八日躬護府君靈轜至自宛，奉夫人輤車至自鄭，合祔於洛陽縣清風原。初，襄、僖以功烈陪陵，彭州府君已降不復返葬於□國，故宅兆於斯，順變也。　南陽公冢嫡曰愔，謂君房維私。悲以　外家芳塵，見述濡翰。敬銘：

成周之東，惟松柏桐。龍蟠故地，馬鬣新封。云誰之居，彭城大宗。自陶唐至於我唐，載昭載融。家傳德風，克誕髦士。振振門子，宜昌厥後。則無膴仕榮，期未促齡。中止嘆過，摧蘭悲深。逝水雍雍，德偶空冢。配美百歲之後，同歸於此。

〔一〕「尚書右僕射、南陽公」即徐泗濠節度使張建封。

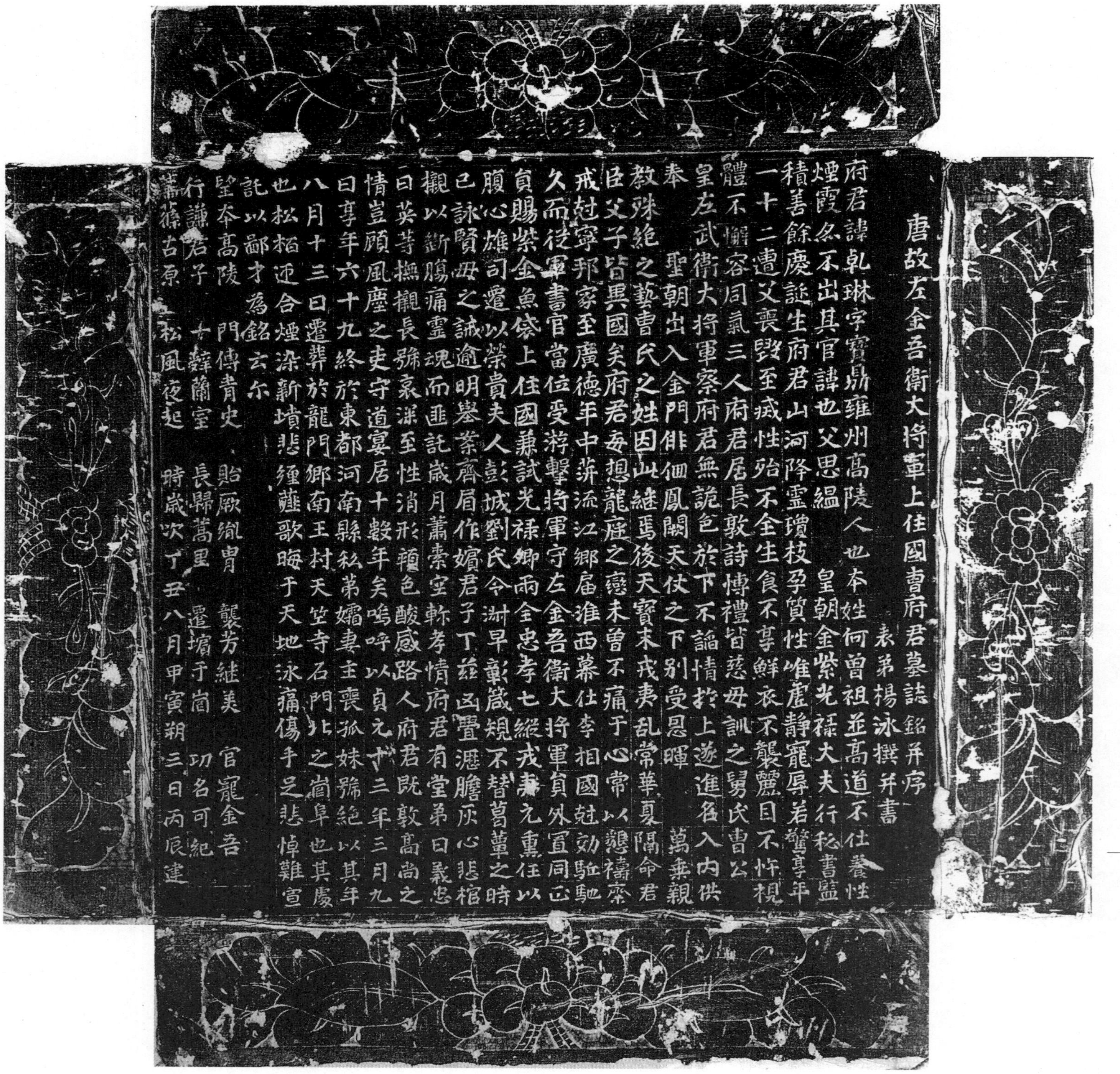

大唐故曹府君墓誌銘

二三九　唐故左金吾衛大將軍上住（柱）國曹府君（乾琳）墓誌銘

貞元十三年（七九七）八月十三日葬。

誌文二十六行，滿行二十六字。正書。誌長、寬均四十七厘米。

楊泳撰并書。

原石藏洛陽龍門博物館。

誌蓋篆書：大唐故曹府君墓誌銘

唐故左金吾衛大將軍上住〔一〕國曹府君墓誌銘并序

表弟楊泳撰并書

府君諱乾琳，字寶鼎，雍州高陵人也。本姓何，曾祖並高道不仕，養性煙霞，亦不出其官諱也。父思緼，　皇朝金紫光禄大夫、行秘書監。積善餘慶，誕生府君。山河降靈，瓊枝孕質。性唯虚静，寵辱若驚。享年一十二，遭父喪。毁至滅性，殆不全生。食不享鮮，衣不襲麗。目不忤視，體不懈容。同氣三人，府君居長。敦詩博禮，皆慈母訓之。舅氏曹公，　皇左武衛大將軍。察府君無詭色於下，不諂情於上。遂進名入内供奉　聖朝。出入金門，徘徊鳳闕。天仗之下，別受恩暉。　萬乘親教殊絶之藝。曹氏之姓，因此繼焉。後天寶末，戎夷亂常，華夏隔命。君臣父子，皆異國矣。府君每想龍庭之戀，未曾不痛於心。常以懇禱齋戒，剋寧邦家。至廣德年中，萍流江鄉。屆淮西幕，仕李相國〔二〕。剋效驅馳，久而從軍，書官當位，受游擊將軍、守左金吾衛大將軍員外置同正員，賜紫金魚袋、上住〔三〕國，兼試光禄卿。兩全忠孝，七縱戎夷。元熏〔四〕任以腹心，雄司遷以榮貴。夫人彭城劉氏，令淑早彰，箴規不替。葛覃之時〔五〕已詠，賢母之誡逾明。舉案齊眉，作嬪君子。丁兹凶釁，瀝膽灰心。悲棺櫬以斷腸，痛靈魂而匪託。歲月蕭索，空軫孝情。府君有堂弟曰義忠，曰英等，撫櫬長號，哀深至性。消形顇色，酸感路人。府君既敦高尚之情，豈顧風塵之吏。守道宴居，十數年矣。嗚呼！以貞元十三年三月九日，享年六十九，終於東都河南縣私第。孀妻主喪，孤妹號絶。以其年八月十三日遷葬於龍門鄉南王村天竺寺石門北之崗阜也。其處也，松柏迎合，煙染新墳。悲纏薤歌，晦於天地。泳痛傷手足，悲悼難宣。託以鄙才，爲銘云爾：

望本高陵，門傳青史。貽厥胤胄，襲芳繼美。官寵金吾，行謙君子。一辭蘭室，長歸蒿里。還殯於崗，功名可紀。蕭蓧〔六〕古原，松風夜起。

時歲次丁丑八月甲寅朔三日丙辰建

〔一〕「住」應爲「柱」之誤。

〔二〕「李相國」即淮西節度使李忠臣。

〔三〕「住」應爲「柱」之誤。

〔四〕「熏」應爲「勳」之誤。

〔五〕「時」應爲「詩」之誤。

〔六〕「蓧」應爲「條」之誤。

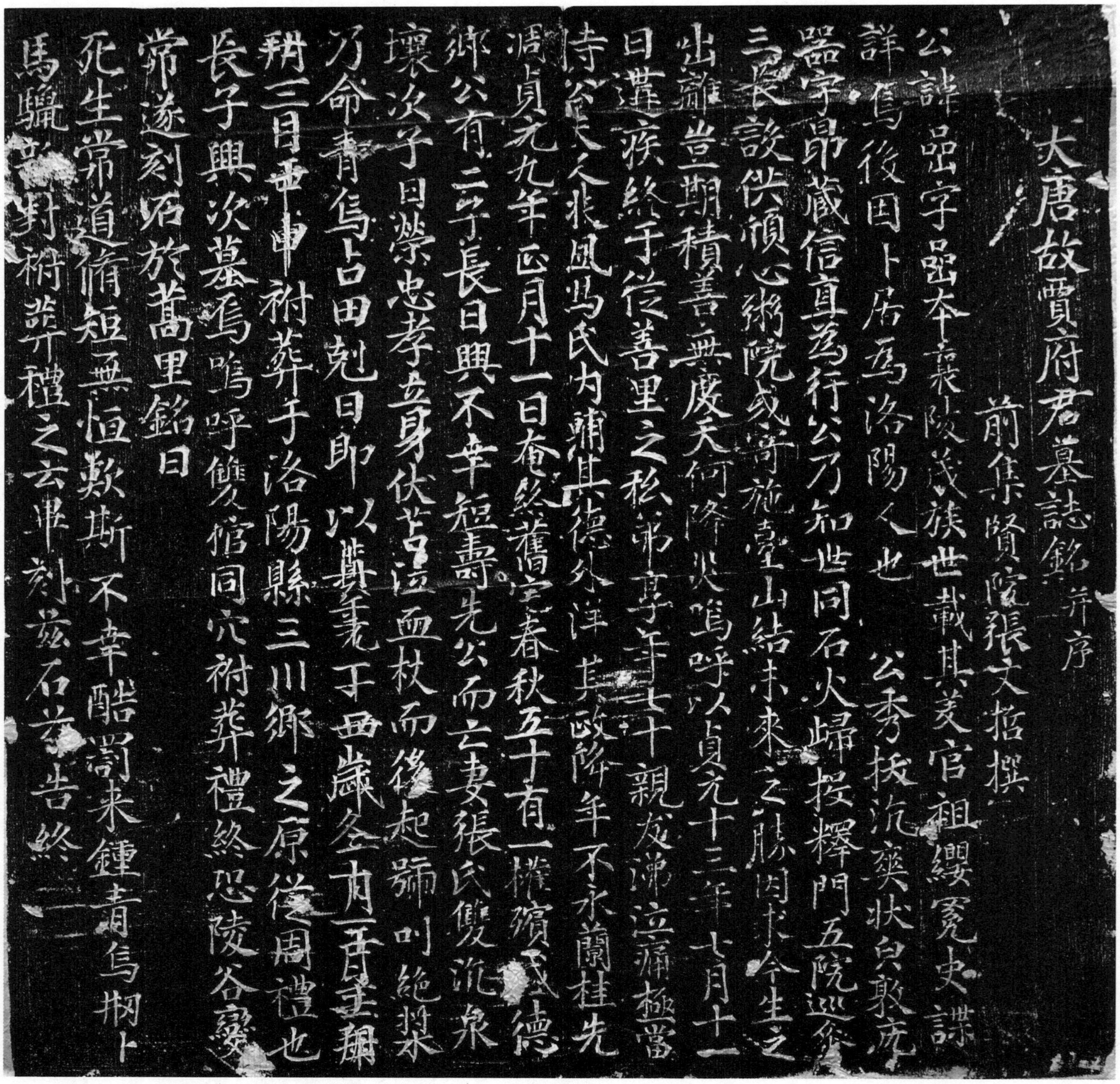
大唐故賈府君墓誌銘并序
前集賢院張文哲撰

賈府君墓誌銘

二四〇　大唐故賈府君（嵒）墓誌銘

貞元十三年（七九七）十一月二日葬。

誌文十八行，滿行字數不等。正書。誌長四十厘米、寬三十九厘米。張文哲撰。

誌蓋篆書：賈府君墓誌銘

大唐故賈府君墓誌銘并序

前集賢院張文哲撰

公諱嵒，字嵒。本襄陵茂族，世載其美。官祖纓冕，史諜詳焉。後因卜居，爲洛陽人也。　公秀拔沉爽，狀貌敦龐。器宇昂藏，信直爲行。公乃知世同石火，歸投釋門。五院巡參，三長設供，傾心粥院，或寄施臺山，結未來之勝因，求今生之出離。豈期積善無慶，天何降灾。嗚呼！以貞元十三年七月十一日遘疾終於從善里之私第，享年七十。親友涕泣，痛極當時。公夫人扶風馬氏，内輔其德，外洋其政。降年不永，蘭桂先凋。貞元九年正月十一日奄終舊宅，春秋五十有一。權殯圀德鄉。公有二子。長曰興，不幸短壽，先公而亡。妻張氏，雙沉泉壤。次子曰榮，忠孝立身，伏苦泣血。杖而後起，號叫絶漿。乃命青烏，占田剋日。即以貞元丁丑歳冬十一月壬午朔三日甲申[一]祔葬於洛陽縣三川鄉之原，從周禮也。長子興，次墓焉。嗚呼！雙棺同穴，祔葬禮終。恐陵谷變常，遂刻石於蒿里，銘曰：

死生常道，脩短無恒。嘆斯不幸，酷罰來鍾。青烏創卜，馬鬣圀封。祔葬禮之云畢，刻兹石兮告終。

〔一〕此處年月干支有改刻痕迹。

唐故湖州
刺史王府
君之墓誌

二四一　唐故朝議郎使持節湖州諸軍事守湖州刺史太原王府君（浦）墓誌銘

貞元十三年（七九七）十一月二十一日葬。
誌文二十三行，滿行字數不等。正書。誌長、寬均六十三厘米。
王仲舒撰。
誌蓋篆書：唐故湖州刺史王府君之墓誌

唐故朝議郎使持節湖州諸軍事守湖州刺史太原王府君墓誌銘并序

貞元丙子歲夏四月己丑，　詔以建州刺史太原王公領湖州，理行聞也。明年二月丙戌薨於位。邑中之民若
無怙恃，嚮郡齋而哭者衆矣。　公學以承家，材以資用。貞白自守，易簡臨衆。其爲政也，務去人瘼，不求己譽。
故　詔下之日，清風先馳。　公諱浦，字巨源，周靈王太子晉之後。昔司馬遷述周本紀，杜元愷述世族譜，系緒
之所由，祖宗之行事詳矣。曾祖會，皇平州刺史。祖暕，尚書比部員外郎。父景肅，深、鄭、潤、博、安等五州刺史。
　公釋褐南陽、高平二郡參軍事。累换金吾衛佐、太子司議郎。度材者以　公有憲法之用，由是授揚汝二州
録事參軍、評事、司直、侍御史。有撫導之術，由是領新安、鞏、長水、興平、醴泉五縣令。以至乎腰佩郡符，
左遷者一、量移者再。循是正道，進退由之。噫！秩至二千石，非不達也；年享六十六，非不壽也。所可嘆者，
位不充量。嗚呼哀哉！元夫人滎陽鄭氏，贈博州刺史進思之孫，亳州刺史愿之女。世懿恭肅，母儀温惠。德言容淑，
鏘如玉聲。仁而促齡，孰知天道。次娶隴西李氏，助祭以敬，柔和以明。天不慭遺，以貞元八年終於建安郡之官舍。
後夫人繼室廟謁三年矣。冲和有聞，豈唯嬪則。顯考官秩，祖宗實美，前李夫人伯姊之誌叙之矣。　府君有才子
七人：長曰公瑾，宦至試秘書省校書郎；次曰公瑜，去歲鄉薦，射鵠未中；次曰公琚、公瑀、公琬、公琰、公琡等，
哀毁踰禮。凡附於喪祭之事者，必誠必信，以其載十一月廿一日葬　我府君於河南府伊闕縣神蔭鄉伏龍崗北原，
前鄭夫人、李夫人祔焉，從周制也。　府君兄之子仲舒對策高第，譽美當時，累遷右補闕，即鄂州刺史諱政之子。
鄂州　府君天寶中舉進士，海内榮之。諸孤謂走忝佐觀風之使，備閲實狀，見命銘誌，刊於貞石云：
　陵谷或變，清基長存。留遺黄金，未曰謀孫。邇先塋之松檟，風蕭蕭兮墓門。嗚呼哀哉！

唐故文林郎守定州參軍河內雍府君墓誌銘并序
鄉貢進士河南穆佐虞撰
唐貞元十四年夏四月旬有六日故定州參軍河內雍君諱璟字
光春秋五十一遘厲卒于東都從善里之私第將即大墓詠于
元龜兆不習吉靡克歸祔乃以明月壬申窆於王城東郊從權
禮也其命氏譜系洎弈業勳德煥乎史諜可明徵矣斯文不繁有
懼兼兩 曾祖諱玉皇朝[illegible]州[illegible]陽縣令 生 贊善大夫贈陳州
刺史諱志 生 [illegible]州[illegible]縣丞諱[illegible]盖以清風相襲明德相遺
重光疊慶用集[illegible]信都之元子也清沖悠遠得之於
天元厚久大本之[illegible]圓方自然琴瑟在御玉帛非禮
善閑[illegible]之弁存亡懷寶迷邦不改其
樂懸磬居約自充於和[illegible]如也豈乎命有災 大
位是踐而顔氏[illegible]天其謂何誰知 君者
咸相謂曰大君子之道[illegible]名患無名不患不貴自
鄱陽以降逮于 府君慎以道[illegible]茂妻順履常可名不名可貴
不貴卑栖莫振誠曰可悲與夫不德而名不名而貴者則綽綽有
裕不其遠哉 夫人河東裴氏以淑慎之美配 君之室中外姻
族其所以愛 君之孚者皆發於君而成於 夫人生二男一女
男未冠女未笄 [illegible]然相依哀過乎禮佐虞與 君夫人有世親
之舊與 君從父弟有姻聯之歡以故飽 君之行實也久見託
為誌作于不文銘曰
人爵難恃天爵斯貿哀哉若人賢而無位枉遐志兮
用晦食貧事屈道伸考終厥命孰不悲辛如其仁兮
嗚婦孀獨撫孤畫哭[illegible]痛[illegible]喪禮過前蹈後難續兮

大唐故
雍府君
墓誌銘

二四二一 唐故文林郎守定州參軍河內雍府君（璟）墓誌銘

貞元十四年（七九八）五月壬申葬。

誌文二十四行，滿行二十五字。正書。誌長、寬均三十六厘米。

穆佐虞撰。

誌蓋篆書：大唐故雍府君墓誌銘

唐故文林郎守定州參軍河内雍府君墓誌銘并序

鄉貢進士河南穆佐虞撰

唐貞元十四年夏四月旬有六日故定州參軍河内雍君諱璟，字芃，　春秋五十一，遘厲卒於東都從善里之私第。將即大墓，訊於元龜，兆不習吉，靡克歸祔。乃以明月壬申〔一〕，窆於　王城東郊，從權禮也。其命氏譜系，洎弈葉勳德，焕乎史諜，可明徵矣。斯文不舉，有懼兼兩。　曾祖諱玉，皇朝饒州翻〔二〕陽縣令。生　贊善大夫、贈陳州刺史諱志。　生　冀州信都縣丞諱喬。並以清風相襲，明德相遺。重光疊慶，用集於君。君則　信都之元子也。清冲悠遠，得之於天。元厚久大，本之於地。健順相發，圓方自然。琴瑟在御，玉帛非禮。善闔閉而兩亡乎喜愠，達性命而一之乎存亡。懷寶迷邦，不改其樂。懸磬居約，自充於和。鄉黨州閭，蓋恂恂如也。宜乎景命有濮，大位是躋。而顔氏不幸，冉耕斯疾。與善罔信，天其謂何。雅知　君者，咸相謂曰：夫君子之道，患不德不患無名，患無名不患不貴。自　鄱陽以降逮於　府君，俱以道充行茂，委順履常。可名不名，可貴不貴。卑棲莫振，誠曰可悲。與夫不德而名，不名而貴者，則綽綽有裕，不其遼哉。

夫人河東裴氏，以淑慎之美，肥　君之室。中外姻族其所以受　君之厚者，皆發於君而成於　夫人。生二男一女，男未冠，女未笄。煢然相依，哀過乎禮。佐虞與　君夫人有　世親之舊。與　君從父弟有姻聯之歡。以故飽　君之行實也久。見託爲誌，怍於不文。銘曰：

人爵難恃，天爵斯貴。哀哉若人，賢而無位枉遐志兮。用晦食貧，事屈道伸。考終厥命，孰不悲辛如其仁兮。哲婦孀獨，撫孤晝哭。緘痛庀喪，禮過前躅後難續兮。

〔一〕按貞元十四年五月無壬申，疑爲撰者誤記。

〔二〕「翻」當爲「鄱」之誤。

二四三　唐故揚州高郵縣尉尉遲府君（恕）墓誌銘

貞元十四年（七九八）六月十三日葬。

誌文二十一行，滿行字數不等。正書。誌長三十八厘米、寬三十七・五厘米。

尹樞撰。

誌蓋篆書：大唐故尉遲府君墓誌

大唐故
尉遲府
君墓誌

唐故揚州高郵縣尉尉遲府君墓誌銘并序

將仕郎守懷州脩武縣尉尹樞撰

有唐揚州高郵尉河南尉遲府君諱恕，字悟，以貞元十四年正月十四日徹琴瑟於洛陽縣靖仁里之私第。以六月十三日歸體魄於潁陽縣潁川鄉之 先塋。不禄之嗟，春秋適五十一也。本居太安狄那，實神農裔胄。暨 遠祖諸與魏武南遷，遂家洛陽，逮今十一世矣。粤若四代祖鄂國公啓右 神堯，戡草昧之勤；翼戴 文皇，服亂華之寇。勲伐莫大，河山許盟； 永存之朝，是宜有後。 鄂國生衛尉卿諱紹宗，以孝友知名。衛尉生邛州使君諱瓌，以理行著稱。使君生亳州司兵參軍諱貝〔一〕，實能敬襲前訓，恭傳義方。 門風藹然，識者欽嘆。府君即 司兵之幼子也。夫惟善守介退，迴離塵雜。非調補之禄不之食，非抑與之財不之顧。故安貧居易，環堵自高。謂宜纂 代，榮保天爵。既而官止於一命，運迫於下壽。輔德無應，仁賢悼之。有子官官、客漢。或羈角孩孺，鞠然在疚。惟府君 仁兄懷州脩武縣令繼，友悌鍾性，哀慟逾時。撫存送往，加於他人一等。因命佐寮尹樞涕洟而言，且曰：「志日月之遷，虞陵壑之變。飾終大節，願託所知。」樞敬受 丕旨，勒石銘墓。銘曰：

慶餘之賢，知命之年。曾不憗留，彼蒼者天。萬安陂陁，潁水潺湲。孝乎 高郵，祔此歸全。嗚呼哀哉！

〔一〕改字末筆闕筆，抑或爲「見」。

唐故檀
州長史
馬府君
墓誌銘

二四四　唐故左衛司階檀州長史賜緋魚袋馬府君（炬）墓誌銘

貞元十四年（七九八）十二月七日葬。

誌文三十三行，滿行三十三字。正書。誌長、寬均五十一·五厘米。

馬垂撰，李濛書。

誌蓋正書：唐故檀州長史馬府君墓誌銘

唐故左衛司階檀州長史賜緋魚袋馬府君墓誌銘并序

嗣孫孤子通直郎前行太常寺奉禮郎郟城縣開國男垂纂上

公諱炬，字繼美，其先扶風槐里人也。在昔伯益作弼虞舜，洎於造父受封趙城。以圉爲將，全趙大邦，破秦强國，號爲馬服君，因而命氏焉。其後賢儁繼代，公侯間生，則備前史矣。公即西魏侍中、荆州刺史，後梁贈太尉、荆州牧，謚曰肅公岫五代孫。皇朝大同軍副使、嵐州刺史，累贈尚書左僕射、司空[一]第二子也。其於敷揚祖德，發揮裔緒，已著前文者，有故尚書郎李華篹公之高世南陽公[二]之豐碑，靡有闕而載也。懿夫儲淳積慶，滂流胤嗣。公至性忠孝，雅尚敦睦。成童之年，且明詩禮；而壯齒之歲，嘗學韜鈐。風騷逸興，忽圓毫而成篇；博藝横通，善引弓而撤札。有謂得朋曰：「吾志在功業，承家不墜。故杖劍轅門，輕身出塞。」寔爲英姿雄略，河岳降靈。符瑞挺生，文昌列宿。開元中，封東山之明年，從　先君涉桑乾河，登單于臺。慨然而嘆，忿李陵生降之辱，感樊噲鴻門之言，隆矣壯志哉。年廿五，伴飛將虞靈童破生奚於橋山，日接百戰。以功受上柱國，賜緋腰銀。節度張守珪以奇謀義冠於軍，常待以優禮。連年出冷陘，摧兇陷敵，積有戰功，累班榮秩。左相李適之以公孤貞自立，才藝無倫，奏請　禁衛。親老是辭，尋拜檀州長史。不幸丁内艱，居喪過禮。遇禄山構逆，潛採英異，奏兼恒王府典軍。公令弟命稱疾而免，迫脅久之。竟以負憂，天寶十三載五月廿七日終於幽州雲丘里之私第，享年卌三。遺言勿以新銜爲稱。於戲！生以忠而至終，終有斯之命也。公令弟命世雙立，揚名於　朝，昭顯前烈。兵部尚書、贈少保炫，昔牧東平郡。司徒、侍中、贈太傅燧，曩爲榮陽守。大暦三年十一月十四日卜先司空之新兆，歸仲昆旅櫬，同祔浚之南原。夫人渤海高氏。父竦，皇密雲郡録事參軍，門家之令族也。六行聿脩，四德咸備。濡蘋採藻，肅恭宗祀。織紝主饋，朝夕恪勤。而情存儉約，不尚華侈，故福延於壽也。享年八十六，終於雒邑會節里第。有嗣二子，少女一人歸道，皆弱齡而孤。長子畲，十五善書劍，剋紹其遺風。惜哉！先殁王事矣。次子當，早游於藝，夙習其文。以忠以孝，立於季父。仕更京劇，累遷外府、臺閣，連任宫寀，位至諭德。　朝倫四品，錫加金紫，爵及五等。以侍　太夫人哀疾，身被沉瘵。慈親追悼，長之枉折。念斯存之在疚，悲泣相守。夫人貞元戊寅歲六月廿二日奄捐私舍。尫尫孝嗣，痛伏苦寢，水漿不入，非人勸奪，哀毁逾增。嗚呼！母終於子，子殁於親，慈孝之道，一朝頓集。大漸之晨，是日也，閭里爲之罷市，四鄰爲之行哭。嗣孫盎、垂、單、鞏等遵奉先君之遺命，卜同兆域。遷浚郊之舊穸，祔闕塞之新塋。不逾星歲，十二月七日合葬於伊闕縣張劉里萬安山之南原，禮也！嗣孫孤子哀纏霜露，哭動風枝。引四旐而列寒飈，過靈輴而慘荒陌。嗣孫垂抑罔極之思，哀移　先祖；追配　禰之重，敬述微文。泣血祇事，敢爲銘曰：

伯益之系，流深源長。其一。馬服分封，錫襲無疆。其二。千載克劭，萬祀休光。其三。烈勳荆牧。其四。間生南陽。其五。貽厥司空。其六。少保上公。其七。追懿密郡。其八。垂裕寀宫，悌友睦親，至孝至終。其九。闕塞峩峨，崇山之阿。其十。雙墳嵬嵬，峻嶺之隈。十一。勒文貞石，銘於夜臺。十二

隴西李濛書

〔一〕據《舊唐書》卷一三四《馬燧傳》，「大同軍副使、嵐州刺史、累贈尚書左僕射、司空」即馬燧父馬季龍。

〔二〕據洛陽伊川縣出土《馬炫墓誌》載：「曾祖君才，隋末爲薊令。遇大業版蕩，羣盗充斥，賊帥竇建德、高開道等攻逼四境，竟克保完。以功遷上大將軍、開府儀同三司。及聖朝受命，奉燕王李藝表入奏，擢拜右武候大將軍，封南陽郡公。故尚書郎趙郡李華撰碑文，備載名迹。」則南陽公即馬君才。

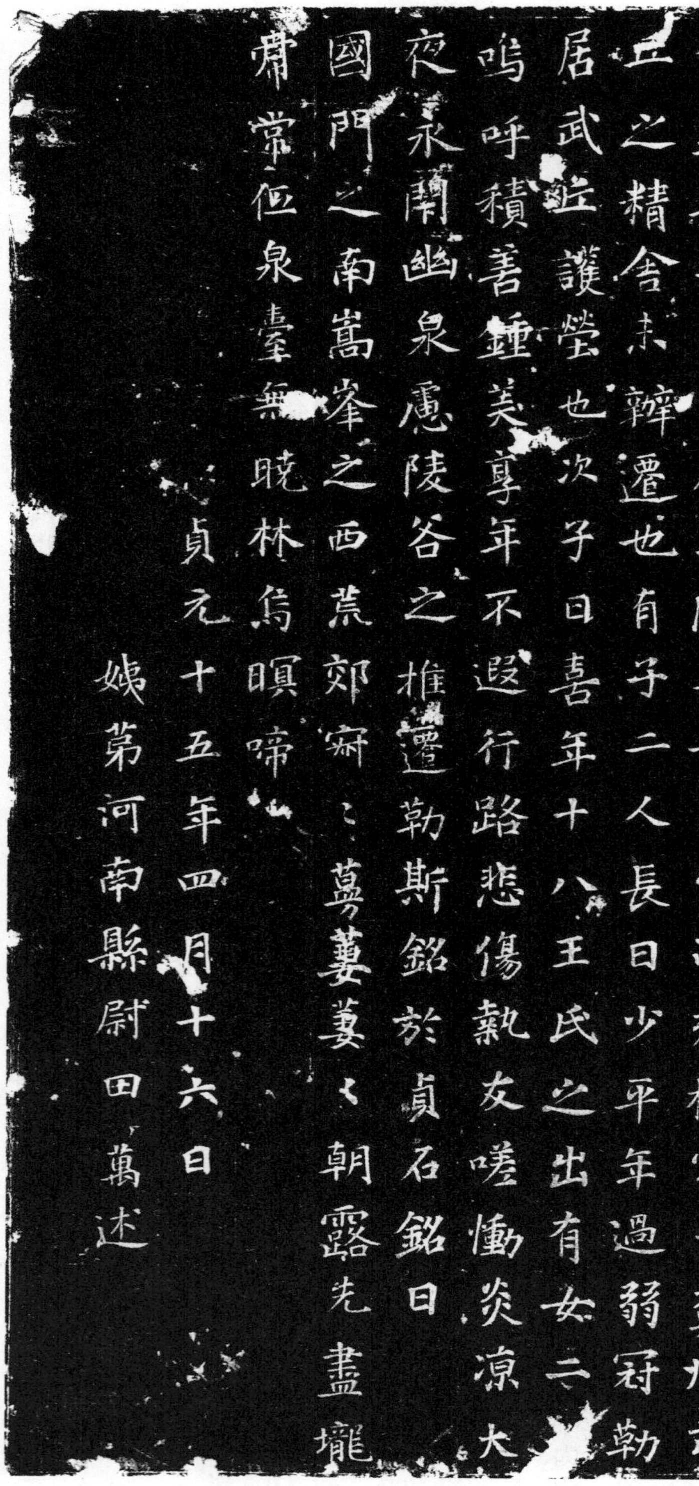
大唐河南府壽安縣丞李府君墓誌銘并叙
公諱坦字德平隴西絳郡人也祖元懿皇原州治中
父昳皇衛尉少卿娶范陽盧氏女無子初衛尉府君
第太子左諭德暄娶郴州刺史博陵崔季渠女有子三
人公為其長以衛尉無子命公嗣之公幼而聰敏長習
儒素少以門蔭署汴州陳留尉調補楊州楊子尉轉婺
州金華尉俄授鄭州管城主簿不逾歲遭范陽夫人酷
罰終制補鄭州陽武尉滿秩罹諭德府君之艱茹毒三
年泣血存性外除補濟源尉竟署壽安丞寢疾赴邑未
盈旬以貞元十五年四月六日終于官舍春秋五十有
六以其月十六日歸葬于龍門之南原祔于先塋禮也
公娶興平丞太原王闢長女先公而殂權窆于蘇州武
丘之精舍未辭遷也有子二人長曰少平年過弱冠勒
居武丘護塋也次子曰喜年十八王氏之出有女二
嗚呼積善鍾美享年不遐行路悲傷執友嗟慟炎涼大
夜永閟幽泉慮陵谷之推遷勒斯銘於貞石銘曰
國門之南嵩峯之西荒郊寂〻蒿蔓蔓〻朝露先盡壠
帶常亙泉臺無曉林烏暝啼
貞元十五年四月十六日
姨弟河南縣尉田萬述

大唐故李府君墓誌銘

二四五　大唐河南府壽安縣丞李府君（坦）墓誌銘

貞元十五年（七九九）四月十六日葬。

誌文二十行，滿行二十一字。正書。誌長、寬均四十四厘米。田萬撰。

誌蓋正書：大唐故李府君墓誌銘

大唐河南府壽安縣丞李府君墓誌銘并叙

公諱坦，字德平，隴西絳郡人也。祖元懿，　皇原州治中。父䁍，　皇衛尉少卿。娶范陽盧氏女，無子。初衛尉府君弟太子左諭德晅，娶郴州刺史博陵崔季梁女，有子三人。公爲其長，以衛尉無子，命公嗣之。公幼而聰敏，長習圖素。少以門蔭署汴州陳留尉，調補揚州揚子尉，轉婺州金華尉。俄授鄭州管城主簿。不逾歲，遭范陽夫人酷罰。終制，補鄭州陽武尉。滿秩，罹諭德府君之艱，茹毒三年，泣血存性。外除補濟源尉，竟署壽安丞。寢疾赴邑，未盈旬以貞元十五年四月六日終於官舍，春秋五十有六。以其月十六日歸葬於龍門之南原，祔於先塋，禮也。公娶興平丞太原王闢長女，先公而殂。權窆於蘇州武丘之精舍，未辦遷也。有子二人：長曰少平，年過弱冠，勒居武丘，護塋也；次子曰喜，年十八。王氏之出，有女二□。嗚呼！積善鍾美，享年不遐。行路悲傷，執友嗟慟。炎涼大夜，永閉幽泉。慮陵谷之推遷，勒斯銘於貞石。銘曰：

國門之南，嵩峰之西。荒郊寂寂，蔓萋萋萋〔一〕。朝露先盡，壠月常低。泉臺無曉，林鳥暝啼。

貞元十五年四月十六日

姨弟河南縣尉田萬述

〔一〕此處文字疑有誤刻。

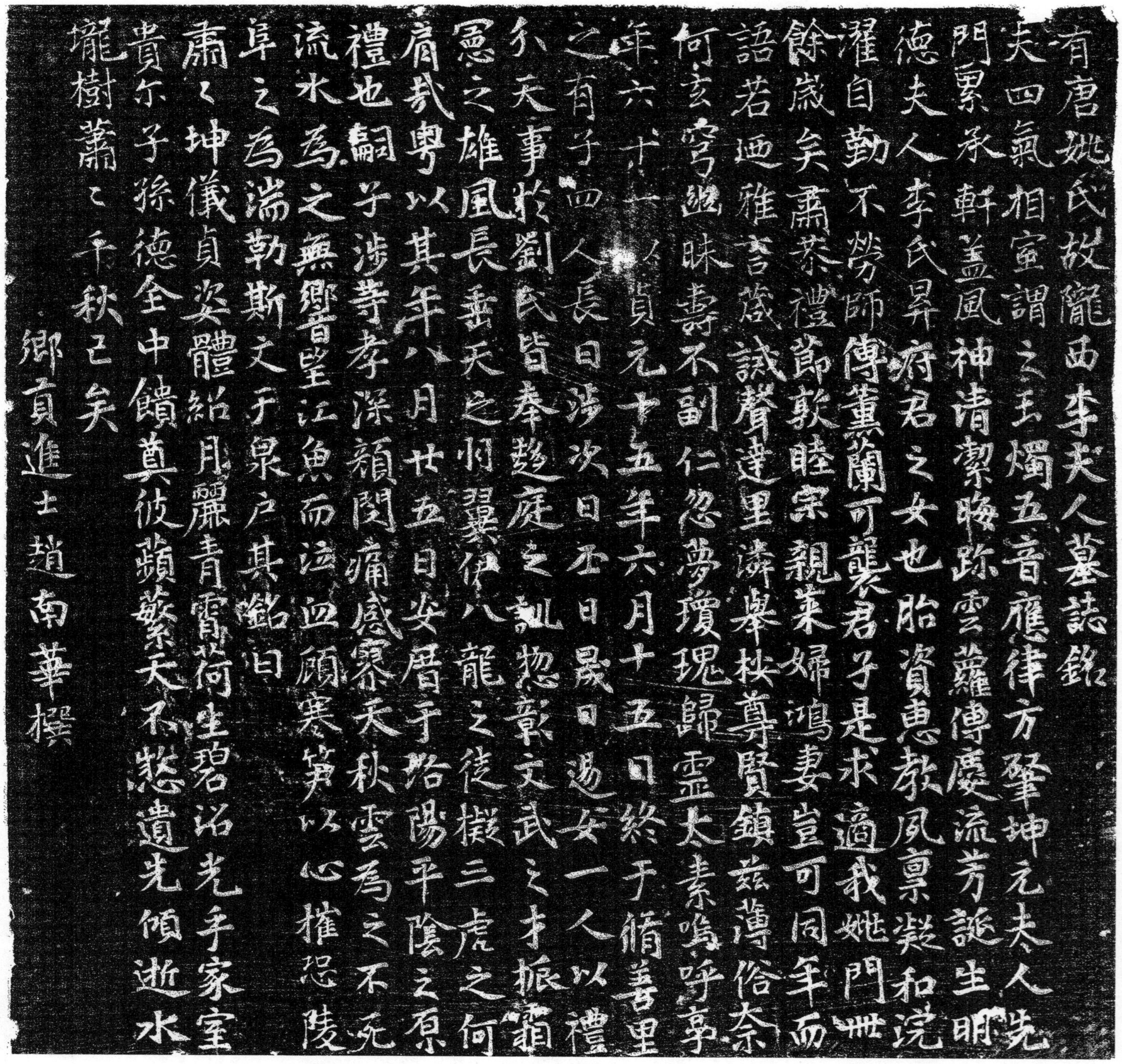
有唐姚氏故隴西李夫人墓誌銘
夫四氣相室謂之玉燭五音應律方肇坤元夫人先
門累承軒蓋風神清潔晦跡雲蘿傳慶流芳誕生明
德夫人李氏昇府君之女也胎資惠教夙稟凝和浣
濯自勤不勞師傅薰蘭可襲君子是求適我姚門卌
餘歲矣肅恭禮節敦睦宗親菜婦鴻妻豈可同年而
語若迺雅言箴誡聲達里隣舉枝尊賢鎮茲薄俗奈
何玄穹幽昧壽不副仁忽夢瓆瑰歸靈太素嗚呼享
年六十一以貞元十五年六月十五日終于脩善里
之有子四人長曰涉次曰丕曰晟曰遇女一人以禮
外天事於劉氏皆奉趨庭之訓惣彰文武之才振霜
肩哉粤以其年八月廿五日安厝于洛陽平陰之原
寔之雄風長垂天之羽翼俟八龍之徒擬三虎之何
禮也嗣子涉等孝深顏閔痛感蒼天秋雲為之不飛
流水為之無響望江魚而泣血顧寒笋以心摧恐陵
阜之為端勒斯文于泉戶其銘曰
肅肅坤儀貞姿體紹月麗青霄荷生碧沼光手家室
貴尓子孫德全中饋眞彼蘋蘩天不憖遺先傾逝水
壠樹蕭蕭千秋已矣
鄉貢進士趙南華撰

二四六　有唐姚氏故隴西李夫人墓誌銘

貞元十五年（七九九）八月二十五日葬。

誌文二十行，滿行二十字。正書。誌長三十六・五厘米、寬三十六厘米。

趙南華撰。

有唐姚氏故隴西李夫人墓誌銘

夫四氣相室，謂之玉燭；五音應律，方肇坤元。夫人先門累承軒蓋，風神清潔，晦迹雲蘿。傳慶流芳，誕生明德。夫人李氏，昇府君之女也。胎資惠教，夙禀凝和。浣濯自勤，不勞師傅。薰蘭可襲，君子是求。適我姚門，卌餘歲矣。肅恭禮節，敦睦宗親。萊婦鴻妻，豈可同年而語。若迺雅言箴誡，聲達里潾〔一〕。舉案尊賢，鎮兹薄俗。奈何玄穹幽昧，壽不副仁。忽夢瓊瑰，歸靈太素。嗚呼！享年六十一。以貞元十五年六月十五日終於脩善里之〔二〕。有子四人：長曰涉，次曰丕，曰晟，曰過。女一人，以禮分天事於劉氏。皆奉趨庭之訓，總彰文武之才。振霜憲之雄風，長垂天之羽翼。伊八龍之徒擬，三虎之何肩哉！粤以其年八月廿五日安厝於洛陽平陰之原，禮也。嗣子涉等孝深顏閔，痛感寥天。秋雲爲之不死，流水爲之無響。望江魚而泣血，顧寒笋以心摧。恐陵阜之爲湍，勒斯文於泉户。其銘曰：

肅肅坤儀，貞姿體紹。月麗青霄，荷生碧沼。光乎家室，貴爾子孫。德全中饋，奠彼蘋蘩。天不慭遺，先傾逝水。壟樹蕭蕭，千秋已矣。

鄉貢進士趙南華撰

〔一〕「潾」當爲「隣」之誤。

〔二〕此處文字似有脫誤。

二四七　唐故宣武軍節度副大使知節度使事兼汴宋等州觀察處置支度營田等使金紫光禄大夫使持節汴州諸軍事汴州刺史太子少保上柱國灃陽郡王隴西李公（万榮）墓誌銘

貞元十六年（八〇〇）七月二十五日葬。

誌文三十五行，滿行三十五字。正書。誌長七十四厘米、寬七十三・五厘米。

寇奭撰。

唐故宣武軍節度副大使知節度使事兼汴宋等州觀察處置支度營田等使金紫光禄大夫使持節汴州諸軍事汴州刺史太子少保上柱國澧陽郡王隴西李公墓誌銘并序

前殿中侍御史内供奉賜緋魚袋寇奭撰

公諱万榮，其先隴西人也。廣利之後，世爲邊將。騎射馳逐，殆成家風。因時遷徙，聿來東郡。鐵丘之地，匡居大邑。洪河東走，群峰北峙。原陸秀茂，連崗起伏。粹氣潛孕，閒生侯王。惟公祖先，爰樹松檟。仍世嗣業，遂爲郡人焉。性傳純質，志忽軒冕。王父珪，褐衣不仕，以從其好。父貞，　皇朝太子洗馬。　優寵所及，非其志焉。公即洗馬之元子也。勇而寡言，仁而善斷。戰勝必聞乎退讓，任崇允執乎謙恭。雖在顛沛，不忘忠信。根性稟純，有以然□。幼奉桑梓，長逢戰伐。時方捨魯，人頗畏匡。鄉縣之間，豪猾所聚。公言必忠正，率從訓勵。小大之績，州里稱之。洎左僕射令狐霍公〔一〕節制滑臺，署公偏將。尋轉劇職，皆著能名。霍公器之，見遇殊等。相國司徒李汧公〔二〕繼領節鉞，尤加倚任。時齊魯之地，烽燧相望，幽朔諸軍，旗鼓在列。公介於羣帥，實總偏師。常以少擊衆，往無不剋，累遷濮州刺史，　寵有功也。賊烈肆虐，兵臨浚郊。公從汧公，分捍攻劫。謀匪在我，敗獨不亡。尋而相國司徒、贈太傅彭城公〔三〕　詔總諸軍，將誅元惡。以公鄉曲純茂，飽於行實。是資勳德，請在偏裨。果以先登，遂復城壘。遷御史大夫、澧陽郡王。彭城逝没，剋寧暴亂。復領舊職，實趨新麾。讜議忘家，直躬見節。如清沸鼎，若遏崩波。本使赴　闕，戎師上請。　詔委留務，寔嘉乃誠。尋加節度副大使、知節度使事、汴宋等州觀察支度營田等使、汴州刺史。逾月，又加檢校工部尚書。其年五月一日夜，忽中風疾，速告至　闕，　上嗟嘆久之。遂降方士就醫，　手詔存問。　中貴織路，　天書盈篋。無何，季子狂勃，見欺沉瘵。美殊叔虎，惡甚豎牛。方期啓手而歸，乃構覆宗之禍。　聖恩念以勳舊，罪止迺身。仍加太子少保，俾東都療疾，有加常典也。七月六日疾遂綿篤，乃命草遺表，緘封未畢，西向拱手，叩顙而終。享年七十，哀哉！夫人上谷侯氏，生二子而殁。曰丕、曰向。繼室河南史氏，生二子：曰衮、曰迺。一女適同郡成公齐。餘子五人。丕，早立戎績，終虔王府長史。向、衮皆以經明擢第。向，前宋州虞城尉。衮以父任宿衛　禁軍，參亳州軍事。未幾，充神策兵馬使，仍賜金紫。以母弟見累，待罪虔州。餘皆童幼，列在喪次。向也，鍾性純至，秉心孤直。嘗藥侍疾，不解衣冠。狂惑之間，匪失其正。莫敖無餒，其在若人。五月有期，九原尋啓。　禮命不及，同盟莫至。以其年十一月廿二日葬於偃師縣之西原。先夫人權窆於匡城故鄉，時近四紀。啓祔是卜，蓍龜不從。從其安宅，故不剋合祔也。奭嘗載筆於故太傅之府，時則公佐中軍，爰因迴席，多詳懿躅。誌彼幽礎，託爲銘云：

國夫人享年六十有五。寢疾經時，以貞元十六年歲次庚辰六月十七日終於鄭州管城縣私第。以其年七月廿五日遷祔先營宅地。〔四〕

洪河湯湯，大野茫茫。其氣鬱盤，閒生侯王。前有太傅，爲　王室輔。後有澧陽，繼綏戎疆。戎疆有截，東夏烈烈。錫命酬勳，虎符龍節。寬而能斷，勇且有仁。臨危徇命，奉國忘身。嘉言約誓，必先忠績。懿行純誠，將垂竹帛。慘舒舛候，風暑成灾。晝夜冥冥，視聽不開。羊舌既衰，叔虎專政。穆子寢疾，豎牛矯命。覆宗之禍，含垢垂　恩。罪止兇鷵，念此舊勳。哀哀虞城，戴恩葬親。以示有終，其孝孔純。蒼蒼古原，鬱鬱松梓。維邙之趾，維洛之涘。誌此幽石，維千億祀。

貞元十二年歲次景子十一月戊子朔廿二日己酉

〔一〕「令狐霍公」即永平軍節度使、霍國公令狐彰。

〔二〕「李汧公」即繼令狐彰之後任永平軍節度使的李勉。

〔三〕「彭城公」即宣武節度使劉玄佐。

〔四〕此行字刻於「銘云」之後，文字較爲草率，與墓誌其他文字風格不同，當爲史氏去世後祔葬時補刻。

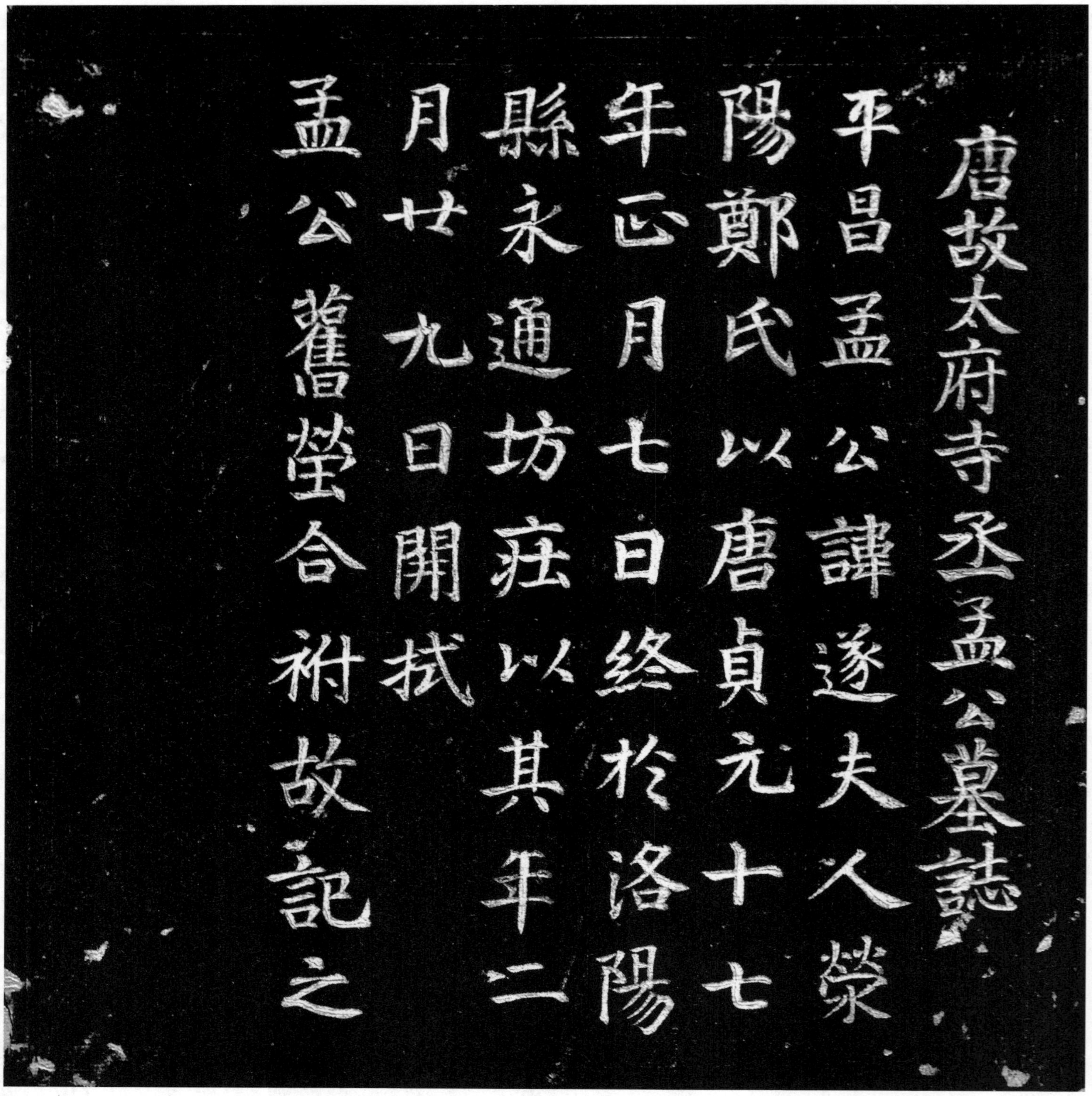
唐故太府寺丞孟公墓誌
平昌孟公諱遂夫人滎
陽鄭氏以唐貞元十七
年正月七日終於洛陽
縣永通坊莊以其年二
月廿九日開拭
孟公舊塋合祔故記之

大唐故
孟府君
墓誌銘

二四八　唐故太府寺丞孟公（遂）墓誌

貞元十七年（八〇一）二月二十九日葬。
誌文七行，滿行九字。正書。誌長三十厘米、寬二十九厘米。
誌蓋篆書：大唐故孟府君墓誌銘

唐故太府寺丞孟公墓誌

平昌孟公諱遂，夫人滎陽鄭氏，以唐貞元十七年正月七日終於洛陽縣永通坊莊，以其年二月廿九日開拭孟公舊塋合祔，故記之。

二四九　□□□□□□□□録事參軍闕府君（準）墓誌銘

貞元十七年（八〇一）十一月十四日葬。

誌文二十六行，滿行字數不等。正書。誌長四十四・五厘米、寬四十四厘米。

闕士約撰。

□□□□□□□録事參軍闞府君墓誌銘并序

從叔前懷州司倉參軍士約撰

因立身之道，忠孝爲先；從宦之源，儉約爲本。體則然矣，公能行之。公諱準。夏諸侯忠烈公之後，累代於解，子孫居焉。後以因官，河南著族，在於□襲，不絶簪裾。家尚清廉，身多淳素。可謂磨而不磷，涅而不淄者也。七代祖□，齊徐州彭城郡太守。六代祖哲，齊右衛武賁中郎將。五代祖謙，唐朝請大夫、行岐州岐山縣令。高祖珎，中大夫、岐州司馬。曾祖會，中散大夫、行相州鄴縣令、上柱國。祖仲孚，朝散郎、行歙州休寧主簿。父忠孝，通直郎、行隨州唐城縣丞。並抱質還淳，脩身慎行。克勤克儉，於素履而居官；惟孝惟忠，在清貞而守職。公天寶年明經高第，志在典墳，内蘊文藻。只以時阻多虞，復丁先府君及太夫人之喪。公志惟純孝，幾於滅性。外除參調，授撫州司兵參軍。次任漢州司倉參軍，在約思純，賞善罰惡。後任漢州録事參軍，凜凜振一郡之威，汪汪懷萬頃之量。旋嗟秩滿，杖策將歸。節度韋公[一]善公强幹，藉公政能，擢攝綿竹縣令。遺舊愛於本郡，布新政於邑中。貪吏息機，疲人樂業。後韋公又欲委公劇務，擢佐戎幕。公性惟剛直，志好清閑，乃固辭而歸，韋公豈能奪其節。寓居覃懷，歷於六載。家乃屢空，室如懸罄。抱廊廟之器，懷杞梓之材。本冀鏘金，豈期埋玉。何圖良木斯壞，哲人其委。貞元十六年七月三日終於河内利仁之里，享年六十有七。公性惟剛直，志本廉平。不諂諛以進身，不趑趄以求媚。喜怒不形於色，貧富不以居心，量不可測也。以貞元十七年十一月十四日遷窆於河陽北原那羅村西皇甫嶺五龍崗之禮也。夫人鉅鹿時氏，中散大夫、萊州長史之女。歷代衣冠，綿綿不絶。夙傳家訓，撫育孤遺。禮樂謙恭，無踰内則。四德偕備，六禮無虧。嗣子廣楊，孝逾曾子，志邁虞丘。趨庭承命，勵節檢身。及罹憫凶，毁情過禮。恐春秋代謝，陵谷遷移，刊石爲銘，可以爲紀。其詞曰：

凜凜風霜，青青松竹。本望鏘金，豈其埋玉。積善餘慶，胡爲不禄。其一。平生志氣，宿昔忠貞。珠沉漢浦，劍没酆城。千秋萬古，立節成名。其二。斯言無玷，砥行有恒。高岸爲谷，深谷爲陵。春秋代謝，刊石爲憑。其三。

〔一〕「韋公」即劍南西川節度使韋皋。

二五〇　唐故朝議郎大理司直隴西李府君（存）玄堂誌

貞元十八年（八〇二）十二月十三日葬。

誌文二十七行，滿行二十七字。正書。誌長五十三・五厘米、寬五十二・五厘米。

李益撰，李節書。

唐故朝議郎大理司直隴西李府君玄堂誌

嗣子通直郎檢校尚書考功郎中兼侍御史幽州營田副使賜紫金魚袋益述

次子承務郎涿州范陽縣丞節書

嗚虖！天降鞠罰於煢小子，建中四年六月十一日　府君奄弃養於京兆藍田鹿苑別館，不至下壽者二祀。訴號
旻天，永無所逮，權卜宅於渭南南原中周里。時盜據京　闕，不克歸祔。　府君諱存，世爲隴西狄道人。　曾祖
皇朝太子中允正基。祖給事中亶。烈考虞部郎中成績。府君即　虞部長子。德門甲族，詳載史氏。恭惟純粹大
和之德，孝友睦婣之行。通涉墳史，施於理化。幼丁　虞部府君艱，杖不能起。開元末，未弱冠，明經高第。天
寶初，授滎陽郡原武縣尉。太守蘇公乂以賓禮敬接，後守李公朝弼以七縣委重焉。地密梁衛，歲多剽煞。下令之日，
商旅野次。訖三考最，四封謐如。蓋上用仁，不仁者遠。天寶末，授左威衛胄曹參軍事、丞相府租庸水陸運判官，
董江淮逋賦。寇陷伊洛，還侍　太夫人歸義縣君板輿。以封章復命，轉大理評事。思明繼逆，更姓奉　親。賊平，
辟太尉淮陽王府從事。懇辭歸養，遂即署滎陽令。郡守政暴，又以疾辭。　代宗詔舉滯淹，吏部侍郎李公季卿造門徵，
薦授大理司直。義不違　親，終養而已。及居　縣君疚，如　虞部之過毀焉。始　虞部服除，　府君五妹髫年相亞，
咸選令族人物以歸之，益爲中外瞻重。愛弟弱抱痾瘵，羈貫未離乳餔。　府君常踰犯夜禁，造求醫門。曠移寒暑，
不知畏怠。寔惟出入孝悌，感通神明。　夫人范陽盧氏，　曾祖敬一，皇朝贈左散騎常侍。祖從愿，吏部尚書、
固安文公。文公第二子户部員外郎諱諭。夫人户部之長女。　文公又　府君外王父也，是爲重姻。　夫人外祖鄆
州刺史清河崔紹，族高中外，動循禮則。笄年移孝，以奉　元姑。服勤以佐　冢嗣，兢兢慄慄逾五十年。二子曰益，
曰節。孝誠無感，薦鍾禍罰。貞元三年二月廿八日於渭南光宅里舍重罹創鉅。　夫人壽六十六，權卜宅於　府君
之塋左次。亦以龜筮未叶，偷息俟時。乃今貞元十八年十二月十三日，奉　遷合祔於偃師亳邑北原，追奉　先塋
之旨。號天擗地，靡所　恃怙。扶哀誌刻，力不及銘。

二五一　唐故魏郡莘縣主簿盧公（清）夫人滎陽鄭氏（十三）合祔墓誌銘

貞元二十一年（八〇五）四月二十二日葬。

誌文六十五行，滿行三十五字。誌文後半部分刻於墓誌蓋背面。正書。誌長、寬均七十三厘米。

鄭餘慶撰，盧仲權書丹。

安得而不嘉士年三遷御史始佐會稽府　夫人以貧為嗟泣戀松栢　夫人弟故魯山尉
妻隴西李氏与子懔洎　盧太夫人咸𢘻盡隨焉衣服器用尚之同者凡數人盧鄭二族堂
從之来者衣之食之寒暑皆適資糧扉屨罔不猒飫或有發詠蜉蝣怵惕惟鵷　夫人亟謂
士年等曰吾不欲尔之俸禄獨厚一室冀汝等立仁義為藩垣多財累愚尔口能諷士年等
辭賜至訓迄今循厲洎貞元拾貳年捌月将寢疾凡四旬精神不秏時順無忝屢勑新衣若
知所詣悠然遇變化之機而不知變化之在已前十日家人有愕夢者見文殊師利来詣前
軒以九月廿三日終于越州洪邑寺之精舍享年六十五嗚呼痛哉後三日復有家人冥然
如至淨域見与普賢菩薩乘象周旋旁聞之聲且識且驗名僧謂慧度之力證于前劫易繫
言無思也無為也寂然不動感而遂通天下之故又曰非天下之至變其孰能及於此楞伽
經云識流注不滅不得[illegible]不異老氏云不皦不昧又曰善行無轍迹聖賢之教咸備退循
夫人平生踐履遇理造形不取不捨無健羨有以得其涯矣所謂入佛知見採如来自到境
界耶淨證不昧得意生乎而　盧公吾伯舅也我知之雖事詳前誌而永懼漏略
公諱清字清范陽人少以門蔭調魏郡莘縣主簿孝悌文行為時賢推服性嗜學每閱覽經
史志於寢食善草隸書盡得古人楷法　公家幼奉諸兄如父視兄弟之子猶子情也頗[illegible]
人則禮也聖人之制禮與情歟可得而見也探微旨者其教明　公天寶中伊川与詞[illegible]陳
章甫唱和詩什章甫重焉汝墳与詞人闕操參同翰墨操厚焉章甫与操伊汝從官獲与
公游修志業者其事著其在莘縣而郡俾　公更家[illegible]之戎亦隴右時哥舒翰為節度悅其
儒雅張和戎金石之樂持嘉賓筐篚之贈慕風流者其事懿　公有伯仲供　公冒阽危就
名位　公居之不疑情以愛激序人倫者其義高　公七代祖後魏尚書左僕射懿侯陽烏
之族　尊大父諱正言　皇唐將軍光侯之位重　先府君諱朓司馬命大夫其名笑嗚呼
淪之痛何哉則有後不亡之叢貽燕之祉存乎諸甥矣　公以至德貳年拾月貳拾陸日
終于汴州享年卅以大曆陸年拾壹月貳拾日還窆祔于河南縣伊汭鄉尹臣村萬安山南
原祔先大夫之塋禮也　夫人初自越以龜筮未叶旅殯于丹楊令士年等謹棠帷凡襚轊
俎豆之毀杜氏防杜氏西階舉下緬上備矣哀則哀矣而禮亦忒以貞元貳拾壹年歲在乙
酉貳月貳拾伯啓舉于丹楊以肆月貳拾貳日合祔于　莘縣府君之塋曲阜之典禮推而
置之　夫人無以居貧鞠育三子一女絣纊針線之若及手寫論語孝經躬自撫訓殆有穿
穴胼胝之跡士年等颿風寒泉洎勋勞之報加人數等宜矣屬餘慶暌罷遠儌竟睽執紼
仁友不遐　渭陽深感感[illegible]等遠託悲以銘云
嬀兮姜兮其昌　邈載祀兮茫茫　徽音煒兮煌煌　燕蒯坱軋兮縈湯湯　行尊兮德輝光
孤操兮含章　事親兮不遑　堪家兮曷可忘　訓子兮榆揚　睦友兮芬芳　變化恬愉
兮理未央　示淪翳兮式感　嵩山東麓伊水旁　同穴灼若山蒼蒼　啓而閟之歎陰陽
萬安一曲兮雙鳳皇　次子仲權書　肆月庚子朔貳拾貳日辛酉

唐故魏郡莘縣主簿盧公夫人滎陽鄭氏合祔墓誌銘并序

堂外甥前中書侍郎平章事左郴州員外司馬滎陽鄭餘慶字居業撰

夫人字十三，法號大光照，滎陽開封人，姬族姜歸舊矣。文武之昭穆，桓武之帶礪。濬源流光，百代不隕。　夫人即餘慶從父姊也。洎元魏甄明斟酌，庶族咸正。我十代祖諱小白，與太原王瓊等五族定冠四海，自此遂相爲婚姻。風教禮樂，同倫共轍。合二姓之好，以繼萬世之後。禮之指以長不以賢，以嫡不以長。春秋之義，關雎麟趾。六義之始，則與嚮時金張荀陳潘楊王謝，或污或崇，或晃或才，異日而論者已。　烈祖文城郡太守、贈光禄少卿府君，生知孝讓，我高祖異之。名之曰曾，字之曰景參，録其實也。咸通[一]中，年甫弱冠，與薛稷、韋嗣立同登進士第，於考功歷官之著者太常博士、河南司録。嗚呼！名位器業，嗟嗟不類。　大父潁川郡太守府君，諱長裕。德宗物範，爲□□□元龜。天册中，應文藻絶倫策，入第三上等，擢太子校書，官之著者太常博士。四踐尚書郎，三命卿佐，三爲大郡守。尊行加人，儉德貽謀。負宏才不任棟梁，居盛德不隮師傅。嗚呼謬夫！　我伯父夫人之考也，諱迅。天寳末，與鄭京兆、崔吏部[二]同尺一詔，登御史府。抱畏知之潔，逭欺暗之悔。通韓魯之詩，服大小夏侯尚書，明大、小戴禮，訖鄒夾之春秋。華其實，文其質。達乎神明，考乎終始，之綱之紀，允矣君子。官止汴州别駕，嗚呼！時哉命哉。　夫人汴州府君第二女也。　外祖范陽盧暉，歷尚書郎、魏郡上谷河間三郡太守。冠卿族者，推爲嵩華焉。通才理行，時謡未泯。　夫人毓德閫壼，殆天授非由企及致也。矧教義鼓吹，閨風載薰。今若汎言孝友懿淑，則陷乎愧詞虚美之雷同，而茂耀曷可臻乎實而垂示子子孫孫乎。德全乎内，行備乎外。不飾以抱樸，無營以見素。厲霄漢者固非以塵泥爲眄睞云，請倫其行凡至之者。士牟始孤，年甫六歲，其他矧幼，　夫人視之無誑，兢於母訓。所聆者唯孝悌慤愿，陶冶而浸漬之。世故多艱，靡所底止。　夫人提挈歸寧，屬　我伯父皎潔冰壺，　夫人冥心久約憂喜，得喪銷乎純粹。其後　盧太夫人捐館，夫人洎夫執喪，人始盡知純至矣。泣命士牟等護　盧太夫人洎弟魯山尉喪，自淮海達於周鄭。士牟奉之，仲權護之。禮有數，哀制中。　夫人之至者，豈特生女無怒乎。士牟、仲權等至之至者，豈特宅相乎。自中原被兵戈之苦，士大夫家浮於淮泗，達乎吴會。丹旐獲歸於諸夏者，什無一二。其閒乏主微親者固已矣，其或子孫具在，居非貧禄有餘者，時或不至焉。温序之託，胡可達也。迷阡陌，變陵谷，營魂無不之也。而士牟非尊官厚禄，無中人之産，而　外祖母、叔舅之喪綿三千里。枌櫝有識，非　夫人之至者，士牟等至之至者而然歟。族之華腴者，躑躅於名級貨賄，而執笄奠雁有非偶之累者，寔繁有徒。　夫人食貧居匱，而男嫁女娶不墜崇構。士牟娶滎陽鄭氏，門下侍郎、平章事珣瑜之女。仲權娶太原王氏，太原户曹益之女。士舉娶隴西李氏，户部侍郎衡之女。一女適故蘇州録事參軍太原王蒙。鸞皇配美，灼乎統嗣，是難能也。士牟升進士第，解巾讎校，銅龍署令。檢校著作郎，兼侍御史、浙西觀察判官。仲權、士舉俱察孝廉，咸厥再命。權前丹陽尉，舉前餘杭尉。王氏女孀居，多與士牟等相因依。士牟、仲權、士舉年涉知命而共被靡違，可以儀冠士林，國人盡知之。余最嘉之，其嘉之何也？斯道也將亡矣。盧氏子能之[三]，

〔一〕「咸通」即「咸亨」，避唐肅宗李亨庙諱改「亨」爲「通」。

〔二〕「鄭京兆」即鄭叔清，「崔吏部」即崔器。

〔三〕此後内容刻於墓誌蓋背面。

安得而不嘉。士牟三遷御史，始佐會稽府。　夫人以貧爲嗟，泣戀松柏。　夫人弟故魯山尉妻隴西李氏與子憬洎　盧太夫人臧獲盡隨焉。衣服、器用與之同者凡數人。盧、鄭二族堂從之來者，衣之食之，寒暑皆適。資糧屝屨，罔不厭飫。或有發詠蜉蝣，怵惕惟鶉。　夫人亟謂士牟等曰：「吾不欲爾之俸禄獨厚一室，冀汝等立仁義爲藩垣。多財累愚，爾口能諷。」士牟等拜賜至訓，迄今揭厲。洎貞元拾貳年捌月將寢疾凡四旬，精神不耗，時順無吝。屢敕新衣，若知所詣。悠然遇變化之機，而不知變化之在已。前十日，家人有愕夢者，見文殊師利來詣前軒。以九月廿三日終於越州洪邑寺之精舍，享年六十五。嗚呼痛哉！後三日，復有家人冥然如至净域，見與普賢菩薩乘象周旋，旁聞人聲，且識且驗。名僧謂慧度之力，證於前劫。《易繫》言：「無思也，無爲也。寂然不動，感而遂通天下之故」。又曰：「非天下之至變，其孰能及於此」。《楞伽經》云：「識、流注不滅」。又曰：「不一不異」。《老氏》云：「不皦不昧」。又曰：「善行無轍迹」。聖賢之教，咸備追循。夫人平生踐履，遇理造形。不取不捨，無健羨，有以得其涯矣。所謂入佛知見，拔如來自到境界耶。净證不昧，得意生乎。而　盧公吾伯舅也，我知之。雖事詳前誌，而永懼漏略。　公諱清，字清，范陽人。少以門蔭調魏郡莘縣主簿。孝悌文行，爲時賢推服。性嗜學，每閱覽經史，忘於寢食。善草隸書，盡得古人楷法。　公最幼，奉諸兄如父，視兄弟之子猶子。情也，顧他人則禮也。聖人之制，禮歟情歟，可得而見也。探微旨者，其教明。　公天寶中，伊川與詞人陳章甫，唱和詩什，章甫重焉；汝墳與詞人關操參同翰墨，操厚焉。章甫與操伊、汝從宦，獲與　公游修志業者其事著，其在莘縣而郡俾　公。更及瓜之戍於隴右，時哥舒翰爲節度，悦其儒雅，張和戎金石之樂，持嘉賓筐篚之贈，慕風流者其事懿　公。有伯仲俟公冒阽危，就名位。　公居之不疑情，以愛激序人倫者，其義高　公。七代祖後魏尚書左僕射懿侯陽烏之族。　尊大父諱正言，　皇唐將軍，光侯之位重。先府君諱朓，司馬命大，夫其名大。嗚呼！湮淪之痛何哉，則有後不亡之業，貽燕之祉，存乎諸甥矣。　公以至德貳年拾月貳拾陸日終於汴州，享年卌。以大曆陸年拾壹月貳拾日遷窆祔於河南縣伊汭鄉尹段村萬安山南原，祔先大夫之塋，禮也。　夫人初自越以龜筮未叶，旅殯於丹楊。今士牟等護裳帷，凡裧輤俎豆之國，孔氏防杜氏西階舉下緬上備矣，哀則哀矣而禮不忒。以貞元貳拾壹年歲在乙酉貳月貳拾日　啓舉於丹陽，以肆月貳拾貳日合祔於　莘縣府君之塋。曲阜之典，禮推而置之。　夫人素以居貧，鞠育三子一女，絣纊針線之苦，及手寫《論語》《孝經》，躬自撫訓，殆有穿穴胼胝之迹。士牟等飄風寒泉，洎劬勞之報加人數等、宜矣！屬餘慶誒罪遠儆，竟睽執紼。　仁友不遐，　渭陽深感。感甥等遠託，悲以銘云：

姬兮姜兮其昌，　邈載祀兮茫茫。　徽音煒兮煌煌，　燕蒯坱軋兮縈湯湯。行尊兮德輝光，孤操兮含章。　事親兮不違，　堪家兮曷可忘。　訓子兮榆楊，睦友兮芬芳。　變化恬愉兮理未央，　示淪翳兮式臧。　嵩山東麓伊水旁，　同穴灼若山蒼蒼。　啓而閉之欻蔭陽，萬安一曲兮雙鳳皇。

次子仲權書

肆月庚子朔貳拾貳日辛酉

唐李
夫人誌

二五二　唐前杭州餘杭縣尉盧士舉故夫人隴西李氏墓誌銘

貞元二十一年（八〇五）四月二十二日葬。

誌文二十四行，滿行字數不等。正書。誌長、寬均六十二厘米。墓誌四側均有文字，正書，爲貞元二十一年歸葬洛陽時所補刻。

盧士舉撰并書，盧士牟撰遷葬誌文。

原石藏鞏義馬氏一葦草堂。

誌蓋正書：唐李夫人誌

唐前杭州餘杭縣尉盧士舉故夫人隴西李氏墓誌銘并序

夫登仕郎前行杭州餘杭縣尉盧士舉撰并書

夫人字省，第十二，隴西成紀人也。氏族之甲，炳於史諜。祖惟慎，滏陽縣丞。父衡，户部侍郎。夫人即侍郎之長女。積仁累行，代有休問。故純粹中和，鍾於夫人。夫人之季三人，踐方、登儒、門郎，皆粲如也。夫人性本明敏，意克柔順。年貳拾歸於士舉。奉　姑左右無方，撫下仁慈及幼。至於嬪則閨範，無不達也。未嘗失色失言於賤隸，則餘可知矣。在家孝敬，親族共推。夫人　先父户部每有微疾，藥餌飲食之間，皆詢問焉。無不契其深妙，其誠至也如此。《禮》云：「自誠而明，謂之性。」斯之謂也。　户部任潭州方面日，遠使　諮聞，緘書繼至。令士舉盡室一赴湖南。及移鎮洪州，其意不易。纔逾旬月，詔徵給事中，還户部侍郎。竟不克遂夫人歸寧之願，實由士舉之不能也。夫人不匱之孝，有不忍離膝下之意，常默默焉。及丁　户部憂，哀毀過禮，貌逾苴枲。夫人先有微氣疾，由是寖劇。以貞元十一年歲次乙亥五月廿一日終於越州會稽縣玄真坊官舍，享年貳拾陸。嗚呼！夫人無子，此爲痛也。夭於芳年，此爲恨也。有一女名貢娘，聰明敏惠，冀其成立，每加念焉。士舉先有一男一女，夫人曩昔皆撫念之，亦仁慈之厚也。夫人滎陽鄭氏之出，外祖諱宣，官婚人物，當代所重。夫人　慈親及踐方、登儒，並在上京，以路遠不克親護喪事。今以越州權殯，士舉親領姪乞得、男伊奴、家人碧珠等，以貞元十五年歲次己卯二月廿八日從越州昌安寺後啓舉。伊奴等親奉裳帷，以其年四月十日權窆於潤州丹陽縣景陵鄉方塘里西大泊村，祔於　先姑之塋，禮也。士舉積釁所種，　太夫人弃背於越州。以年月未利，權厝於此。方俟吉辰，祔於東都　我烈考魏郡莘縣主簿府君〔一〕之塋。此時必擬令伊奴扶護，從　我先妣滎陽鄭夫人〔二〕歸祔。實慮人世多故，不剋是願。懼陵谷之遷變，乃揮涕而爲誌云。銘曰：

天覆地載，胡不靈兮。陰騭陽施，孰知情兮。婉娩淑女，蘊賢明兮。蘭銷其馥，玉折貞兮。小女藐然，如影形兮。撫之不忍，泣涕零兮。仁孝禮義，純粹精兮。千秋萬歲，德彌馨兮。

夫人隴西李氏，　有唐賢臣户部侍郎衡之女，前餘杭尉盧士舉之室。弟踐方、正辭，皆進士及第。正辭舊名登儒，再昇甲科。並名聲藉甚。夫人先權厝丹陽縣，以貞元廿一年歲次乙酉二月廿日〔三〕啓舉，　隨侍　先姑裳帷至東都。以四月廿二日葬於河南府河南縣伊汭鄉尹段村萬安山南原，祔於　先舅姑之塋，禮也。士舉疾恙嬰身，杜門已五六年矣。長男伊奴，女貢娘並留〔四〕侍醫藥，次男杭奴主奠奉終，禮無違者。其華胄德門，士舉先自爲誌文并書。叙述無不詳備，見者稱之。以其石堅貞廣厚，鐫刻精妙，故不復易。士舉兄檢校著作郎兼侍御史士牟紀此，以虞陵谷之變云。〔五〕遷之，四月廿二日葬。〔六〕

〔一〕主簿府君即盧清，墓誌見前。

〔二〕鄭夫人即盧清妻鄭十三，墓誌見前。

〔三〕此段文字刻於墓誌東側誌邊。

〔四〕此段文字刻於墓誌南側誌邊。

〔五〕此段文字刻於墓誌西側誌邊。

〔六〕此數字刻於墓誌北側誌邊。

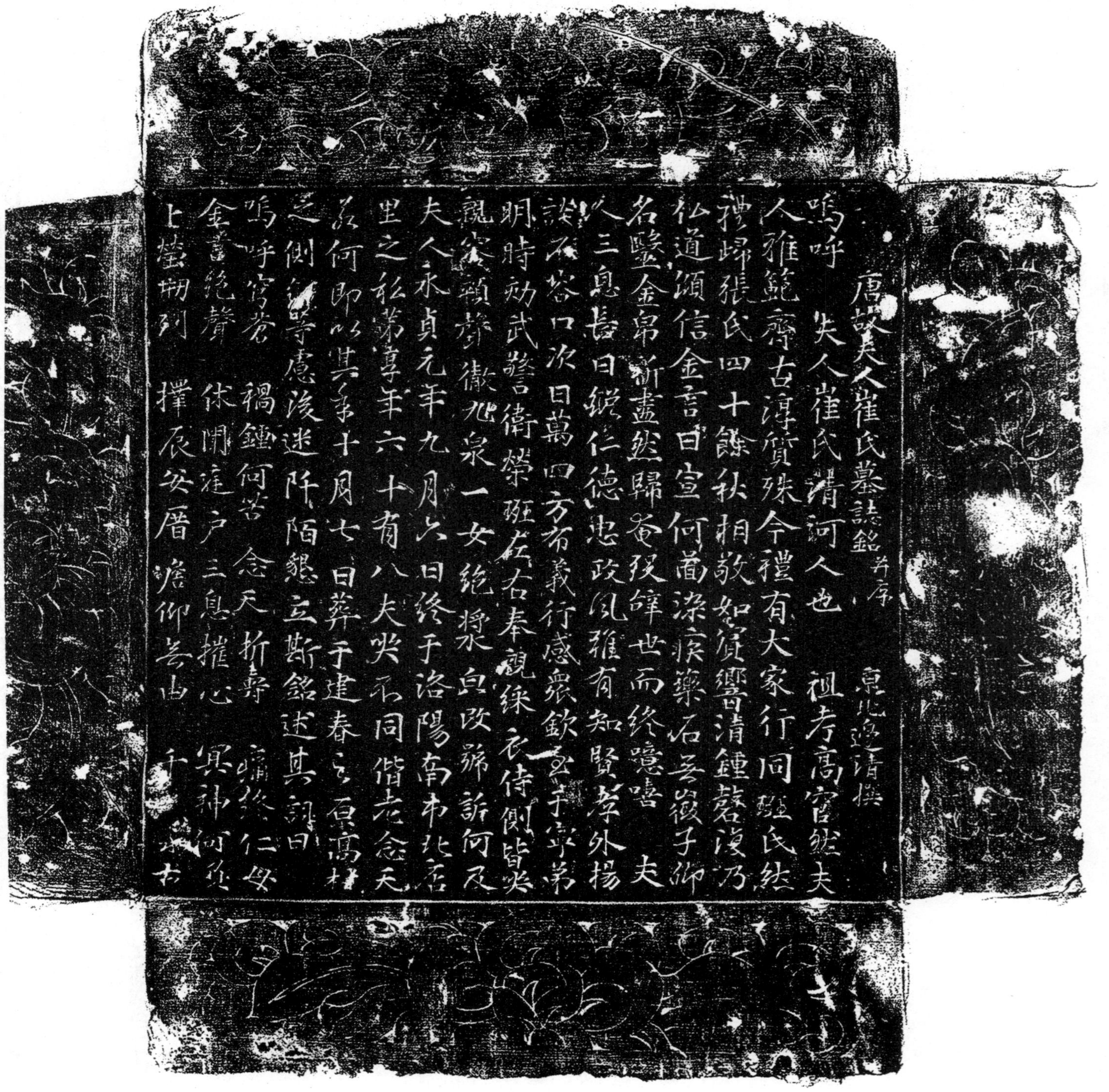
唐故夫人崔氏墓誌銘并序

唐故夫
人崔氏
墓誌銘

二五三　唐故夫人崔氏墓誌銘

永貞元年（八〇五）十月七日葬。

誌文十七行，滿行十八字。正書兼行意。誌長三十厘米、寬二十九厘米。

邊清撰。

誌蓋正書：唐故夫人崔氏墓誌銘

唐故夫人崔氏墓誌銘并序

京兆邊清撰

嗚呼！夫人崔氏，清河人也。祖考高宦，然夫人雅範齊古，淳質殊今。禮有大家，行同班氏。然禮歸張氏四十餘秋。相敬如賓，響清鍾磬。復乃佛道傾信，金言日宣。何圖染疾，藥石無徵。子仰名醫，金帛祈盡。然歸奄殁，辭世而終。噫嘻！夫人三息。長曰總，仁德忠政，風雅有知。賢孝外揚，談不容口。次曰萬，四方布義，行感衆欽。至於寧弟，明時效武，警衛榮班。左右奉親，綵衣侍側。皆哭親容頪，聲徹九泉。一女絶漿貌改，號訴何及。夫人永貞元年九月六日終於洛陽南市北店里之私第，享年六十有八。夫哭不同偕老，念天若何。即以其年十月七日葬於建春之原高村之側。總等慮後迷阡陌，懇立斯銘。述其詞曰：

嗚呼穹蒼，禍鍾何苦。念天折壽，痛終仁母。金言絶聲，休聞庭户。三息摧心，冥神何負。卜塋創列，擇辰安厝。瞻仰無由，千□永古。

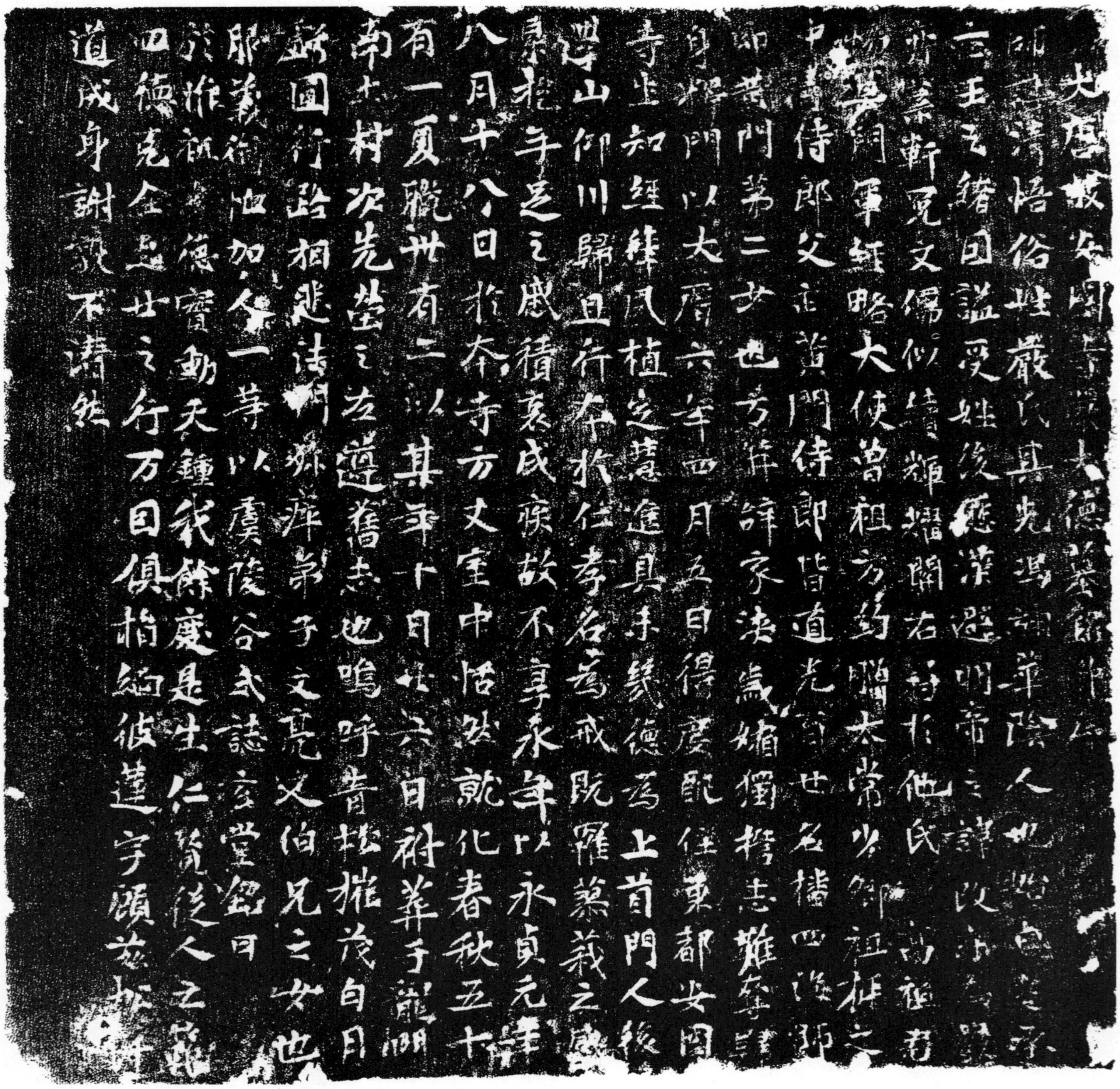

二五四　大唐故安國寺嚴大德（清悟）墓銘

永貞元年（八〇五）十月二十六日葬。
誌文十九行，滿行二十字，正書。誌長三十·五厘米，寬三十厘米。
文亮撰。

大唐故安國寺嚴大德墓銘并序

師諱清悟，俗姓嚴氏，其先馮翊華陰人也。始自楚承莊王之緒，因謚受姓。後歷漢，避明帝之諱，改莊爲嚴。弈葉軒冕，文儒似續。輝耀關右，冠於他氏。高祖君惕，園門軍經略大使。曾祖方約，贈太常少卿。祖挺之，中書侍郎。父武，黄門侍郎。皆道光百世，名播四海。師即黄門第二女也。生知方笄辭家，浹歲孀獨。誓志難奪，歸身釋門。以大曆六年四月五日得度，配住東都安國寺。既罷蓼經律，夙植定慧。進具未幾，德爲上首。門人後學，山仰川歸。且行本於仁，孝名爲戒。莪之感，累挹手足之感。積哀成疾，故不享永年。以永貞元年八月十八日於本寺方丈室中恬然就化，春秋五十有一，夏臘卅有二。以其年十月廿六日祔葬於龍門南土村，次先塋之左，遵舊志也。嗚呼！青松摧茂，白月虧圓。行路相悲，法門殄瘁。弟子文亮，又伯兄之女也。服義銜恤，加人一等。以虞陵谷，式誌玄堂。銘曰：

於惟祖考，德實動天。鍾我餘慶，是生仁賢。從人之範，四德克全。超世之行，萬因俱捐。緬彼蓮宇，顧兹松阡。道成身謝，孰不潸然。

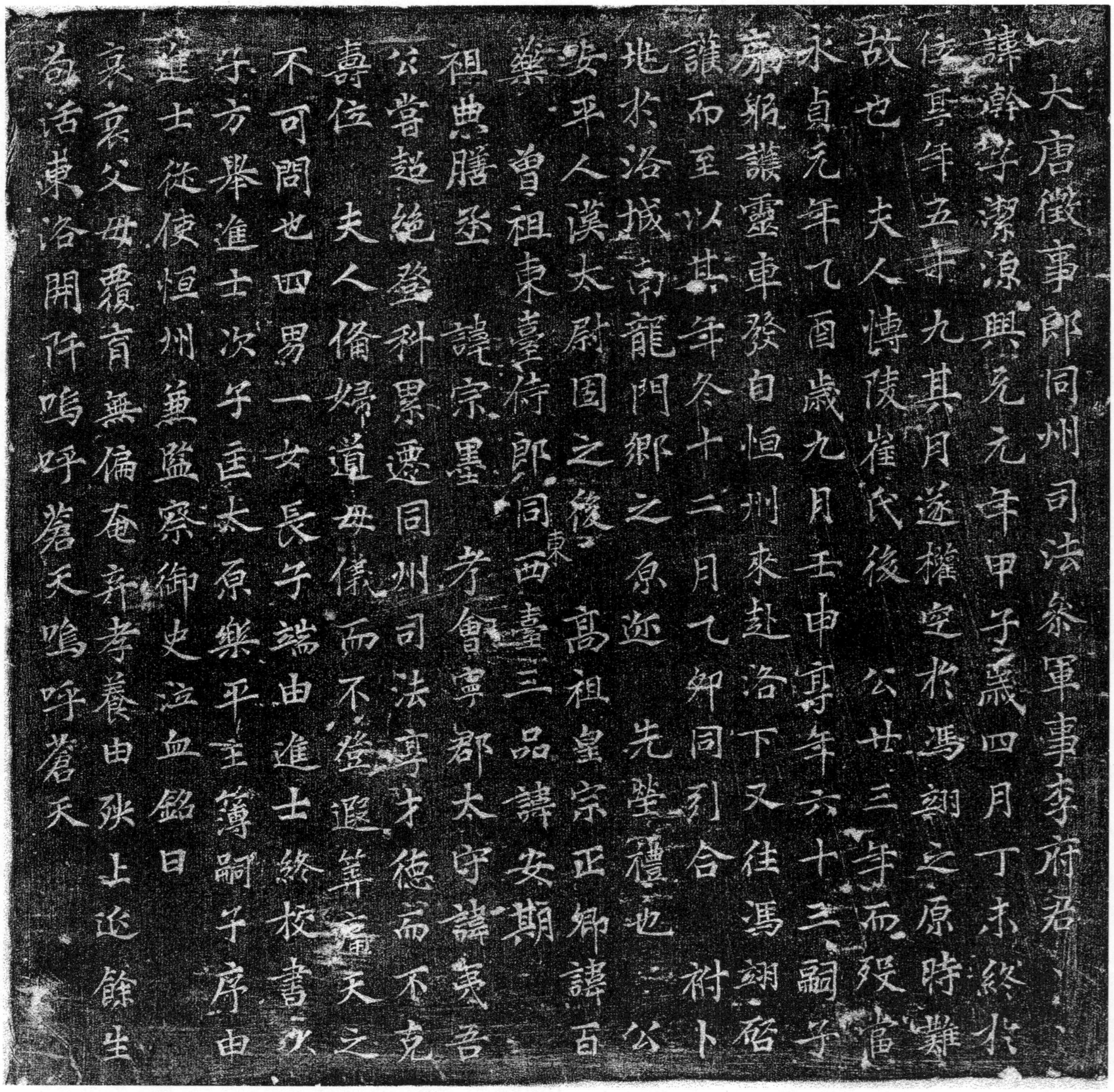
大唐徵事郎同州司法叅軍事李府君
諱澣字潔源興元元年甲子歲四月丁未終於
位享年五十九其月遂權窆於馮翊之原時難
故也 夫人博陵崔氏後 公廿三年而殁當
永貞元年乙酉歲九月壬申享年六十三嗣子
扇號護靈車發自恒州來赴洛下又往馮翊啓
諱而至以其年冬十二月乙卯同列合祔卜
兆於洛城南龍門鄉之原遵 先塋禮也 公
安平人漢太尉固之後 高祖皇宗正卿諱百
藥 曾祖東臺侍郎同東西臺三品諱安期
祖典膳丞諱宗墨 考會寧郡太守諱襄吾
公嘗超絶登科累遷同州司法享才德而不克
壽位 夫人備婦道母儀而不登遐筭痛天之
不可問也四男一女長子端由進士終校書次
子方舉進士次子匡太原樂平主簿嗣子序由
進士從使恒州兼監察御史泣血銘曰
哀哀父母覆育無偏奄弃孝養由殃上延餘生
苟活東洛開阡嗚呼蒼天嗚呼蒼天

二五五五　大唐徵事郎同州司法參軍事李府君（澣）墓誌銘

永貞元年（八〇五）十二月二十日葬。

誌文十八行，滿行十八字。正書。誌長、寬均三十八厘米。

李序撰。

大唐徵事郎同州司法參軍事李府君

諱澣，字潔源。興元元年甲子歲四月丁未終於位，享年五十九。其月遂權窆於馮翊之原，時難故也。　夫人博陵崔氏，後　公廿三年而歿。當永貞元年乙酉歲九月壬申，享年六十三。嗣子序，躬護靈車，發自恒州，來赴洛下。又往馮翊啓護而至。以其年冬十二月乙卯同引合　祔，卜兆於洛城南龍門鄉之原，邇　先塋，禮也。　公安平人，漢太尉固之後。　高祖皇宗正卿諱百藥。曾祖東臺侍郎、同東西〔一〕臺三品諱安期。　祖典膳丞　諱宗墨。　考會寧郡太守諱夷吾。　公嘗超絶登科，累遷同州司法。享才德而不克壽位。　夫人備婦道母儀而不登遐算。痛天之不可問也。四男一女。長子端，由進士終校書。次子方，舉進士。次子匡，太原樂平主簿。嗣子序，由進士從使恒州，兼監察御史。泣血銘曰：

哀哀父母，覆育無偏。奄弃孝養，由殃上延。餘生苟活，東洛開阡。嗚呼蒼天，嗚呼蒼天。

〔一〕「東」漏刻，遂刻於「西」右側。

唐故李
府君墓
誌之銘

二五六　唐故右領軍衛兵曹參軍李府君（式）墓誌

元和元年（八〇六）五月二十日葬。
誌文二十二行，滿行字數不等。正書。誌長、寬均三十八厘米。
韋廣冑撰。
誌蓋篆書：唐故李府君墓誌之銘

唐故右領軍衛兵曹參軍李府君墓誌

外甥鄉貢進士韋廣冑撰

公諱式，字貞固，隴西成紀人。燉煌公之八代孫也。曾祖禮臣，皇京兆府雲陽縣令。祖璠，皇蘇州別駕、文州刺史。父釗，皇兖州鄒縣令、峽州長史。妣滎陽鄭氏，皇趙州高邑縣令超之女也。其餘軒冕族望，並詳於史諜，此略而不書。公受元和之正性，挺生人之秀異。身標孝悌之首，門冠搢紳之表。少聰敏，雅善屬文。爲五言、七言，皆當時之敻絶者，非常流所能及也。早歲預鄉賦甲科，一上不捷。公惡其浮薄，乃弃之。因旅遊南方。遂爲桂府盧岳中丞辟在幕府，時稱藹然。旋又爲替人裴腆大夫所請，重佐幕畫。言行計從。後一二年，又爲廣府薛珏大夫參佐。俄又充李復僕射巡官。領維揚之務，職事繁劇，莫甚於斯。何者，南夷寶舶，北臻會府，化一爲百，變百成千。若非貞廉君子，則莫覆其紀極。是以廣府從事，此職尤難其人。公五歲掌之，無分毫縈繫。後爲知己所薦，北佐豐州李景略大夫，充定塞軍判官。公風姿美暢，詼諧從容。聞者願交，見者忘倦。元戎以公歷參盛府，竟未履顯[位]，方欲聞達　大君，翼贊王室。豈意前途尚賒，素業委地。嗚呼！享壽纔五十，以貞元廿一年二月八日歿於豐州西受降城之官舍。有子曰周輔，曰殷佐，曰祐奴。家寄淮南，身依塞北。全歸之日，旅櫬軍城。明年，長子[至]。躬自負舉，歸河南府偃師縣土樓店之北原，祔　先塋，禮也。、周輔茹毒泣血，以儉禮歸窆。洛下通識君子，咸美其克遵素風。小子自　公之出，故獲直書年代，以刊於石。

時元和元年夏五月廿日誌。

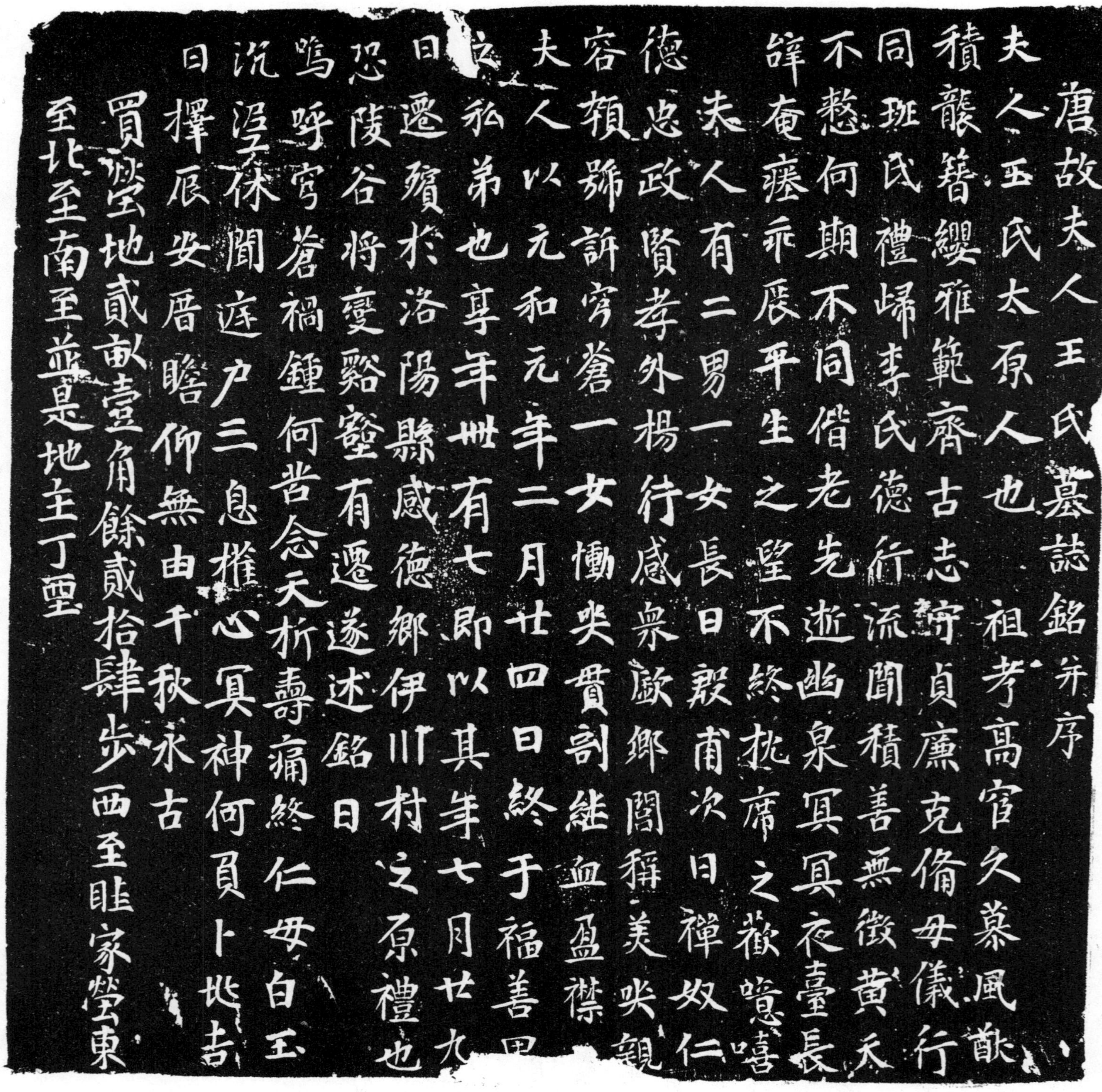
唐故夫人王氏墓誌銘并序
夫人王氏太原人也 祖考高官久慕風猷
積襲簪纓雅範齊古志節貞廉克脩母儀行
同班氏禮歸李氏德行流聞積善無徵黃天
不憖何期不同偕老先逝幽泉冥冥夜臺長
辭奄瘞乖展平生之望不終撫席之歡噫嘻
夫人有二男一女長曰毅甫次曰禪奴仁
德忠政賢孝外揚行感衆歎鄉閭稱美哭親
容頹號訴穹蒼一女慟哭貫剖絕血盈襟
夫人以元和元年二月廿四日終于福善里
之私弟也享年卌有七即以其年七月廿九
日遷殯於洛陽縣感德鄉伊川村之原禮也
恐陵谷將變谿壑有遷遂述銘曰
嗚呼穹蒼禍鍾何昔念天析壽痛終仁母白玉
沉湮休聞庭户三息摧心冥神何負卜兆吉
日擇辰安厝瞻仰無由千秋永古
買塋地貳畝壹角餘貳拾肆步西至睦家塋東
至北至南至並是地主丁塋

二五七　唐故夫人王氏墓誌銘

元和元年（八〇六）七月二十九日葬。

誌文十八行，滿行十七字。正書。誌長三十九・五厘米、寬三十八・五厘米。

誌蓋正書：唐故太原王夫人墓誌銘

唐故太原王夫人墓誌銘

唐故夫人王氏墓誌銘并序

夫人王氏，太原人也。 祖考高宦，久慕風猷。積襲簪纓，雅範齊古。志守貞廉，克備母儀。行同班氏，禮歸李氏。德行流聞，積善無徵。黄天不慭，何期不同偕老，先逝幽泉。冥冥夜臺，長辭奄瘞。乖展平生之望，不終枕席之歡。噫嘻！ 夫人有二男一女：長曰殷甫，次曰禪奴，仁德忠政，賢孝外揚，行感衆欽，鄉閭稱美。哭親容顇，號訴穹蒼。一女慟哭貫割，繼血盈襟。 夫人以元和元年二月廿四日終於福善里之私第也，享年卌有七。即以其年七月廿九日遷殯於洛陽縣感德鄉伊川村之原，禮也。恐陵谷將變，谿壑有遷。遂述銘曰：

嗚呼穹蒼，禍鍾何苦。念天折壽，痛終仁母。白玉沉泥，休聞庭户。三息權心，冥神何負。卜兆吉日，擇辰安厝。瞻仰無由，千秋永古。

買塋地貳畝壹角餘貳拾肆步，西至畦家塋，東至、北至、南至並是地主丁亜。

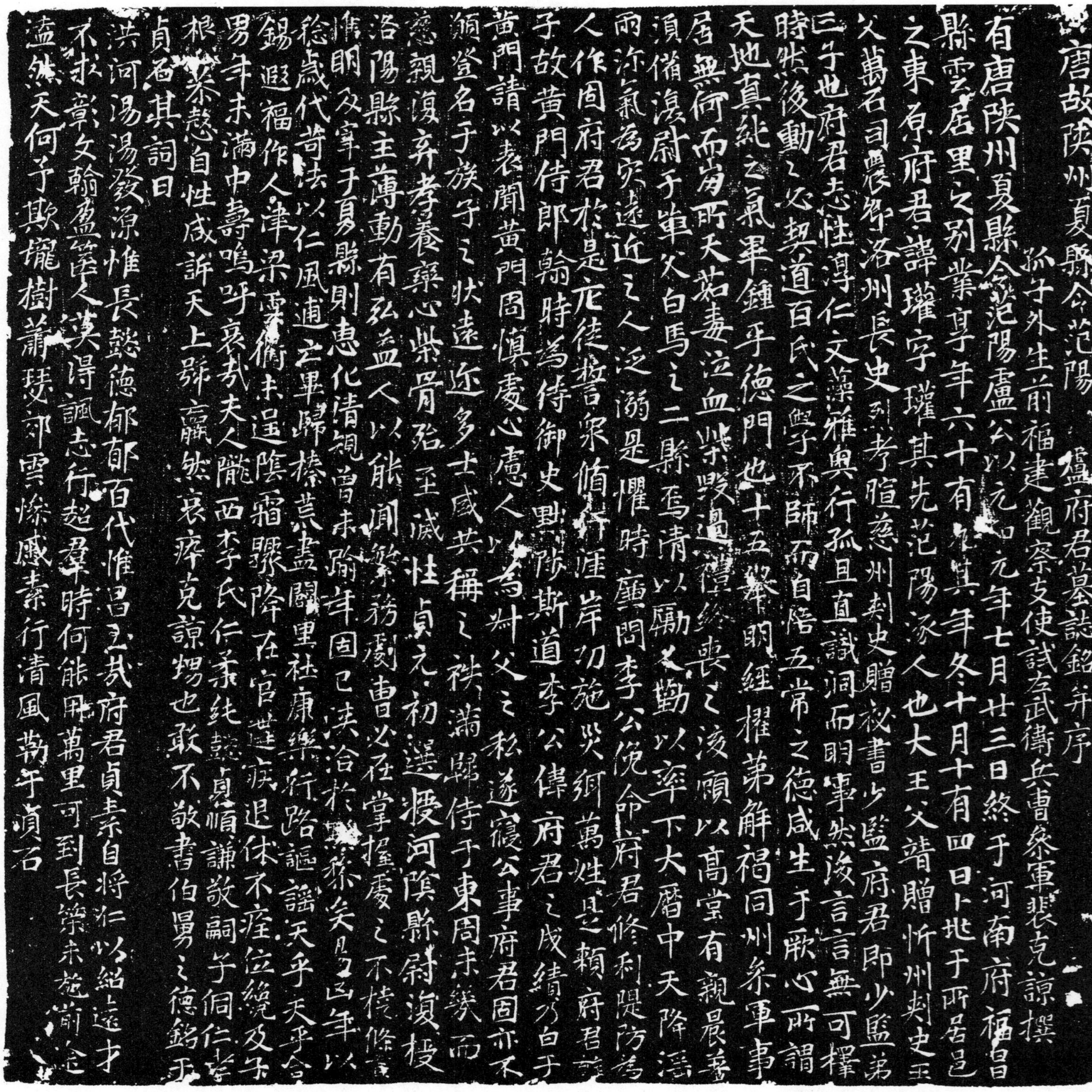

二五八　唐故陝州夏縣令范陽盧府君（璀）墓誌銘

元和元年（八〇六）十月十四日葬。

誌文二十七行，滿行字數不等。正書。誌長四十六厘米、寬四十五厘米。

裴克諒撰。

唐故陝州夏縣令范陽盧府君墓誌銘并序

孤子外生前福建觀察支使試左武衛兵曹參軍裴克諒撰

有唐陝州夏縣令范陽盧公以元和元年七月廿三日終於河南府福昌縣雲居里之別業，享年六十有九，其年冬十月十有四日卜兆於所居邑之東原。府君諱瓘，字瓘，其先范陽涿人也。大王父靖，贈忻州刺史。王父萬石，司農卿、洛州長史。烈考暄，慈州刺史，贈祕書少監。府君即少監第三子也。府君志性淳仁，文藻雅奧。行孤且直，識洞而明。事然後言，言無可擇。時然後動，動必契道。百氏之學，不師而自悟；五常之德，咸生於厥心。所謂天地真純之氣，畢鍾乎德門也。十五舉明經擢第，解褐同州參軍事。居無何，而崩所天，茹毒泣血，柴毁過禮。終喪之後，顧以高堂有親，晨羞須備，復尉於單父、白馬之二縣焉。清以勵人，勤以率下。大曆中，天降淫雨，沴氣爲灾。遠近之人，泛溺是懼。時廉問李公俛〔一〕命府君修利堤防，爲人作固。府君於是庀徒誓衆，循行涯岸，功施灾弭，萬姓是賴。府君族子故黄門侍郎翰時爲侍御史，黜陟斯道。李公偉府君之成績，乃白於黄門，請以表聞。黄門周慎，處心慮人，以爲叔父之私，遂寢公事。府君固亦不願登名於族子之狀，遠邇多士，咸共稱之。秩滿，歸侍於東周，未幾而慈親復弃孝養，欒心柴骨，殆至滅性。貞元初，選授河陰縣尉，復授洛陽縣主簿。動有弘益，人以能聞，繁務劇曹，必在掌握，處之不撓，條貫惟明。及宰於夏縣，則惠化清規，曾未逾年，固已浹洽於黔黎矣。易凶年以稔歲，代苛法以仁風。逋亡畢歸，榛荒盡闢，里社康樂，行路謳謡。天乎天乎，合錫遐福，作人津梁。雲衢未逞，陰霜驟降，在官遘疾，退休不痊。位纔及子男，年未滿中壽。嗚呼哀哉！夫人隴西李氏，仁柔純懿，貞順謙敬。嗣子侗，仁孝根□，恭慤自性。咸訴天上號，羸然哀瘁。克諒，甥也，敢不敬書伯舅之德，銘於貞石。其詞曰：

洪河湯湯，發源惟長。懿德鬱鬱，百代惟昌。至哉府君，貞素自將。仁以紹遠，才不求彰。文翰盈篋，人莫得諷。志行超群，時何能用。萬里可到，長策未施。前途溘然，天何予欺。壟樹蕭瑟，郊雲慘慼。素行清風，勒於貞石。

〔一〕「廉問李公俛」即李勉，「俛」爲「勉」之訛誤。

二五九　唐故銀青光禄大夫檢校太子賓客兼易州長史浙江東道義勝軍副使安定郡開國公皇甫府君（恰）墓誌銘

元和二年（八〇七）十一月十九日葬。

誌文二十六行，滿行二十六字。正書。誌長、寬均六十三厘米。

邢册撰。

唐故銀青光禄大夫檢校太子賓客兼易州長史浙江東道義勝軍副使安定郡開國公皇甫府君墓誌銘并序

前浙江東道都團練巡官試太常寺協律郎邢册撰

府君諱恰，字茂恭，其先安定人也。官族蟬聯，代有賢哲。備諸前史，故不書。曾祖諱欽節〔一〕， 皇朝尚書兵部郎中、雅州刺史。祖諱安石， 皇忠州南賓令。父諱訟， 皇渭州長史。府君端毅直方，清和通敏。弱冠投筆，爰赴所知。寶應初，鳳翔節度孫大夫〔二〕深見器重，縻職戎府，奏授朝散大因、試恒王府司馬。屬元戎移鎮四鎮節度，改先鋒使，轉試將作監兼囯府官如故。大曆中，浙東都團練使皇甫公〔三〕睦以亢宗，見託心膂，補□院營使。奉 詔封安定縣開國子，食邑五百户。洎相國韓公〔四〕節制□越，叙録勲舊。進封開國侯，賜勲飛騎尉。貞元初，制南七郡却復圊□。御史大夫皇甫公〔五〕署右押衙，兼總犒勤之務，拜銀青光禄大夫。十□年，以平海寇之勲，遷檢校太子賓客，兼易州長史。又以陳許行營溵水堅壘，進封開國〔六〕公，食邑二千户，寵有功也。嗚呼！勲庸斯茂，讒巧間發。雖官秩叙遷，而職位旋降。 我連帥右常侍賈公〔七〕素所知遇，改討擊副使。俄轉義勝軍副使。以府君明達事體，善於 對敭。乘軺星馳，亟至 闕下。封章之草，必獲先視。敷陳便宜，無不聽允。方欲遷以右職，且旌勤勞。不幸以永貞元年七月廿四日遘疾終於越州山陰縣習禮鄉永親里之私第。春秋五十有九，以元和二年在十一月十九日歸葬於河南府偃師縣亳邑鄉，禮也！夫人彭城劉氏，海州别駕欽〔八〕明之女也。淑慎宜家，虔恭中饋。克諧琴瑟，義叶幽明。卜宅洛師，以成先志。某孤曰端，前易州參軍。曰竚、曰竦，並前太廟齋郎。咸奉義方之教，克修詩禮之訓。泣血在疚，號慕崩摧。以先遠有期，見託叙述。乃爲銘曰：

悯悯府君兮莊敬而温，遭時艱險兮投迹轅門。累踐戎職兮亟立崇勲。綬佩青紫兮耀其文，秩參綺季兮沐殊恩。敷奏之美兮無與倫，今則已矣兮復何言。卜宅洛表兮以寧神，刻石以識兮丘隴新。

〔一〕此處有闕筆，根據字形字意判斷，當爲「欽節」。

〔二〕「孫大夫」即孫志直。

〔三〕此皇甫公即皇甫温。

〔四〕此韓公即韓滉。

〔五〕此皇甫公即皇甫政。

〔六〕「國」爲小字，刻於「開公」右側。

〔七〕此賈公即賈耽。

〔八〕此字有闕筆，據字意，當爲「欽」。

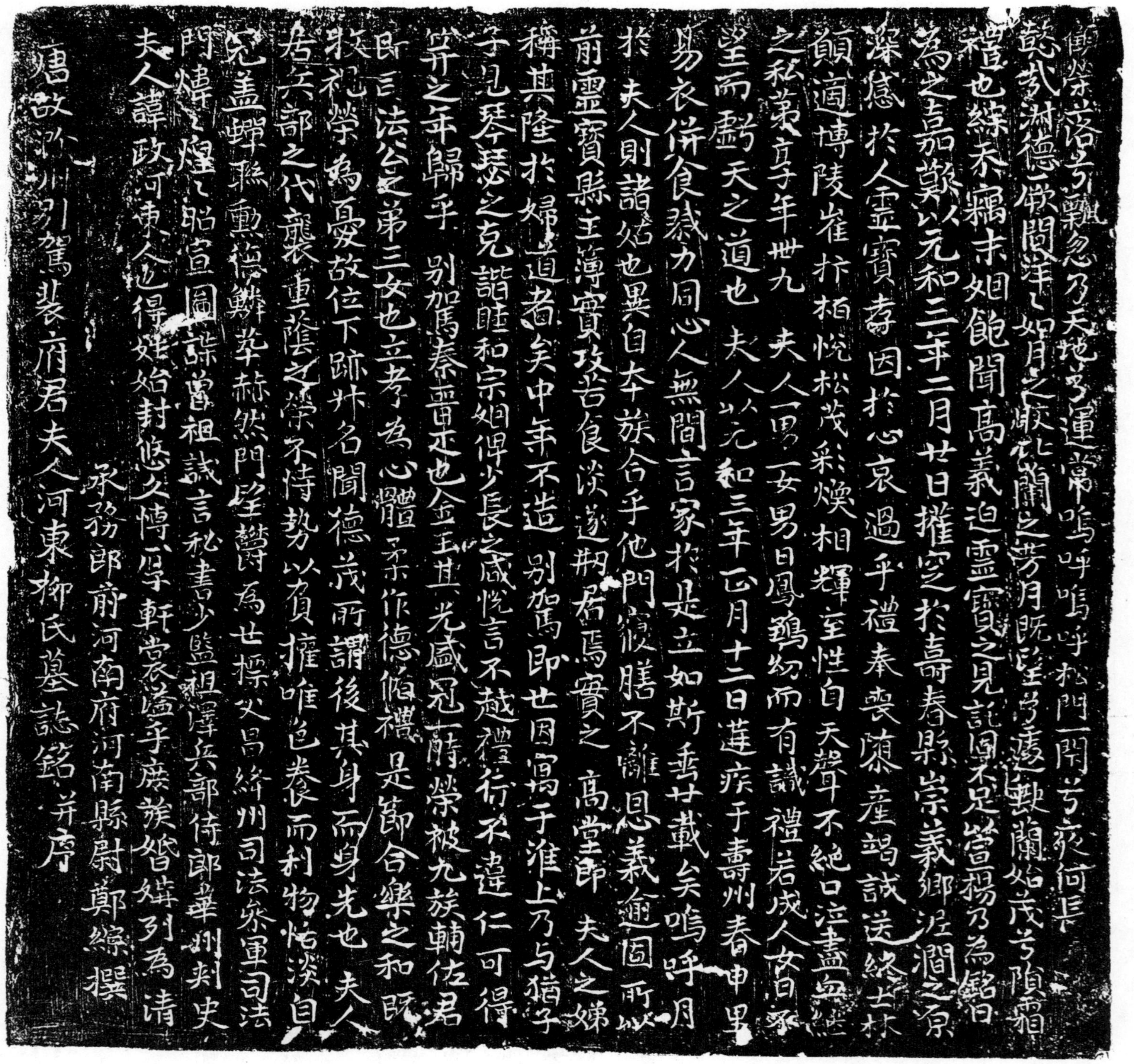

二六〇　唐故滁州別駕裴府君夫人河東柳氏（政）墓誌銘

元和三年（八〇八）二月二十日葬。
誌文二十二行，滿行字數不等。正書。誌長、寬均四十厘米。
鄭綜撰。

唐故滁州別駕裴府君夫人河東柳氏墓誌銘并序

承務郎前河南府河南縣尉鄭綜撰

夫人諱政，河東人也。得姓始封，悠久博厚，軒裳溢乎庶族，婚媾列爲清門。煒煒煌煌，昭宣圖諜。曾祖諴言，秘書少監。祖澤，兵部侍郎、華州刺史。冠蓋蟬聯，勲德鱗萃，赫然門望，鬱爲世標。父昌，絳州司法參軍。司法居兵部之代，襲重蔭之榮，不恃勢以負權，唯色養而利物。恬淡自牧，視榮爲憂。故位下迹升，名聞德茂，所謂後其身而身先也。夫人即司法公之第三女也。立孝爲心，體柔作德，循禮是節，合樂之和。既笄之年，歸乎 別駕，秦晉疋也，金玉其光，盛冠一時，榮被九族。輔佐君子，見琴瑟之克諧；睦和宗姻，俾少長之咸悦。言不越禮，行不違仁，可得稱其隆於婦道者矣。中年不造，別駕即世。因寓於淮上，乃與猶子前靈寶縣主簿實攻苦食淡，遂創居焉。實之 高堂，即 夫人之娣，於 夫人則諸姑也。異自本族，合乎他門。寢膳不離，恩義逾固。所以易衣併食，戮力同心，人無閒言，家於是立，如斯垂廿載矣。嗚呼，月望而虧，天之道也。夫人以元和三年正月十二日遘疾於壽州春申里之私第，享年卌九。 夫人一男一女，男曰鳳雛，幼而有識，禮若成人；女曰不願，適博陵崔抃，柏悦松茂，彩焕相輝。至性自天，聲不絶口。泣盡血繼，深感於人。靈寶孝因於心，哀過乎禮。奉喪隳産，竭誠送終，士林爲之嘉嘆。以元和三年二月廿日權窆於壽春縣崇義鄉泥澗之原，禮也。綜忝竊末姻，飽聞高義。迫靈寶之見託，固不足以宣揚。乃爲銘曰：

懿哉淑德，厥問洋洋。如月之皎，比蘭之芳。月既望兮遽缺，蘭始茂兮隕霜。顧榮落兮飄忽，乃天地兮運常。嗚呼嗚呼！松門一閉兮夜何長。

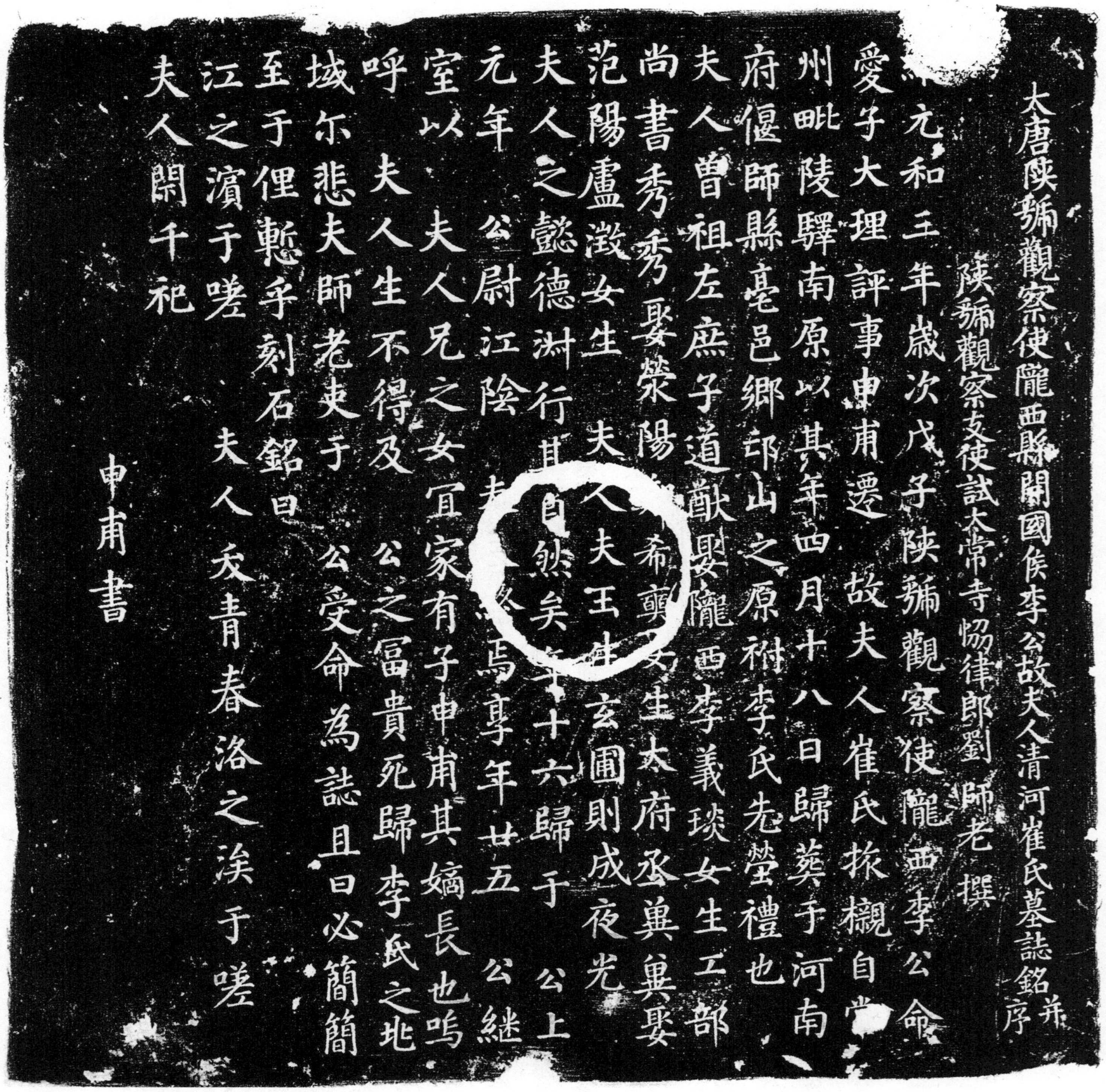
大唐陝虢觀察使隴西縣開國侯李公故夫人清河崔氏墓誌銘并序
陝虢觀察支使試太常寺協律郎劉師老撰
元和三年歲次戊子陝虢觀察使隴西李公命
愛子大理評事申甫遷 故夫人崔氏旅櫬自常
州毗陵驛南原以其年四月十八日歸葬于河南
府偃師縣亳邑鄉邙山之原祔李氏先塋禮也
夫人曾祖左庶子道猷娶隴西李義琰女生工部
尚書秀秀娶滎陽[illegible]希顏女生太府丞異異娶
范陽盧澂女生夫人夫玉生玄圃則成夜光
夫人之懿德淑行其自然矣[illegible]十六歸于 公上
元年 公尉江陰[illegible]焉享年廿五 公繼
室以 夫人兄之女宜家有子申甫其嫡長也嗚
呼 夫人生不得及 公之富貴死歸李氏之北
域尔悲夫師老吏于 公受命為誌且曰必簡簡
至于俚懇乎刻石銘曰
江之濱于嗟 夫人夭青春洛之涘于嗟
夫人閟千祀
申甫書

大唐故
崔夫人
墓誌銘

二六一　大唐陝虢觀察使隴西縣開國侯李公（上公）故夫人清河崔氏墓誌銘

元和三年（八〇八）四月十八日葬。

誌文十八行，滿行十九字。正書。誌長四十六厘米、寬四十五厘米。劉師老撰，李申甫書。

原石藏鞏義馬氏一葦草堂。

誌蓋篆書：大唐故崔夫人墓誌銘

大唐陝虢觀察使隴西縣開國侯李公故夫人清河崔氏墓誌銘并序

陝虢觀察支使試太常寺協律郎劉師老撰

[維]元和三年歲次戊子，陝虢觀察使隴西李公〔一〕命愛子大理評事申甫遷　故夫人崔氏旅櫬自閬州毗陵驛南原，以其年四月十八日歸葬於河南府偃師縣亳邑鄉邙山之原，祔李氏先塋，禮也。　夫人曾祖左庶子道猷，娶隴西李義琰女，生工部尚書秀。秀娶滎陽鄭希奭女，生太府丞奐。奐娶范陽盧瀓女，生　夫人。夫玉生玄圃，則成夜光。　夫人之懿德淑行，其自然矣。年十六歸於　公。上元年，　公尉江陰，　夫人終焉，享年廿五。　公繼室以　夫人兄之女，宜家有子，申甫其嫡長也。嗚呼！　夫人生不得及　公之富貴，死歸李氏之兆域爾。悲夫！師老吏於　公，受命爲誌。且曰必簡，簡至於俚，慚乎刻石。銘曰：

江之濆，于嗟　夫人夭青春。洛之涘，于嗟　夫人閉千祀。

申甫書

〔一〕據《唐刺史考全編》卷五一《陝州》，此李公即李上公。

二六二　唐故杭州餘杭縣尉范陽盧公（士舉）墓誌銘

元和三年（八〇八）四月二十一日葬。

誌文四十四行，滿行二十六字。誌文後半部分刻於墓誌蓋背面。正書。誌長、寬均七十厘米。

李踐方撰，盧辯方書丹。

唐故杭州餘杭縣尉范陽盧公墓誌銘并序
宣義郎揚州大都督府參軍李踐方撰
公諱士舉字子翔范陽人其先姜姓之後也自齊之命卿受菜於盧
始爲姓焉由是公侯賢哲世不絕緒代史家諜明乎簡冊故不書於
此　公八代祖陽烏後魏秘書監官婚人物時爲第一由監六世至
公之曾祖諱正言皇朝左監門衛將軍贈兗州刺史祖諱朓皇朝朝
散大夫深州司馬顯考諱清皇朝魏郡莘縣主簿皆百氏麟鳳本宗
領袖華□茂望繼于　先德公即　主簿府君第三子幼不童戲長
專儒學敬恭孝友天與其性年三歲丁　莘縣憂在　先夫人膝下
哀則孺慕禮無至毀承顏先意不匱不怠免喪之外猶居卝歲學執
傳禮詞□義業不二三年而業就焉會鄉舉孝悌里選茂行　公爲
明經備薦有司綜覈名實擢登上第建中歲故相國盧公翰始領選
部　公從常調懿以家行美之族秀釋褐補汝州郟城尉　公志尚
閑放跡踈名利真宗道流樂與爲侶故秩滿歸養不求仕進未室奉
先夫人之命娶隴西李氏夫人即我之伯姊曾祖楊庭皇朝陝王府
諮議顯祖惟慎皇朝太原府壽陽縣丞咸以宏村碩量韜世不耀器
蘊天爵而祿居下位皇考諱衡皇朝尚書戶部侍郎盛德大業載揚
前烈夫人即府君之長女有孝敬之性奉于長上有慈惠之愛逮于
幼下有恭慎之色接于娣姒有仁恕之德撫于僮僕故在家而宗黨
有裕從人而夫族著稱天不福善神之殛我夫人先　公之十二年
歿于越州之官舍有女曰貢始孩知慕時　公外舅故相國鄭公珣
瑜領東選事　公以郟城尉歲滿調集家于東粵求補外吏遂授杭
州餘杭尉爲歸途未半夫人即世　公先夫人慈訓懿範儀形中外
寢疾以貞元十二年九月廿三日棄　公之養公哀過禮毀創鉅痛
劇日月既遠瘵羸逾甚而後　公長兄士牟以貞行簡政
朝廷擢拜由浙西戎府上介爲歷陽郡守　公遂從任屋家既養上

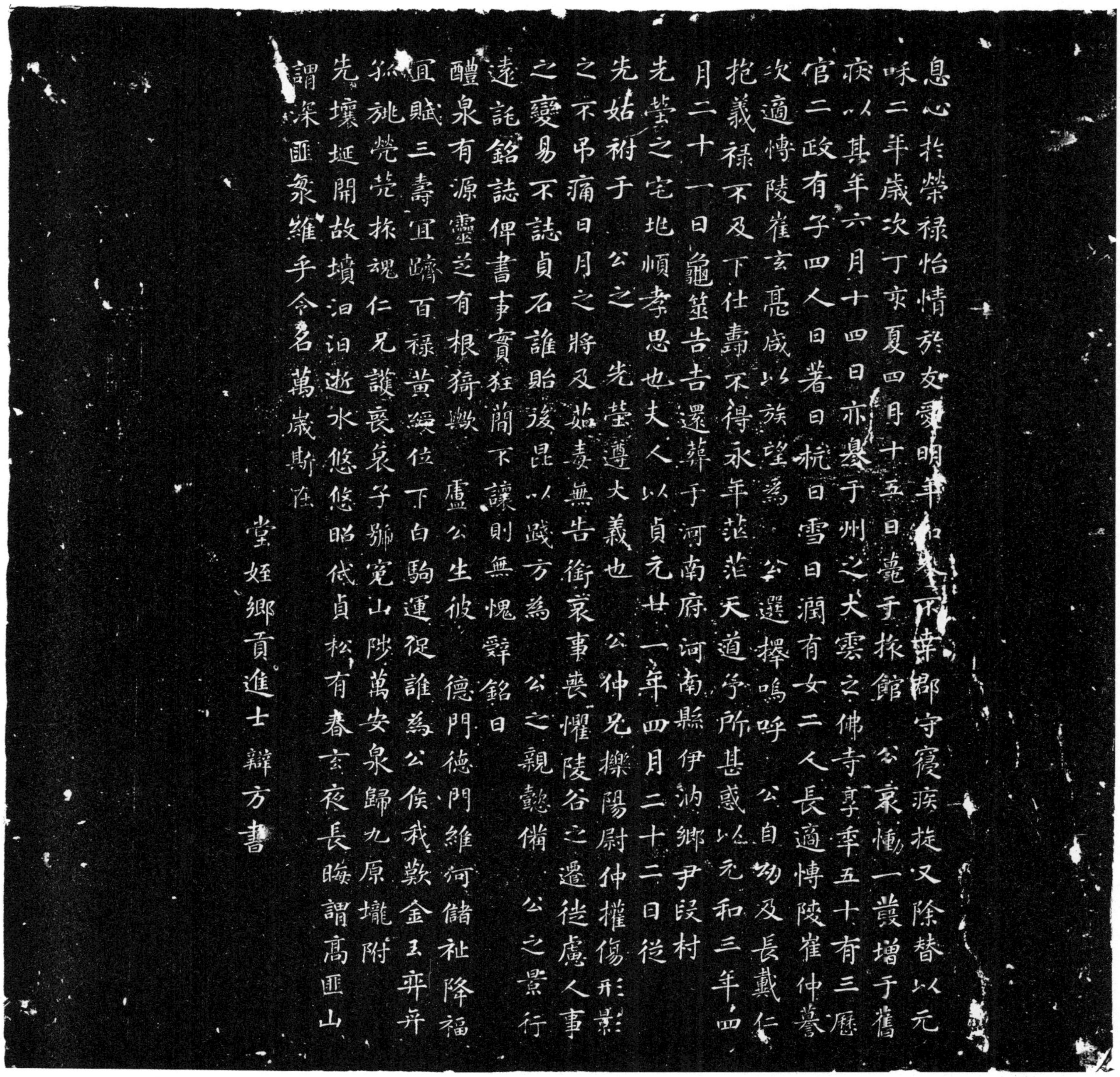
息心於榮祿怡情於女愛明年□□邳郡守寢疾旋又除替以元
咊二年歲次丁亥夏四月十五日薨于旅館　公哀慟一叢增于舊
疾以其年六月十四日亦暴于州之大雲之佛寺享年五十有三歷
官二政有子四人曰著曰杭曰雪曰潤有女二人長適博陵崔仲謩
次適博陵崔玄亮咸以族望為　公選擇嗚呼　公自幼及長戴仁
抱義祿不及下仕壽不得永年茫茫天道乎所甚惑以元和三年四
月二十一日龜筮吉吉還葬于河南府河南縣伊汭鄉尹䢵村
先塋之宅地順孝思也夫人以貞元廿一年四月二十二日從
先姑祔于　公之　先塋遵大義也　公仲兄櫟陽尉仲權傷形影
之不弔痛日月之將及茹毒無告銜哀事喪懼陵谷之遷徙慮人事
之變易不誌貞石誰貽後昆以識方為　公之親懿備　公之景行
遠託銘誌俾書事實狂簡下讓則無愧辭銘曰
醴泉有源靈芝有根猗歟　盧公生彼　德門德門維何儲祉降福
宜賦三壽宜躋百祿黃綬位下白駒運促誰為公侯我歎金玉弃弃
孤旐煢煢旅魂仁兄護喪哀子號寃山陟萬安泉歸九原壠附
先壤埏開故墳汩汩逝水悠悠昭代貞松有春玄夜長晦謂高匪山
謂深匪衆維乎令名萬歲斯在
堂姪鄉貢進士辯方書

唐故杭州餘杭縣尉范陽盧公墓誌銘并序

宣義郎揚州大都督府參軍李踐方撰

公諱士舉，字子翔，范陽人，其先姜姓之後也。自齊之命卿，受菜於盧，始爲姓焉。由是公侯賢哲，世不絶緒。代史家諜，明乎簡册，故不書於此。　公八代祖陽烏，後魏秘書監。官婚人物，時爲第一。由監六世至公之曾祖，諱正言，皇朝左監門衛將軍，贈兖州刺史。祖諱眺，皇朝朝散大夫、深州司馬。顯考諱清，皇朝魏郡莘縣主簿。皆百氏麟鳳，本宗領袖。華族茂望，繼於　先德。公即　主簿府君第三子。幼不童戲，長專儒學。敬恭孝友，天與其性。年三歲丁　莘縣憂，在　先夫人膝下，哀則孺慕，禮無至毁。承顔先意，不匱不怠。免喪之外，猶居卝歲，學執傳禮，詞工義策，不二三年而業就焉。會鄉舉孝悌，里選茂行。　公爲明經，備薦有司。綜覈名實，擢登上第。建中歲，故相國盧公翰始領選部，　公從常調，懿以家行，美之族秀。釋褐補汝州郟城尉。　公志尚閑放，迹疏名利。真宗道流，樂與爲侶。故秩滿歸養，不求仕進。未室，奉先夫人之命娶隴西李氏，夫人即我之伯姊。曾祖楊庭，皇朝陝王府諮議。顯祖惟慎，皇朝太原府壽陽縣丞。咸以宏材碩量，韜世不耀。器蘊天爵，而禄居下位。皇考諱衡，皇朝尚書户部侍郎。盛德大業，載揚前烈。夫人即府君之長女。有孝敬之性，奉於長上；有慈惠之愛，逮於幼下。有恭順之色，接於娣姒；有仁恕之德，撫於僮僕。故在家而宗黨有裕，從人而夫族著稱。天不福善，神之殛我。夫人先　公之十二年殁於越州之官舍。有女曰貢，始孩知慕。時　公叔舅故相國鄭公珣瑜領東選事，　公以郟城尉歲滿調集，家於東粤，求補外吏，遂授杭州餘杭尉焉。歸途未半，夫人即世。　公先夫人慈訓懿範，儀形中外。寢疾以貞元十二年九月廿三日弃　公之養。公哀過禮毁，創鉅痛劇。日月既遠，瘵羸逾甚。而後　公長兄士年以貞行簡政，　朝廷擢拜，由浙西戎府上介爲歷陽郡守。　公遂從任，居家就養。上聲。〔一〕

〔一〕「上聲」爲小字，並列刻於「養」之下。此後内容刊刻於墓誌蓋背面。

息心於榮禄，怡情於友愛。明年，□人不幸，郡守寢疾，旋又除替。以元和二年歲次丁亥夏四月十五日薨於旅館，公哀慟一發，增於舊疾，以其年六月十四日亦終於州之大雲之佛寺，享年五十有三。歷官二政，有子四人，曰著，曰杭，曰雪，曰潤。有女二人，長適博陵崔仲蓍，次適博陵崔玄亮。咸以族望，爲　公選擇。嗚呼，　公自幼及長，戴仁抱義。禄不及下仕，壽不得永年。茫茫天道，予所甚惑。以元和三年四月二十一日龜筮告吉，還葬於河南府河南縣伊汭鄉尹段村　先塋之宅兆，順孝思也。夫人以貞元廿一年四月二十二日從　先姑祔於　公之　先塋，遵大義也。　公仲兄櫟陽尉仲權，傷形影之不吊，痛日月之將及。茹毒無告，銜哀事喪。懼陵谷之遷徙，慮人事之變易。不誌貞石，誰貽後昆。以踐方爲　公之親懿，備　公之景行。遠託銘誌，俾書事實。狂簡不讓，則無愧辭。銘曰：

醴泉有源，靈芝有根。猗歟　盧公，生彼　德門。德門維何，儲祉降福。宜賦三壽，宜躋百禄。黄綬位下，白駒運促。誰爲公侯，我嘆金玉。弈弈孤旐，煢煢旅魂。仁兄護喪，哀子號冤。山陟萬安，泉歸九原。壠附　先壤，埏開故墳。汩汩逝水，悠悠昭代。貞松有春，玄夜長晦。謂高匪山，謂深匪海。維乎令名，萬歲斯在。

堂姪鄉貢進士辯方書

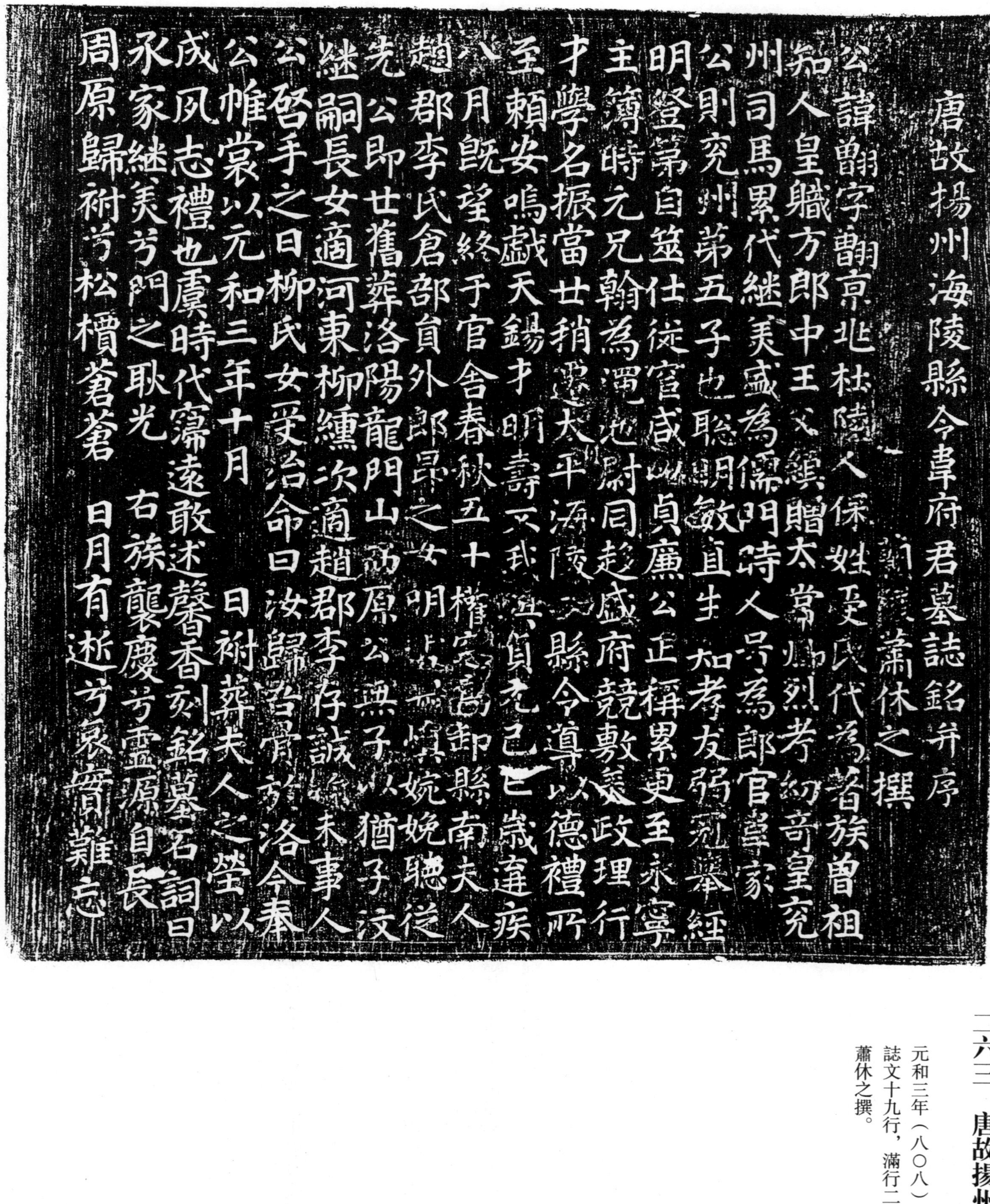

唐故揚州海陵縣令韋府君墓誌銘并序
蘭陵蕭休之撰
公諱翺字翺京兆杜陵人保姓受氏代爲著族曾祖
知人皇職方郎中王父縝贈太常卿烈考紉竒皇兖
州司馬累代継美盛爲儒門時人号爲郎官家
公則兖州第五子也聰明敏直生知孝友弱冠舉經
明登第自筮仕從宦咸以貞廉公正稱累更至永寧
主簿時元兄翰爲澠池尉同趍盛府競敷善政理行
才學名振當世稍遷太平海陵二縣令導以德禮所
至賴安鳴戲天錫才明壽不我與負老已巳歲遘疾
八月既望終于官舍春秋五十權窆鄠縣南夫人
趙郡李氏倉部員外郎昂之女明[illegible]淑慎婉娩聽從
先公即世舊葬洛陽龍門山西原公無子以猶子汶
継嗣長女適河東柳纁次適趙郡李存誠餘未事人
公啓手之日柳氏女受治命曰汝歸吾骨於洛令奉
公帷裳以元和三年十月　日祔葬夫人之塋以
成夙志禮也屬時代寢遠敢述馨香刻銘墓石詞曰
承家継美兮門之耿光　右族襲慶兮靈源自長
周原歸祔兮松檟蒼蒼　日月有逝兮泉扃難忘

二六三　唐故揚州海陵縣令韋府君（翺）墓誌銘

元和三年（八〇八）十月葬。
誌文十九行，滿行二十字。正書。誌長、寬均三十三厘米。
蕭休之撰。

唐故揚州海陵縣令韋府君墓誌銘并序

蘭陵蕭休之撰

公諱翽，字翽，京兆杜陵人。保姓受氏，代爲著族。曾祖知人，皇職方郎中。王父縝，贈太常卿。烈考幼奇，皇兖州司馬。累代繼美，盛爲儒門，時人號爲郎官韋家。　公則兖州第五子也。聰明敏直，生知孝友。弱冠舉經明登第。自筮仕從宦，咸以貞廉公正稱，累更至永寧主簿。時元兄翰爲澠池尉，同趨盛府，競敷美政。理行才學，名振當世。稍遷太平、海陵二縣令。導以德禮，所至賴安。嗚戲！天錫才明，壽不我與。貞元己巳歲遘疾，八月既望終於官舍，春秋五十，權窆高郵縣南。夫人趙郡李氏，倉部員外郎昂之女。明哲淑慎，婉娩聽從。先公即世，舊葬洛陽龍門山西原。公無子，以猶子汶繼嗣。長女適河東柳纁，次適趙郡李存誠，次未事人。公啓手之日，柳氏女受治命曰：「汝歸吾骨於洛」。今奉公帷裳，以元和三年十月　　日〔一〕祔葬夫人之塋，以成夙志，禮也。虞時代浸遠，敢述馨香，刻銘墓石。詞曰：

承家繼美兮門之耿光，右族襲慶兮靈源自長。周原歸祔兮松櫝蒼蒼，日月有逝兮哀實難忘。

〔一〕「日」前空兩格，未刻字。

唐故苗府君墓誌銘并序　次兄儉述
君諱玄素字玄素上黨壺關人也曾祖殆庶贈禮部尚書祖
晉卿侍中太保贈太師父玉銀青光祿大夫河南少尹公處
於台鼎盛族之後不以華飾為事不以嬌㦡為心早年悟空
門之理達無違之性遂虔誠奉道削髮從緇秉戒為節操絕
嗜慾之根源向欲卄稔至於中年忽為五賊所製一念是非
翛然改途其志難惻不以江鼎扺山為力不以擲海吞舟為
大心憤憤如泉湧口蹶蹶若川流禮度非常不拘小節誦孔
氏之春秋考黃公之三略常中夜暗泣而言曰有其志非其
時道不行矣嗚呼元和三年十有四日疾遇大熱誓不食藥
而終卒於豊財里之私第春秋廿有七權厝於洛城北有子
初陽幼不及禮我家松柏盡歸秦甸洛邑官秩歲久後乃家焉
因改葬河南縣平洛鄉南陳村之南原禮也吾秉筆心摧臨
紙哀塞氣不能賾略敘其年月日恐陵谷改移故刻石為記
吾才微行寡不能盡書其事今次兄儉乃為銘曰
鴻源蔟兮海岳傾台鼎昇兮子孫榮榮既及兮弟与兄尓何
先兮獨靈生尓有志兮通二經脫其流兮從其英志未殉兮
時已更雄消壯滅兮何所名有一子兮纔二齡鵑夜鳴兮不
忍聽嗟伍兮骨肉情孰不慭兮涕泗零白驥去兮愴離庭
丹旐飛兮失行時冥冥兮歲月扃風蕭蕭松栢塋

大唐故苗府君墓誌銘

二六四　唐故苗府君（玄素）墓誌銘

元和三年（八〇八）十四日卒。

誌文二十行，滿行二十三字。正書。誌長、寬均四十厘米。

苗儉述，苗式撰銘。

誌蓋篆書：大唐故苗府君墓誌銘

唐故苗府君墓誌銘并序

次兄儉述

君諱玄素，字玄素，上黨壺關人也。曾祖殆庶，贈禮部尚書。祖晉卿，侍中、太保，贈太師。父丕，銀青光禄大夫、河南少尹。公處於臺鼎盛族之後，不以華飾爲事，不以嬌據爲心。早年悟空門之理，達無違之性。遂罄誠奉道，削髮從緇。秉戒爲節操，絶嗜欲之根源。向欲十稔，至於中年。忽爲五賊所製，一念是牽。翻然改途，其志難惻。不以江鼎拔山爲力，不以横海吞舟爲大。心憤憤如泉湧，口匪匪若川流。禮度非常，不拘小節。誦孔氏之《春秋》，考黄公之《三略》。常中夜暗泣而言曰：「有其志，非其時，道不行矣。」嗚呼！元和三年十有四日疾遇大熱，誓不食藥而終。卒於豐財里之私第，春秋廿有七，權厝於洛城北。有子初陽，幼不及禮。我家松柏，盡歸秦甸。洛邑官秩歲久，後乃家焉。因改葬河南縣平洛鄉南陳村之南原，禮也。吾秉筆心摧，臨紙哀塞。氣不能勝，略叙其年月日。恐陵谷改移，故刻石爲記。吾才微行寡，不能盡書其事。今次兄式乃爲銘曰：

鴻源發兮海岳傾，臺鼎昇兮子孫榮。榮既及兮弟與兄，爾何先兮獨喪生。爾有志兮通二經，脱其流兮從其英。志未殉兮時已更，雄消壯滅兮何所名。有一子兮纔二齡，鷄夜鳴兮不忍聽。嗟伭惶兮骨肉情，孰不愍兮涕泗零。白驥去兮愴離庭，丹旐飛兮哭爾行。時冥冥兮歲月扃，風蕭蕭松柏瑩。

二六五　唐故高士瑯琊王公（清遐）墓誌銘

元和五年（八一〇）二月二日葬。

誌文二十一行，滿行二十字。正書。誌長、寬均四十厘米。

王佑撰並書。

誌蓋正書：唐故王府君墓誌銘

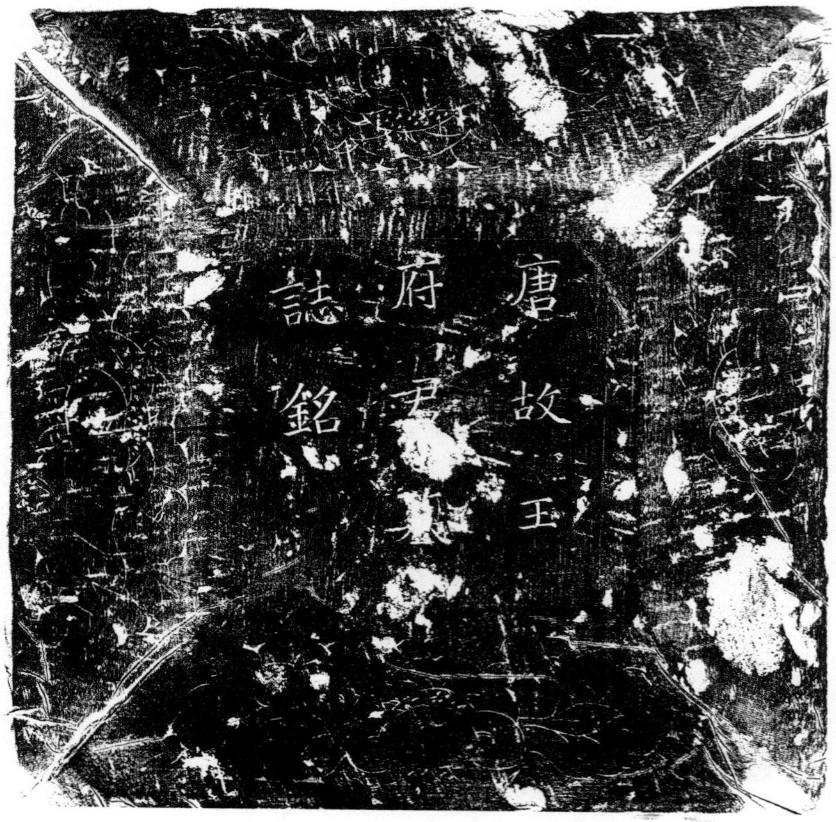
唐故王
府君墓
誌銘

唐故高士瑯琊王公墓誌銘并序

試左武衛兵曹參軍王佑撰并書

公諱清退，祖瑯琊人也。自高祖已降，徙居陽翟。得陶朱之術，乃逸氣自高。累代榮盛，數葉不絶。公年未弱冠，時屬安史搔亂河洛，寰海無寥，都邑蕭索。至於世業，十九流移。公自幼年，萍蓬任適。剋復大業，國祚獲安。公遂處洛陽，弓裘祖習。安子思之樂道，弃原憲之長貧。雖浪迹於人倫，或優遊於方外。不趨名位，學贍古今。慕德欽風，時之遵尚。如何良木，孰將壞乎。元和五年正月八日寢疾終於洛陽永泰坊之私第，享年六十有八。嗚呼！天路難問，神理難詢。夫人彭城劉氏，令淑知名，母儀早著。誕育三子：長叔政，仲叔齊，季叔向。皆風骨特異，性質英奇。負臺鼎才，有股肱器。夫人淚斑筠竹，三子泣血盈庭。粤以元和庚寅歲仲春壬申日[一]窆於洛陽縣感德鄉伊川村之長原，禮也。時屬和風蕩柳，舒翠色之長郊；郁郁凝煙，動悲情之慘色。恐陵谷將變，桑海有移。刻削貞珉，勒斯銘於幽户。銘曰：

瑯琊之宗，懿哉我公。學贍匪士，自逸高風。如何泰山，長頽其空。孰爲哲人，逝水流東。窆乎伊陌，眺望歸鴻。煙凝柳色，遠樹昏濛。哀慘慘兮白日，慟悲痛兮松柏中。

〔一〕「元和庚寅歲仲春壬申日」即元和五年二月二日。

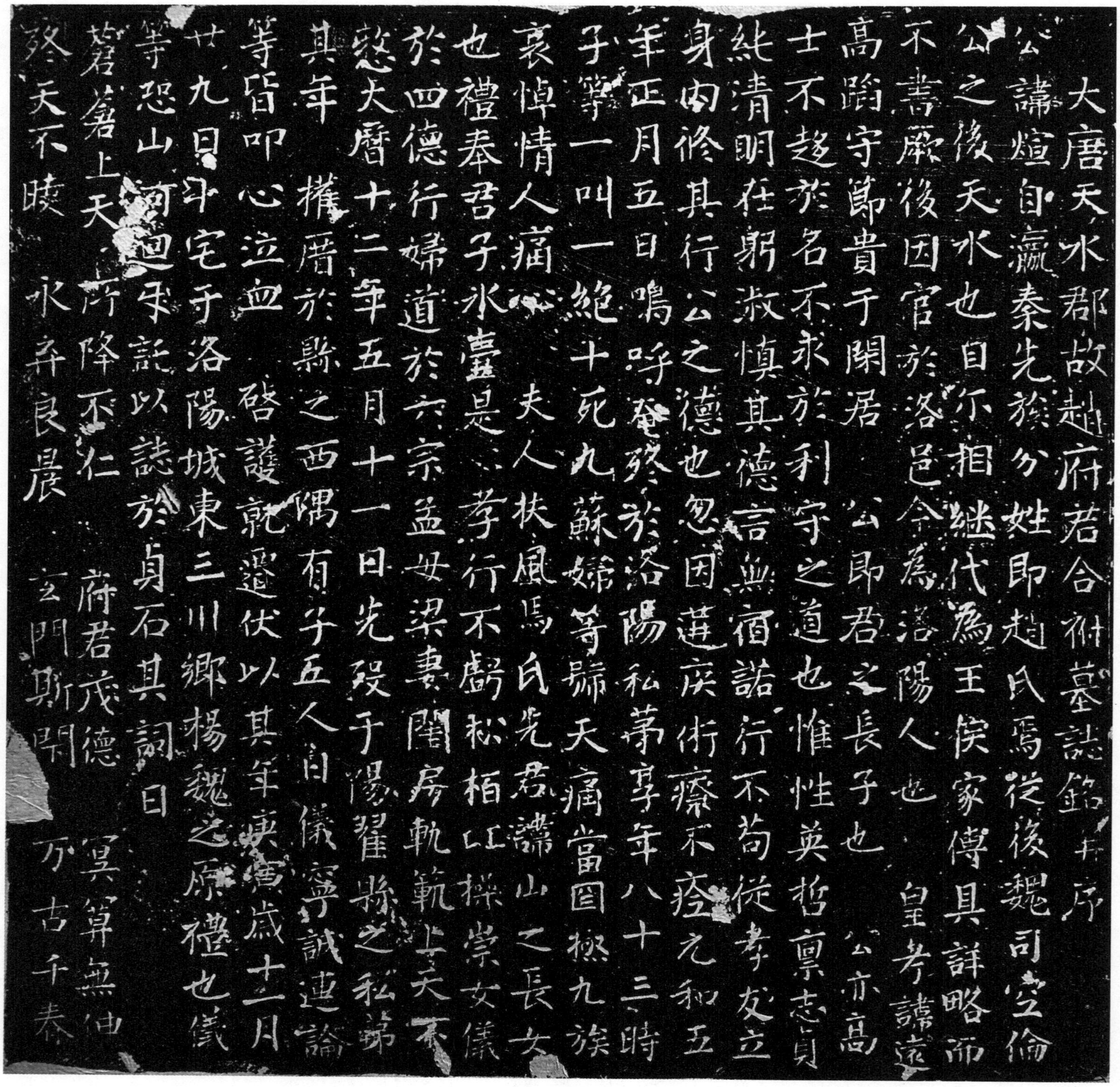
大唐天水郡故趙府君合祔墓誌銘并序
公諱煊自瀛秦先祖分姓即趙氏焉從後魏司空倫
公之後天水也自爾相繼代為王侯家傳具詳略而
不書厥後因官於洛邑今為洛陽人也皇考諱遠
高蹈守節貴于閑居公即君之長子也公亦高
士不趍於名不求於利守之道也惟性英哲稟志貞
純清明在躬淑慎其德言無宿諾行不苟從孝友立
身內修其行公之德也忽因遘疾術療不痊元和五
年正月五日嗚呼登終於洛陽私第享年八十三時
子等一叫一絕十死九蘇婦等歸天痛當罔極九族
哀悼情人痛心夫人扶風馬氏先君諱山之長女
也禮奉君子冰壼是孝行不虧松栢比操崇女儀
於四德行婦道於六宗孟母梁妻閨房軌範上天不
慈大曆十二年五月十一日先歿于陽翟縣之私第
其年權厝於縣之西隅有子五人自儀寧誠連論
等皆叩心泣血啓護就遷伏以其年庚寅歲十一月
廿九日卜宅于洛陽城東三川鄉楊魏之原禮也儀
等恐山河遷移託以誌於貞石其詞曰
蒼蒼上天府降不仁府君茂德冥算無伸
終天不暁永弃良晨玄門斯閉万古千春

大唐故
趙府君
合祔銘

二六六　大唐天水郡故趙府君（煊）合祔墓誌銘

元和五年（八一〇）十一月二十九日葬。
誌文二十行，滿行二十一字。正書。誌長三十六厘米、寬三十五·五厘米。
誌蓋正書：大唐故趙府君合祔銘

大唐天水郡故趙府君合祔墓誌銘并序

公諱煊，自瀛秦先族分姓即趙氏焉，從後魏司空倫公之後天水也。目爾相繼，代爲王侯。家傳具詳，略而不書。厥後因官於洛邑，今爲洛陽人也。 皇考諱遠，高蹈守節，貴於閑居。公即君之長子也。 公亦高士，不趨於名，不求於利，守之道也。惟性英哲，禀志貞純。清明在躬，淑慎其德。言無宿諾，行不苟從。孝友立身，内修其行，公之德也。忽因遘疾，術療不痊。元和五年正月五日，嗚呼奄終於洛陽私第，享年八十三。時子等一叫一絶，十死九蘇。婦等號天，痛當罔極。九族哀悼，情人痛心。 夫人扶風馬氏，先君諱山之長女也。禮奉君子，冰壺是心。孝行不虧，松柏比操。崇女儀於四德，行婦道於六宗。孟母梁妻，閨房軌範。上天不憖，大暦十二年五月十一日先殁於陽翟縣之私第，其年 權厝於縣之西隅。有子五人：曰儀、寧、誠、連、論等皆叩心泣血， 啓護就遷。伏以其年庚寅歲十一月廿九日卜宅於洛陽城東三川鄉楊魏之原，禮也。儀等恐山河迴互，託以誌於貞石。其詞曰：

蒼蒼上天，所降不仁。府君茂德，冥寞無伸。終天不曉，永弃良晨。玄門斯閉，萬古千春。

二六七　唐故河南府伊闕縣令李府君（偘）墓誌銘

元和六年（八一一）四月九日葬。
誌文二十五行，滿行二十六字。正書。誌長、寬均四十七厘米。
李汧撰。
誌蓋篆書：大唐故李府君墓誌銘

大唐故
李府君
墓誌銘

唐故河南府伊闕縣令李府君墓誌銘并序

姪文林郎前守濠州定遠縣主簿汘撰

肇黯醷，産二三，我族自矣。故道父玄元，氣閈凉武。門壺素風，未始而衰。　府君五代祖青州司馬義隆。青州生齊州全節縣令玄應。全節生沔州刺史弘福。沔州生貝州樂壽縣令光昱。樂壽生　府君。府君諱佖，字彦之，享年七十六。元和五年十二月廿二日終於伊闕縣公第，以六年四月九日葬於縣南卅里女几原，祔夫人楊氏。烏虖！　府君幼不童，儼然有望。及長，善　父母，若兄弟。刺史薦居家有狀，詔補汝州梁縣主簿，莅職以督讞聞。歲滿，滑州節度使雅知　府君治平，復上伐閱，詔還項令。無幾，李希烈生豕心，聚亡命叛於蔡，磨牙横齧千里。以項爲粒餌，望而吞之。諜至，吏民懼曰：「項居鯨鯢腹中，勢不可全，宜疾遁。」府君曰：「穀饑苟難，非臣子爲，寧義死。」乃驅疲民數百。城守鼓儳，有梟賊乘堞，　府君手藺石應墜，轉投數十百人。矢遂集於臂，乃徇衆曰：「虜中吾不病，宜疾戰。」衆奮曰：「誓不辱死。」自旦及暮，賊敗。既乃遁去，如此再計，不失一焉。明年，蝗灾且次於境，　府君仰天呪曰：「吾爲政不害，汝可亟去。」蝗乃噤口而越，節度使〔一〕以　府君義烈神化不世出，上之書。抵潼遭朱玼〔二〕蟲蠖　天陛，　帝狩於岐，乃罷還。後竟調五轉爲伊闕令，政一項焉。嗟乎！　府君凡莅職，上之人欲不次用多矣，率有故而罷，豈命也夫。　府君閑居謹口定色，苟笑之未嘗。衣不易祶，膳不至鑿。子弟嘗請厚養，　府君曰：「侈吾非以示子孫。子孫旦旦然，以敬信與人，遠貨僞。」如性莊義儉，德化以是耶。　從兄重門人，志景行不真，命小子爲實録，沫泣達辭，銘曰：

今人盡傾古之人不可行，得如　府君忠信，湧心源義，烈貯筋骨，則不之見也。非天與剛健，地與柔方，神與明直，豈然耶。嗟乎！不得坐朝論道，邁種於四海，竟下位軛之，天乎！

〔一〕據《唐方鎮年表》卷二《義成》，「節度使」即滑州節度使李勉。

〔二〕「朱玼」即朱泚。

大唐故右衛綏州義合府別將員外置同正員賜上
騎都尉史府君墓誌銘序
昔魯人有逝川之歎而莊周興夜壑之悲雖榮辱各殊而死
生一致矣爰有唐　史公諱詮其先北海人也代爲雄族
生克賢明　曾諱道高尚不仕放志遺榮聞達不求自隱逸也
祖諱思敬河南懷音府左果毅都尉員外置同正員賜緋魚
袋　公則都尉之仲子公才廣智周聰明玄解心仁自古仗
信攜謙鄉黨美其賢宗族稱其孝義能拯物道可濟時常嗟
軒冕之榮早悟輕世遂歸心釋氏頓弃繁華解結縛於空門
悟一乘於覺路雖處俗而離俗常在塵而離塵將有道之家
而福聚何禍鍾而不壽命耶以元和六年辛卯二月十九日
寢疾終于河南延福里之私第春秋六十有九嗚呼嘉志不
從良木斯折行流桂月聲著遺風　夫人鴈門成氏天姿儀
表聖代箴規風美高門德光女史何啚蕣花中夭早閇幽扉
雖隴樹煙埋而芳德長在　公有二子長曰渕次曰澋皆色
養不虧溫清無闕常循德於有教之門每立身於無過之地
文武不墜籌略過人才名見知可濟家國崩心泣血絶粒毀
容稱家有無卜安宅兆以其年七月廿九日窆於龍門鄉孫
村啓夫人舊塋合祔玄寢封依崇嶺接萬安以出雲地引伊
流清波瑩目恐桒田一變陵谷再移略序遺風用慰泉戶其
銘曰
禮祔龍原　令子泣血　蒼蒼松栢　皎皎山月　煙埋隴樹
鳥啼新闕　水長逝兮不再迴　雙劍沉兮爽氣滅

二六八　大唐故右衛綏州義合府別將員外置同正員賜上騎都尉史府君（詮）墓誌銘

元和六年（八一一）七月二十九日葬。

誌文二十三行，滿行二十三字。正書。誌長三十八厘米、寬三十七·五厘米。

原石藏洛陽張存才唐誌精品館。

誌蓋正書：大唐故史府君墓誌銘

大唐故
史府君
墓誌銘

大唐故右衛綏州義合府別將員外置同正員賜上騎都尉史府君墓誌銘序

昔魯人有逝川之嘆，而莊周興夜壑之悲。雖榮辱各殊，而死生一致矣。爰有唐　史公諱詮，其先北海人也。代爲雄族，生克賢明。曾諱道，高尚不仕，放志遺榮，聞達不求，自隱逸也。祖諱思敬，河南懷音府左果毅都尉員外置同正員，賜緋魚袋。公則都尉之仲子。公才廣智周，聰明玄解，心仁貌古，仗信撝謙。鄉黨美其賢，宗族稱其孝。義能拯物，道可濟時。常嗤軒冕之榮，早悟輕世；遂歸心釋氏，頓弃繁華。解結縛於空門，悟一乘於覺路。雖處俗而離俗，常在塵而離塵。將有道之家而福聚，何禍鍾而不壽。命耶！以元和六年辛卯二月十九日寢疾終於河南延福里之私第，春秋六十有九。嗚呼！嘉志不從，良木斯折。行流桂月，聲著遺風。　夫人雁門成氏，天姿儀表，聖代箴規，風美高門，德光女史。何圖蕣花中夭，早閉幽扉。雖隴樹煙埋，而芳德長在。　公有二子，長曰洌，次曰涀。皆色養不虧，温清無間。常脩德於有教之門，每立身於無過之地。文武不墜，籌略過人。才名見知，可濟家國。崩心泣血，絶粒毁容。稱家有無，卜安宅兆。以其年七月廿九日窆於龍門鄉孫村，啓夫人舊塋合祔玄寢。封依崇嶺，接萬安以出雲。地引伊流，清波瑩目。恐桑田一變，陵谷再移。略序遺風，用慰泉户。其銘曰：

禮祔龍原，令子泣血。蒼蒼松柏，皎皎山月。煙埋隴樹，鳥啼新闕。水長逝兮不再迴，雙劍沉兮爽氣滅。

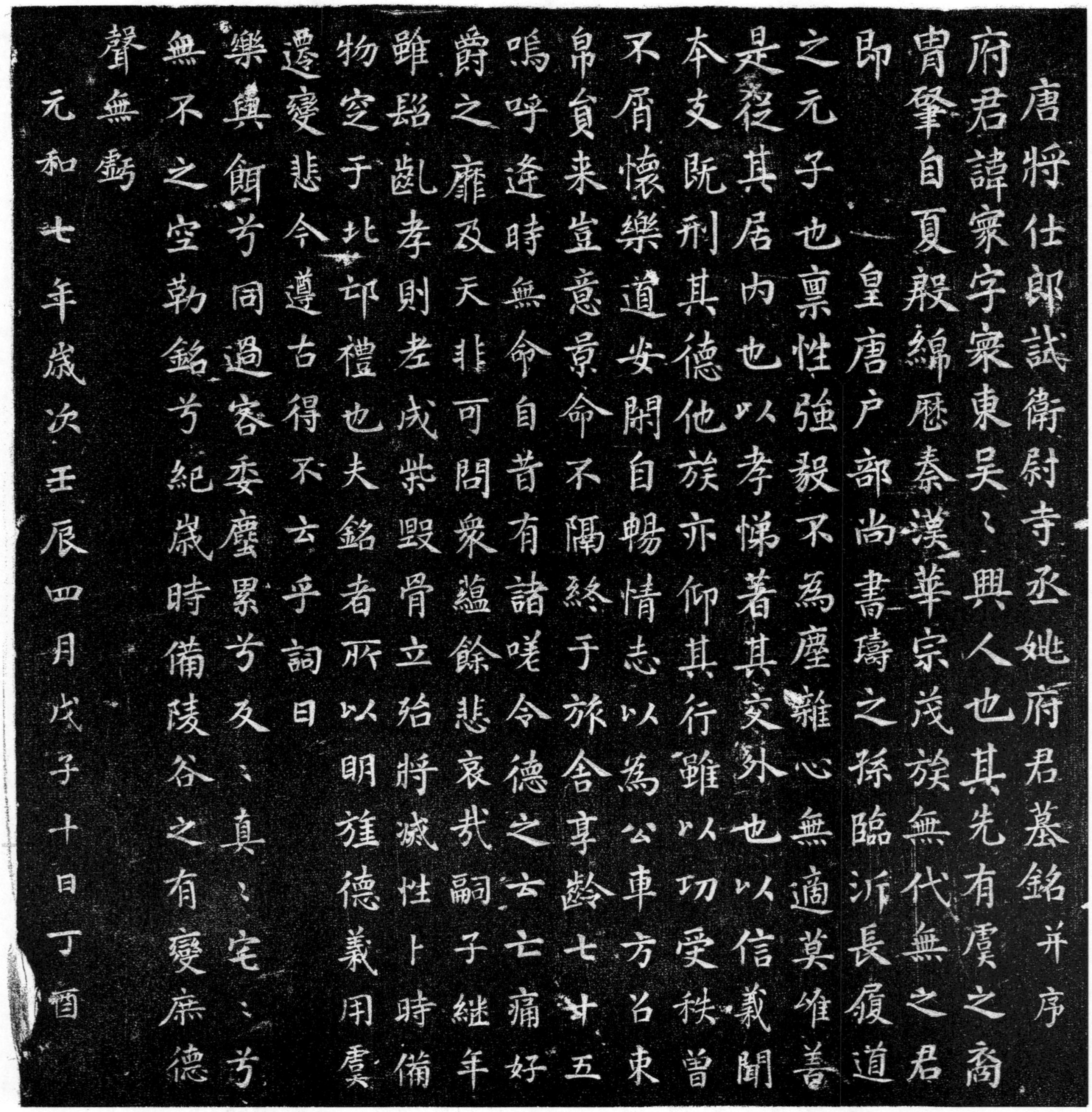
唐将仕郎試衛尉寺丞姚府君墓銘并序
府君諱寰字寰東吴〻興人也其先有虞之裔
冑肇自夏殷綿歷秦漢華宗茂族無代無之君
即 皇唐户部尚書璹之孫臨沂長裒道
之元子也稟性強毅不為塵雜心無適莫唯善
是從其居内也以孝悌著其交外也以信義聞
本支既刑其德他族亦仰其行雖以功受秩曾
不屑懷樂道安閑自暢情志以為公車方召東
帛貟来豈意景命不隔終于旅舍享齡七廿五
嗚呼逢時無命自昔有諸嗟令德之云亡痛好
爵之靡及天非可問衆藴餘悲哀哉嗣子繼年
雖髫齔孝則老成哭毁骨立殆将滅性卜時備
物窆于北邙禮也夫銘者所以明旌德義用虞
遷變悲今遵古得不云乎詞曰
樂與餌兮同過客委塵累兮及〻真〻宅〻兮
無不之空勒銘兮紀歳時備陵谷之有變庶德
聲無虧
元和七年歳次壬辰四月戊子十日丁酉

大唐故
姚府君
墓誌銘

二六九　唐將仕郎試衛尉寺丞姚府君（寰）墓銘

元和七年（八一二）四月十日葬。
誌文十八行，滿行十八字。正書。誌長四十二厘米、寬四十四厘米。
誌蓋篆書：大唐故姚府君墓誌銘

唐將仕郎試衛尉寺丞姚府君墓銘并序

府君諱寰，字寰，東吴吴興人也。其先有虞之裔胄，肇自夏殷，綿歷秦漢，華宗茂族，無代無之。君即　皇唐户部尚書璹之孫，臨沂長履道之元子也。禀性强毅，不爲塵雜，心無適莫，唯善是從。其居内也，以孝悌著；其交外也，以信義聞。本支既刑其德，他族亦仰其行。雖以功受秩，曾不屑懷，樂道安閑，自暢情志。以爲公車方召，束帛員來，豈意景命不隔，終於旅舍，享齡七十五。嗚呼！逢時無命，自昔有諸。嗟令德之云亡，痛好爵之靡及。天非可問，衆藴餘悲。哀哉！嗣子繼，年雖髫齔，孝則老成。柴毁骨立，殆將滅性。卜時備物，窆於北邙，禮也。夫銘者，所以明旌德義，用虞遷變。悲今遵古，得不云乎？詞曰：

樂與餌兮同過客，委塵累兮反真宅。反真宅兮無不之，空勒銘兮紀歲時。備陵谷之有變，庶德聲無虧。

元和七年歲次壬辰四月戊子十日丁酉

大唐故相國中書侍郎同中書門下平章事贈禮部尚書謚成齊府君　夫人高
陽郡君蘭陵蕭氏墓誌銘并序　鄉貢進士談孺直撰
唐元和七年歲次壬辰二月乙未　故相國齊成公　夫人蘭陵蕭氏寢
疾于東都永豐里第越五月景寅將葬于北邙之北原祔于成公舊塋
從周禮也嗣子前河南府洛陽縣主簿餗泣命爲誌孺直以家公嘗爲
故相國成公僚佐是以小子承夫人之德善無愧詞焉蕭氏爲南遷冠
族自梁至于有唐崇以緒業垂裕於厥後丕承祖武克用昌大其先自梁
明帝之後秉哲垂懿久而不墜以至于唐兵部尚書中書令太子太師
徐國公嵩　夫人之曾祖也　太師生祖駙馬都尉衡駙馬生梓州別
駕戡　夫人則别駕第二女棠崇德門播厥清芬羨以繁祉至于夫人
故明柔孝慈貞儉淑慎孜孜然之於好禮恒若不足自幼聰悟丱而整肅
服非法而未嘗服言非典而未嘗言遺華就實捐去嚴飾故少聞於姻族
咸稱其茂行及長有歸爲　相國成公繼室執禮於内弱勤柔順以高識
輔賢哲以仁明和宗親温温慄慄不容易而自息者凡一十九載及貞元
甲申歲成公薨　夫人與嗣子餗寧護歸葬於成周既除喪脩釋氏之教
未數年而精於内典得甘露法味而銷諸煩惱其餘則訓義方於子孫或
吏或文亦勉夫所立時稱　夫人以爲善於教誘是得主簿温敏而誠嘗
自東都留守從事試太常寺協律郎調補河南府洛陽縣主簿洎祑滿爰
侍板輿就乎居閑不違膝下而逍遥自得有以見爲養之道至矣以夫
人之仁之訓當必綏於福履延以上壽　則行不必福德不必壽彼蒼者
天胡爲之於報應如此其謬是則　夫人之殁内外親疎皆涕洟失聲宜
矣嗚呼主簿以孝誠之至含哀泣血懼　夫人行實不聞于将來爰因琢
石庶乎不泯而　相國成公之茂烈及先　夫人河南獨孤氏之懿德載
諸前誌固無得而述焉銘曰
曄曄令族休問其振懋世德兮儲芳羨祉寔生　夫人弘敏識兮輔以君
子敬而睦親爲婦則兮躬服澣濯用約于身久不忒兮既夔向道爰用服
勤死靡慝兮天乎不惠福未必仁孰可則□□□化往合葬斯辰北邙北
兮千秋萬古閟此窮塵悲無極兮

二七〇　大唐故相國中書侍郎同中書門下平章事贈禮部尚書謚成齊府君（抗）夫人高陽郡君蘭陵蕭氏墓誌銘

元和七年（八一二）五月九日葬。

誌文二十八行，滿行二十八字。正書。誌長四十五厘米、寬四十四・五厘米。

談孺直撰。

原石藏洛陽齊氏尚德堂。

誌蓋篆書：大唐故相國齊成公夫人蕭氏墓誌之銘

大唐故相國齊成公夫人蕭氏墓誌之銘

大唐故相國中書侍郎同中書門下平章事贈禮部尚書謚成齊府君　夫人高陽郡君蘭陵蕭氏墓誌銘并序

鄉貢進士談孺直撰

唐元和七年歲次壬辰二月乙未　故相國齊成公〔一〕　夫人蘭陵蕭氏寢□歿於東都永豐里第，越五月景寅將葬於北邙之北原，祔於成公舊塋，從周禮也。嗣子前河南府洛陽縣主簿餗泣命爲誌。孺直以家公嘗爲　故相國成公僚佐，是以小子承　夫人之德善，無愧詞焉。蕭氏爲南遷冠族，自梁至於有唐，崇以緒業，垂裕於厥後，丕承祖武，克用昌大。其先自梁明帝之後，秉哲垂懿，久而不墜。以至於唐兵部尚書、中書令、太子太師、徐國公嵩，　夫人之曾祖也。　太師生祖駙馬都尉　衡。駙馬生梓州別駕惎。　夫人則別駕第二女。崇崇德門，播厥清芬。羡以繁祉，至於　夫人。故明柔孝慈，貞儉淑慎。孜孜然之於好禮，恒若不足。自幼聰悟，丱而整肅。服非法而未嘗服，言非典而未嘗言。遺華就實，捐去麗飾。故少聞於姻族，咸稱其茂行。及長有歸，爲　相國成公繼室。執禮於内，躬勤柔順。以高識輔賢哲，以仁明和宗親。温温慄慄，不容易而自怠者，凡一十九載。及貞元甲申歲成公薨，　夫人與嗣子餗寧護歸葬於成周。既除喪，脩釋氏之教。未數年而精於内典，得甘露法味而銷諸煩惱。其餘則訓義方於子孫。或吏或文，亦勉夫所立。時稱　夫人以爲善於教誘，是得主簿温敏而誠。嘗自東都留守從事、試太常寺協律郎，調補河南府洛陽縣主簿。洎秩滿，爰侍板輿，就乎居閑。不違膝下，而逍遥自得。有以見爲養之道至矣。以　夫人之仁之訓，當必綏於福履，延以上壽。今則仁不必福，德不必壽。彼高者天胡爲之，於報應如此其謬。是則　夫人之歿，内外親疏皆涕洟失聲，宜矣。嗚嘑！主簿以孝誠之至，含哀泣血。懼　夫人行實不聞於將來。爰用琢石，庶乎不泯。而　相國成公之茂烈，及先　夫人河南獨孤氏之懿德，載諸前誌，固無得而述焉。銘曰：

曄曄令族，休問其振。懋世德兮，儲芳羡祉。寔生　夫人，弘敏識兮。輔以君子，敬而睦親。爲婦則兮，躬服澣濯。用約於身，久不或兮。既嫠向道，爰用服勤。死靡慝兮，天乎不惠。福未必仁，孰可□□。□□化往，合葬斯辰。北邙北兮，千秋萬古。閉此窮塵，悲無極兮。

〔一〕「相國齊成公」即齊抗。

范陽盧公墓記銘
公姓盧氏諱揔范陽涿人其先茂官茂德因西
漢已來代有前史家諜具紀敘略不書曾王父
諱齊御太子詹事王父諱戎節陝州陝縣令考
文諱仔秘書郎公則秘書第二子以剛直孝愛
居性自幼每逢邪僻不平之事任其發直終以
勝決雖愛惡之而不易也及長急人之急憂人
之憂稱於鄉黨孝愛之道居然天禀奉上竭其
力撫下盡其仁傳於宗族公有其孝宜福之
壽之謂必然矣何及是耶春秋三十有九元和七
年壬辰歲十一月四日遘疾終于河南府雲居
里私舍嗚呼痛哉以元和八年正月卅日甲申
祔于偃師縣北邙原先塋禮也季弟進士推貴
錄其實故不假他人詞銘曰
其德馨　福履其榮　宜神之祐　神不祐
神胡不靈　唯孝友清貞不朽其名　祔
先人之塋　固於斯　永於斯　以安以寧

二七一　范陽盧公（揔）墓記銘

元和八年（八一三）正月三十日葬。

誌文十七行，滿行十八字。正書。誌長、寬均三十五・五厘米。

盧推撰。

原石藏洛陽張存才唐誌精品館。

誌蓋篆書：唐故范陽盧公墓誌銘

唐故范陽盧公墓誌銘

范陽盧公墓記銘

公姓盧氏，諱捴，范陽涿人。其先茂官茂德，自西漢已來，代有前史，家諜具紀，故略不書。曾王父諱齊卿，太子詹事。王父諱成節，陝州陝縣主簿。父諱仔，秘書郎。公則秘書第二子，以剛直孝愛居性。自幼每逢邪僻不平之事，任其强直，終以勝决，雖愛惡之而不易也。及長，急人之急，憂人之憂，稱於鄉黨。孝愛之道，居然天與。奉上竭其力，撫下盡其仁，傳於宗族。公有其孝直，宜福之壽之，謂必然矣，何反是耶。春秋三十六，元和七年壬辰歲十一月四日遘疾終於河南府雲居里私舍。嗚呼痛哉！以元和八年正月卅日甲申祔於偃師縣北邙原先塋，禮也。季弟進士推貴録其實，故不假他人詞。銘曰：

其德馨，福履其榮。宜神之祐，神不祐。神不祐，神胡不靈？唯孝友清貞，貞不朽其名。祔先人之塋，固於斯，永於斯，以安以寧。

曹府君夫人劉氏墓誌并序
懷州濟源縣處士劉公令女曰那羅延者本彭城之族
也今隨夫是從為河南人也三代不叙万事自閑夫人
姓簡澄肅威容乃如含水月之清鑑霜松之淨針規有
禮德行無方處家而賢為人之儉早事君子佐美曹公
歲月既深居然已久且曹公之能孰可比也豈尚不幸
先夫人之逝也夫人主家嚴敬治生守約孀居已遠志
行唯和深信佛僧至存因果或聖善大殿或諸寺迦藍
有所施之無心不遍降此之外餘資自爲空馳向暮之
心每歎浮生之息雖年壽八十一而從至之禮猶存今
古難儔人不可及嗟夫以元和八年正月一日因疾而
終于河縣陶化坊私第里也即於其年其年二月十三
日合祔於龍門天竺寺前元夫之塋禮也加以養一男
而曰多兒育二女長姉未事於良夫幼妹先從於君子
尹公並痛泣哀纏摧心叩地聽令聞古唯孝是儀刻石
誌之而作詞曰
夫人之儀方今古為人之賢為人之母往日曹娥今來洛
浦玉碎蔵暉花沉月皎青春不留兒女孤苦逝水淊波落
日西暮鳥乱喧喧人悲處處一奄玄堂千年永固
唐元和八年歲次辛巳二月乙酉十三日丁酉達

二七二　曹府君夫人劉氏（那羅延）墓誌

元和八年（八一三）二月十三日葬。
誌文二十行，滿行字數不等。正書。誌長、寬均三十七厘米。
原石藏洛陽龍門博物館。
誌蓋正書：大唐故劉夫人墓誌銘

大唐故
劉夫人
墓誌銘

曹府君夫人劉氏墓誌并序

懷州濟源縣處事〔一〕劉公令女曰那羅延者，本彭城之族也。今隨夫是從，爲河南人也。三代不叙，萬事自閑。夫人姓〔二〕簡，澄肅威容，乃如含水月之清，蘊霜松之净。針規有禮，德行無方。處家而賢，爲人之儉。早事君子，佐美曹公。歲月既深，居然已久。且曹公之能，熟可比也。豈圖不幸，先夫人之逝也。夫人主家嚴敬，治生守約。孀居已遠，志行唯和。深信佛僧，至存因果。或聖善大殿，或諸寺迦藍。有所施之，無心不遍。降此之外，餘資自焉。空馳向暮之心，每嘆浮生之息。雖年壽八十一，而從至之禮猶存。今古難儔，人不可及。嗟夫！以元和八年正月一日因疾而終於河〔三〕縣陶化坊私第里也，即於其年其年〔四〕二月十三日合祔於龍門天竺寺前元夫之塋，禮也。加以養一男而曰多兒。育二女，長姊未事於良夫，幼妹先從於君子尹公。並痛泣哀纏，摧心叩地。聽令聞古，唯孝是儀。刻石誌之，而作詞曰：

夫人之儀，方今令古。爲人之賢，爲人之母。住〔五〕日曹娥，今來洛浦。玉碎藏暉，花汎月吐。青春不留，兒女孤苦。逝水沿波，落日西暮。鳥亂喧喧，人悲處處。一奄玄堂，千年永固。

唐元和八年歲次辛巳二月乙酉十三日丁酉建

〔一〕「處事」當爲「處士」之誤。
〔二〕「姓」當爲「性」之誤。
〔三〕此處漏刻「南」字。
〔四〕此處衍出「其年」二字。
〔五〕「住」當爲「往」之誤。

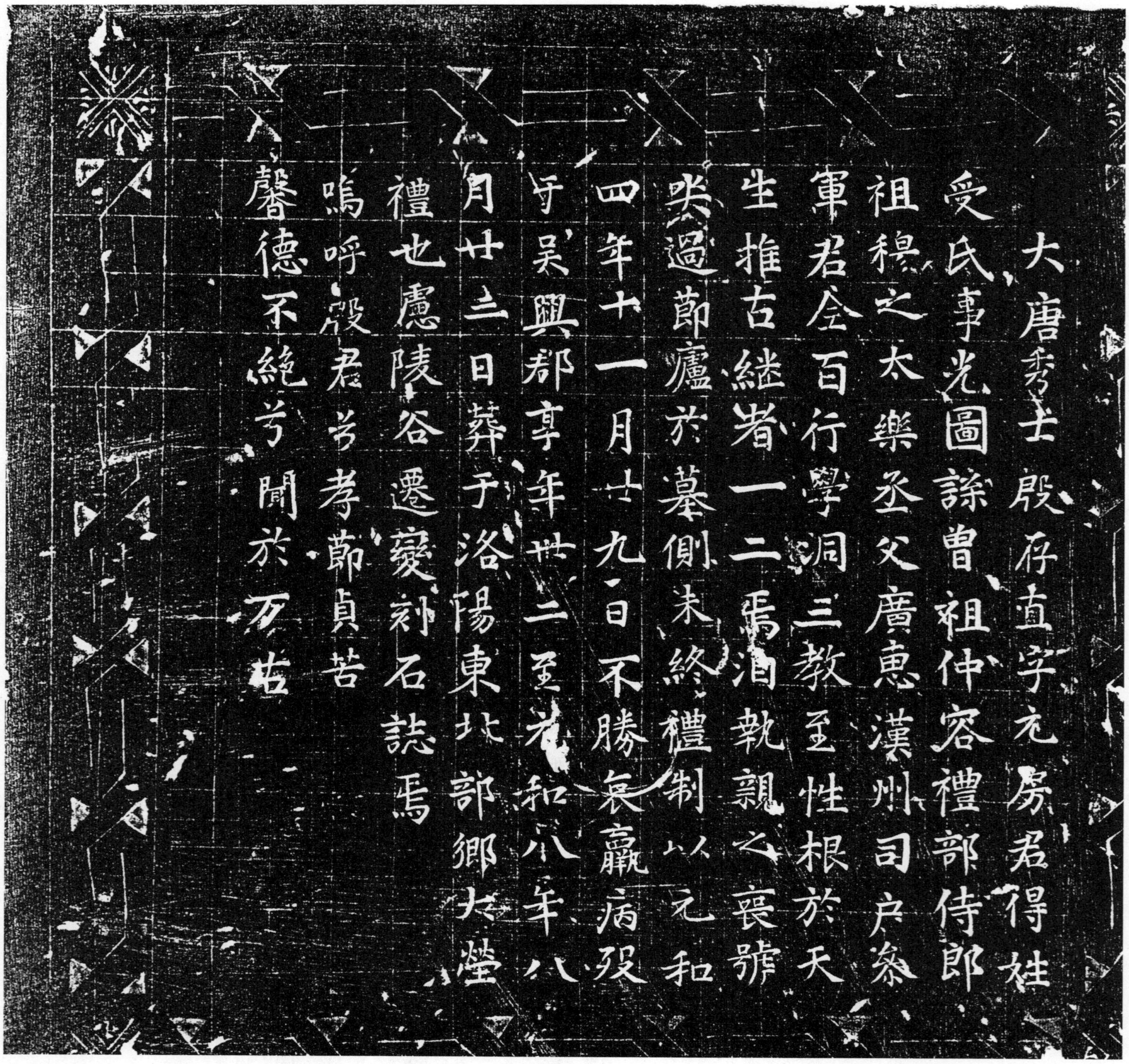
大唐秀士殷存直字元房君得姓
受氏事光圖諜曾祖仲容禮部侍郎
祖穆之太樂丞父廣惠漢州司户叅
軍君含百行學洞三教至性根於天
生推古継者一二焉洎執親之喪號
哭過節廬於墓側未終禮制以元和
四年十一月廿九日不勝哀羸病殁
守吴興郡享年卅二至元和八年八
月廿三日葬于洛陽東北部鄉大塋
禮也慮陵谷遷變刻石誌焉
嗚呼殷君兮孝節貞苦
馨德不絶兮聞於万古

二七三　大唐秀士殷存直墓誌銘

元和八年（八一三）八月二十三日葬。

誌文十二行，滿行十四字。正書。誌長四十四厘米、寬四十六厘米。

大唐秀士殷存直，字元房。君得姓受氏，事光圖諜。曾祖仲容，禮部侍郎。祖穆之，太樂丞。父廣惠，漢州司户參軍。君全百行，學洞三教。至性根於天生，推古繼者一二焉。洎執親之喪，號哭過節。廬於墓側，未終禮制，以元和四年十一月廿九日不勝哀羸，病殁於吴興郡。享年卅二。至元和八年八月廿三日葬於洛陽東北部鄉大塋，禮也。慮陵谷遷變，刻石誌焉。

嗚呼殷君兮孝節貞苦，馨德不絶兮聞於萬古。

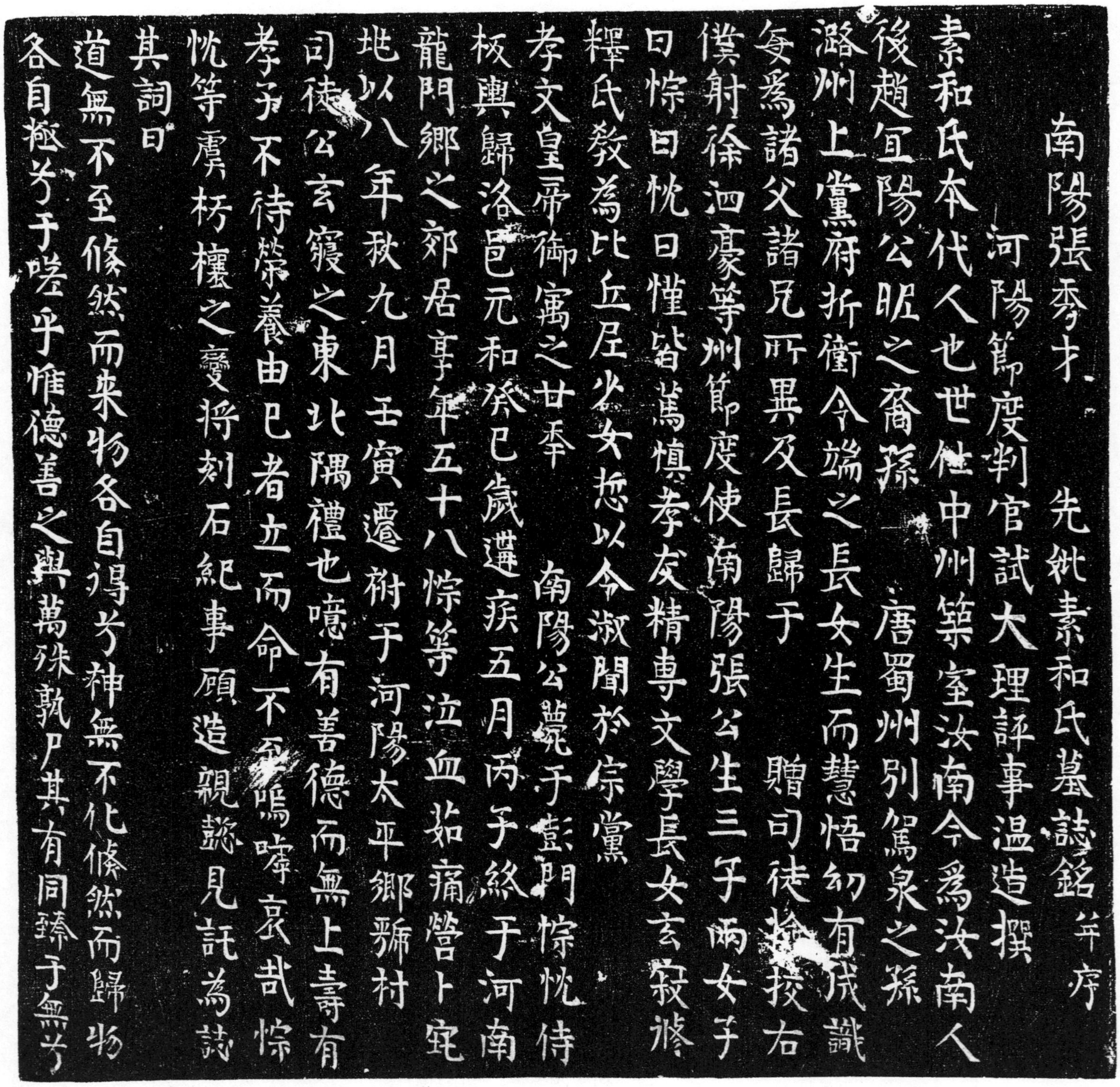

南陽張秀才先妣素和氏墓誌銘并序
河陽節度判官試大理評事温造撰
素和氏本代人也世仕中州築室汝南今爲汝南人
後趙宜陽公昵之裔孫　唐蜀州別駕泉之孫
潞州上黨府折衝令端之長女生而慧悟幼有成識
每爲諸父諸兄所異及長歸于　贈司徒檢校左
僕射徐泗豪等州節度使南陽張公生三子兩女子
曰悰曰忱曰憕皆篤慎孝友精專文學長女玄寂祕
釋氏教爲比丘尼少女恕以令淑聞於宗黨
孝文皇帝御寓之廿年　南陽公薨于彭門悰忱侍
柩輿歸洛邑元和癸巳歲遘疾五月丙子終于河南
龍門鄉之郊居享年五十八悰等泣血茹痛營卜宅
兆以八年秋九月壬寅遷祔于河陽太平鄉虢村
司徒公玄寝之東北陽禮也噫有善德而無上壽有
孝子不待榮養由已者立而命不至嗚呼哀哉悰
忱等虞朽櫬之變將刻石紀事願造親懿見託爲誌
其詞曰
道無不至倏然而來物各自得兮神無不化倏然而歸物
各自極兮于嗟乎惟德善之與萬殊孰尸其有同臻于無兮

唐南陽張秀才先妣素和氏墓誌之銘

二七四　南陽張秀才先妣素和氏墓誌銘

元和八年（八一三）九月葬。

誌文十九行，滿行二十字。正書。誌長四十六厘米、寬四十五・五厘米。

温造撰。

誌蓋正書：唐南陽張秀才先妣素和氏墓誌之銘

南陽張秀才　先妣素和氏墓誌銘并序

河陽節度判官試大理評事温造撰

素和氏本代人也，世仕中州，築室汝南，今爲汝南人。後趙宜陽公昵之裔孫。　唐蜀州別駕泉之孫。潞州上黨府折衝令端之長女。生而慧悟，幼有成識。每爲諸父、諸兄所異。及長歸於　贈司徒、檢校右僕射、徐泗豪等州節度使南陽張公〔一〕。生三子兩女。子曰悰，曰忱，曰懽，皆篤慎孝友，精專文學。長女玄寂，脩釋氏教，爲比丘尼。少女悊，以令淑聞於宗黨。　孝文皇帝御寓之廿年。　南陽公薨於彭門。悰、忱侍板輿歸洛邑。元和癸巳歲遘疾，五月丙子終於河南龍門鄉之郊居，享年五十八。悰等泣血茹痛，營卜宅兆，以八年秋九月壬寅遷祔於河陽太平鄉虢村　司徒公玄寢之東北隅，禮也。噫！有善德而無上壽，有孝子不待榮養，由己者立而命不至。嗚呼哀哉！悰、忱等虞朽壤之變，將刻石紀事。顧造親懿，見託爲誌。其詞曰：

道無不至，倏然而來，物各自得兮。神無不化，倏然而歸，物各自極兮。于嗟乎惟德善之與萬殊，孰尸其有同臻於無兮。

〔一〕南陽張公即張建封。

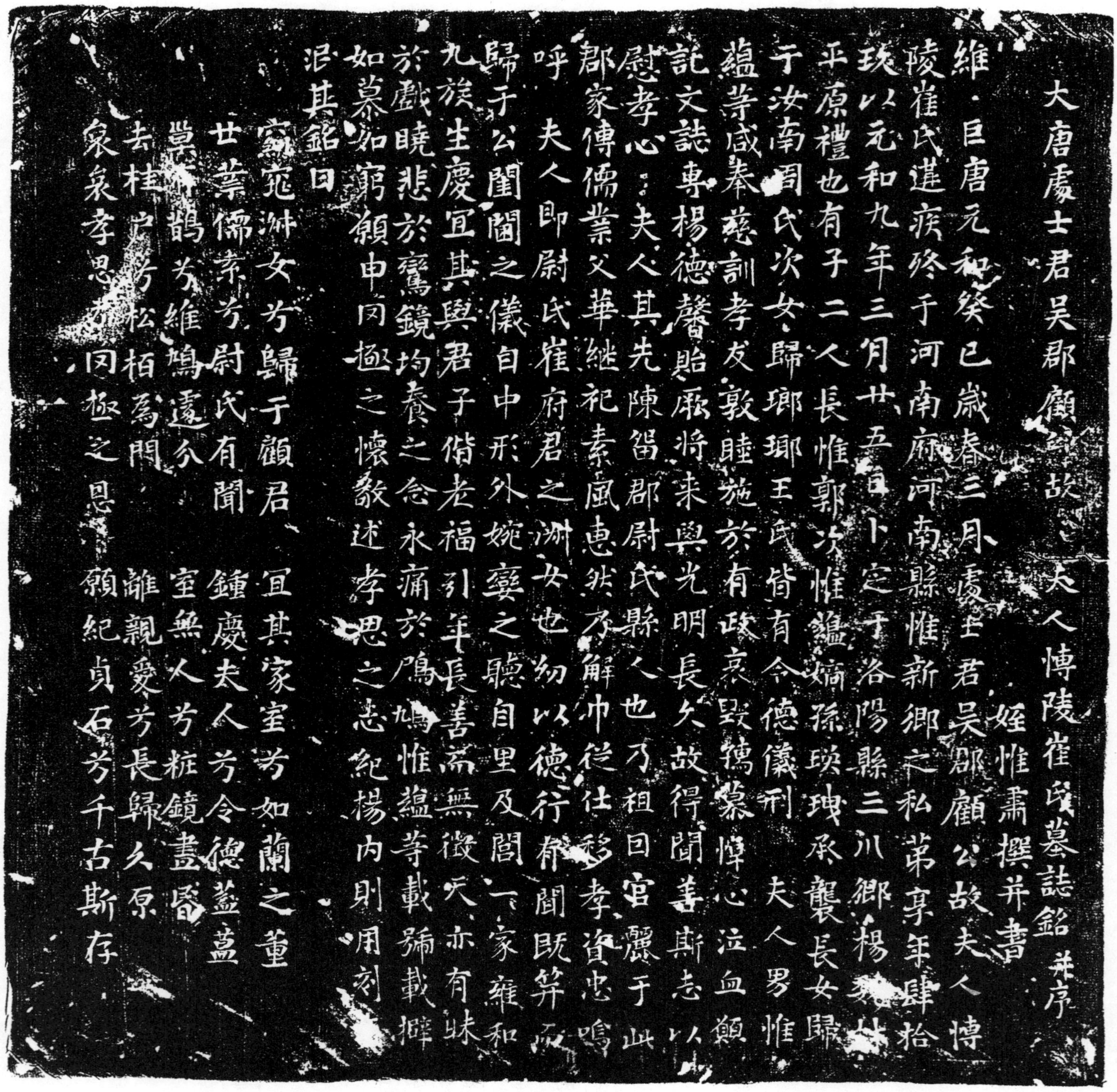
大唐處士君吴郡顧□故夫人博陵崔氏墓誌銘并序
姪惟肅撰并書
維大唐元和癸巳歲春三月處士君吴郡顧公故夫人博
陵崔氏遘疾終于河南府河南縣惟新鄉之私第享年肆拾
玖以元和九年三月廿五日卜定于洛陽縣三川鄉楊村
平原禮也有子二人長惟郭次惟緼嫡孫瑛瑰承襲長女歸
于汝南周氏次女歸瑯瑘王氏皆有令德儀刑 夫人男惟
緼等咸奉慈訓孝友敦睦施於有政哀毀□慕悼心泣血願
託文誌專楊德馨貽厥将来與光明長久故得聞善斯志以
慰孝心 夫人其先陳留郡尉氏縣人也乃祖曰宦顯于世
郡家傳儒業父華継祀素風恵然乃解巾從仕移孝資忠嗚
呼 夫人即尉氏崔府君之淵女也幼以德行有聞既笄而
歸于公閨閫之儀自中形外婉孌之聽自里及閭一家雍和
九族生慶宜其與君子偕老福引年長善流無徵天亦有昧
於戲曉悲於鸞鏡均養之念永痛於鳲鳩惟緼等載號載擗
如慕如窮顧申罔極之懷敬述孝思之志紀揚內則用刻
泯其銘曰
窈窕淑女兮歸于顧君 宜其家室兮如蘭之董
廿葉儒素兮尉氏有聞 鍾慶夫人兮令德蓋蓋
巢鵲兮維鳩還分 室無人兮粧鏡晝昏
去桂戶兮松栢為門 離親愛兮長歸久原
哀哀孝思兮罔極之恩 願紀貞石兮千古斯存

崔氏
墓誌

二七五　大唐處士君吴郡顧公（旭）故夫人博陵崔氏墓誌銘

元和九年（八一四）三月二十五日葬。

誌文二十二行，滿行二十三字。正書。誌長四十二厘米、寬四十一厘米。

顧惟肅撰並書。

誌蓋正書：崔氏墓誌

大唐處士君吴郡顧公故夫人博陵崔氏墓誌銘并序

姪惟肅撰并書

維　巨唐元和癸巳歲春三月，處士君吴郡顧公故夫人博陵崔氏遘疾終於河南府河南縣惟新鄉之私第，享年肆拾玖。以元和九年三月廿五日卜窆於洛陽縣三川鄉楊魏村平原，禮也。有子二人，長惟郭，次惟蘊。嫡孫瑛、珙承襲。長女歸於汝南周氏，次女歸瑯琊王氏，皆有令德儀刑。　夫人男惟蘊等，咸奉慈訓。孝友敦睦，施於有政。哀毀孺慕，悼心泣血。願託文誌，專揚德馨。貽厥將來，與光明長久。故得聞善斯志，以慰孝心。　夫人其先陳留郡尉氏縣人也。乃祖因官，麗於此郡，家傳儒業。父華繼祀，素風惠然。乃解巾從仕，移孝資忠。嗚呼，　夫人即尉氏崔府君之淑女也。幼以德行有聞，既笄而歸於公。閨閫之儀，自中形外；婉孌之聽，自里及閭。一家雍和，九族生慶。宜其與君子偕老，福引年長。善而無徵，天亦有昧。於戲！曉悲於鸞鏡，均養之念，永痛於鳲鳩。惟蘊等載號載擗，如慕如窮。願申罔極之懷，敬述孝思之志。紀揚内則，用刻圓泯。其銘曰：

窈窕淑女兮，歸於顧君。宜其家室兮，如蘭之董。世業儒素兮，尉氏有聞。　鍾慶夫人兮，令德葢葟。巢有鵲兮，維鳩遽分。室無人兮，粧鏡晝昏。去桂户兮，松柏爲門。離親愛兮，長歸久原。哀哀孝思兮，罔極之恩。願紀貞石兮，千古斯存。

二七六　唐故瑯琊王夫人（賈謩妻）墓誌

元和九年（八一四）五月十四日葬。
誌文十七行，滿行十七字。正書。誌長、寬均三十厘米。
賈謩撰。

唐故瑯琊王夫人墓誌

上東門直濟源路三家店北百步有前進□賈圖妻瑯琊王氏墓。夫人以元和九年三月廿日遇疾終於東都承福里雇舍。越五月十四日，卜兆得吉，此焉寧魂。夫人　祖諱□，永州祁陽令。　父諱説，官止金□衛長史。□兄一弟，俱韋出也。長曰弘遂，仲曰弘約，偕明經上第。瑯琊官婚，京兆清望，不俟代譜而知。夫人與兄弟孤於提孩，爲不幸。年廿五從夫，周歲而歿，又不幸。嗚呼，温慧秀朗，天既□□。夭閼倒錯，□胡奪之。向夫人纔享中壽，□敬姜賢行，詎可量也。哀哉！蓍痛淑哲之濳翳，懼主奠之中闕。哀慟有加，非同鼓盆。遺掛放溺，失中故哭。爲劍合辭，志其墓前石曰：　已矣！淮水未竭君胡滅，福善禍淫聖誕説。壽頑媼兮夭淑哲，舟藏劍沉只暫別，他年余亦歸此穴。

二七七 大唐故李府君（叔良）墓誌銘

元和九年（八一四）十月六日葬。

誌文二十二行，滿行二十一字。正書。誌長三十五・五厘米、寬三十四厘米。

大唐故李府君墓誌銘并序

公諱叔良，字叔良，潁川郡舞陽人也。門夙簪纓，軒冕不繼。嗣葉遠代，故闕書之。　先府君諱玉，道性佚遊，猥趣宦禄。樂於南畝，私耕自供。　公累遭凶憫，伯仲幼孤。時屬艱危，兇寇爲暴。庭荆豈保，桓馬分飛。既失弓裘，各業求食。竊迹爲賈，鬻利將資。有仁信之行，無險詖之誠。守道自安，濟弱扶傾。附貫河府，乃爲僑人。否盈積衰，遘癘踰祀。厥疾不瘳，冥符遽來。以貞元九年四月七日終於都城脩善里之私第，享齡五十。其年五月十九日卜兆於河南縣龍門鄉南王村安厝。稚子二人，雖皆丱歲，持哀禮無闕，而孝思外揚。公娶夫人太原王氏，笄年承家，琴瑟諧暢。克脩内範，四德有聞。閨門令望，可爲女師。適娉君子，可爲婦儀。孀居二紀，撫育愛慈。餘生不飾，志在幽期。以元和七年十月五日終於洛下舊甲第也，享年五十八。嗣子公渭，次子公莒。皆居喪骨立，毁瘠號天。泣血封樹，人之憖焉。以元和九年十月六日重啓　先府君窀穸，改卜於河南縣龍門鄉南王村之崗原，合祔終禮也！故託銘記，其詞曰：

隴樹悲風，河漢皎潔。覆之情雲，照以秋月。其一。綿綿葛藟，蔓草凝霜。運往徂賁，千載何長。其二。澮灩伊川，嵯峨雙闕。晝昏夜暝，何世明節。其三。白月孤墳，青松沉鬱。銘石下泉，終古清謐。其四。

唐故工部掌固郭府君墓誌銘并叙

公諱文獻字文獻其先太原人也命氏□久世有賢俊遠祖□
道光漢史自魏以降迄于　我唐冠冕聯聯不絕如綫
廿卜居京兆府高陵縣因為京兆人焉曾祖　峩高不仕祖嶷皇
鄧州萬潭縣主簿洎公幼有大量豁達不羈重仁義大端履忠信
全節東帶立於鄉黨之中其儔者實鮮之矣至若陰陽算數之書
方術曆象之說服食攝生之論道釋幽玄之教因不留意焉故里
閈欽重郡邑高尚須居先夫人之感哀毀過禮殆不勝喪非至性
教孝詎能臻此嗚呼不可問者天不可期者命元和九年六月六
日遘疾終于福昌縣三鄉里之私第春秋六十有八夫人馮氏先
公而殁有子一人女三人昆仲四人曰舉曰華曰悅舉早謝世華
悅皆稟義方友愛之訓子曰珣仁孝生知溫恭立己動不踰禮舉
必得中親戚咸賓迴出流輩娶袁氏女三女各歸良族既而鍾荼
蓼之疊絕怙恃之恩哀號叫天泣血流地感動行路傷悼里閭以
其年十月十七日龜筮叶從窆于河南府福昌縣三鄉里西光武
原之東趾夫人合祔禮也噫公之平生雖不求榮達而行己立
道世無悶樂知天命節操不虧方之古人吾無間矣偁幸接隣□
常沐周旋以公嗣子恐年代將遠陵谷有變見託斯文言不盡善
刊之貞石用誌幽壤銘曰
英英郭公清明在躬性惟剛毅志各□通儀範正肅氣質沖融書
史該備智識無窮天何言哉喪我人倫玉之沉泉劍之斷鍔蒼翠
之凡潺湲清洛光輝此謝千古斯冥哀哀嗣子孝感于人怙恃既
絕號叫蒼昊載安宅兆爰及茲辰宣禮無闕孝心當中霜月初曉
轜車届道慘愴楚挽飄颻丹旐玄堂永閉兮哀何可告
孫名彭壽字平謀　鄉貢進士徐偁撰

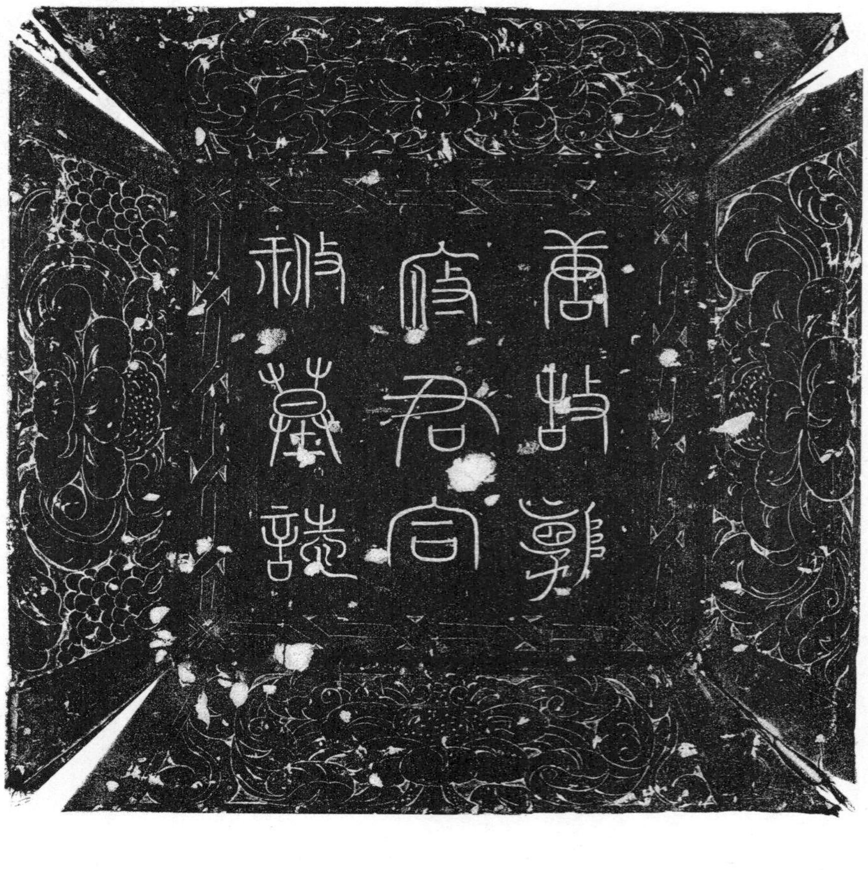

唐故郭府君合祔墓誌

二七八　唐故工部掌固郭府君（文獻）墓誌銘

元和九年（八一四）十月十七日葬。

誌文二十五行，滿行二十五字。正書。誌長、寬均四十三厘米。徐偁撰。

誌蓋篆書：唐故郭府君合祔墓誌

唐故工部掌固郭府君墓誌銘并叙

公諱文獻，字文獻，其先太原人也。命氏悠久，世有賢俊。遠祖□□，道光漢史。自魏以降，迄於　我唐。冠冕聯聯，不絶如線。累世卜居京兆府高陵縣，因爲京兆人焉。曾祖　養高不仕。祖嶷，皇鄧州菊潭縣主簿。洎公幼有大量，豁達不羈。秉仁義大端，履忠信全節。束帶立於鄉黨之中，其儔者實鮮之矣。至若陰陽算數之書，方術曆象之説，服食攝生之論，道釋幽玄之教，罔不留意焉。故里閈欽重，郡邑高尚。頃居先夫人之慼，哀毁過禮，殆不勝喪。非至性敦孝，詎能臻此？嗚呼！不可問者天，不可邪者命。元和九年六月六日遘疾終於福昌縣三鄉里之私第，春秋六十有八。夫人馮氏先公而殁。有子一人，女三人。昆仲四人：曰舉，曰華，曰悦。舉早謝世，華、悦皆禀義方友愛之訓。子曰珦，仁孝生知，温恭立己。動不踰禮，舉必得中。兟兟然實迥出流輩，娶袁氏女。三女各歸良族。既而鍾荼蓼之釁，絶怙恃之恩。哀號叫天，泣血流地。感動行路，傷悼里閭。以其年十月十七日龜筮叶從，窆於河南府福昌縣三鄉里西光武原之東趾，夫人合祔，禮也。噫！公之平生雖不求榮達，而行己立□。遁世無悶，樂知天命。節操不虧，方之古人，吾無間矣。偁幸接鄰伍，常沐周旋。以公嗣子恐年代將遠，陵谷有變。見託斯文，言不盡善。刊之貞石，用誌幽壤。銘曰：

英英郭公，清明在躬。性惟剛毅，志亦疏通。儀範正肅，氣質冲融。書史該備，智識無窮。天何言哉，喪我人恪。玉之沉泉，劍之斷鍔。蒼翠女几，潺湲清洛。光輝此謝，千古寂寞。哀哀嗣子，孝感於人。怙恃既絶，號叫蒼旻。載安宅兆，爰及兹辰。喪禮無闕，孝心當申。霜月初曉，輴車屆道。悽傷楚挽，翻飛丹旐。玄堂永閉兮哀何可告。

孫名彭壽字平謀

鄉貢進士徐偁撰

唐故鄉貢明經盧府君墓誌銘
從子諱慶太父倫文犢慶弱冠孝
廉上第年廿七乾選元和九年也
不幸於十月十八日一子嗣幼名
遇集年幾綺紈未可以薦莫悲夫
其月廿九日葬附 先塋刻石虞
陵谷變銘曰
已矣哉大九生者誰不死傷此之
短折夫桂城欝矣長夜湯夫風凄
月苦萬古冥冥夫

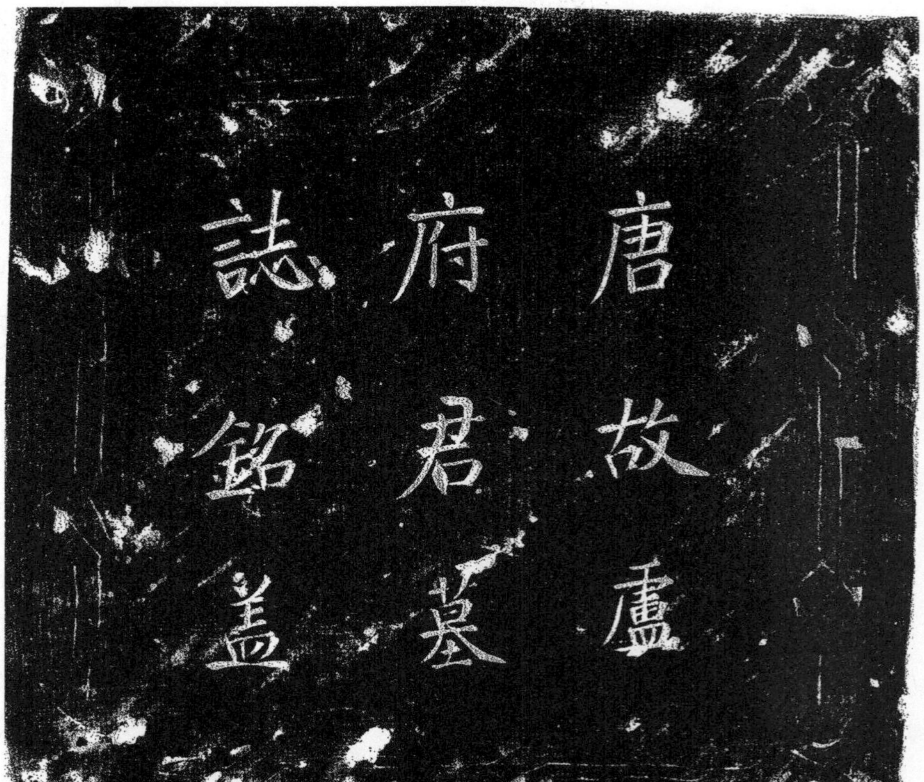

唐故盧
府君墓
誌銘蓋

二七九　唐故鄉貢明經盧府君（慶）墓誌銘

元和九年（八一四）十月二十九日葬。
誌文十行，滿行十三字。正書。誌長、寬均三十厘米。
原石藏洛陽張存才唐誌精品館。
誌蓋正書：唐故盧府君墓誌銘蓋

唐故鄉貢明經盧府君墓誌銘并序

從子諱慶，大父倫，父損。慶弱冠孝廉上第，年廿七就選。元和九年也，不幸於十月十八日。一子嗣，幼名遥集。年纔綺紈，未可以薦奠，悲夫！其月廿九日葬附　先塋，刻石虞陵谷變。銘曰：

已　矣哉，大凡生者誰不死，傷此之短折夫。桂城鬱矣，長夜漫夫，風凄月苦，萬古冥冥夫。

大唐故韓公墓誌之銘

二八〇　大唐故昭義軍節度押衙四軍兵馬使檢校太子賓客兼監察御史榆林郡王南陽韓公（義方）墓誌銘

元和九年（八一四）十一月十七日葬。

誌文三十行，滿行三十一字。正書。誌長五十九厘米、寬五十八厘米。

雍鼎撰。

誌蓋篆書：大唐故韓公墓誌之銘

大唐故昭義軍節度押衙四軍兵馬使檢校太子賓客兼監察御史榆林郡王南陽韓公墓誌銘并序

應三禮前試左司禦率府兵曹參軍雍鼎述

天有明命，祚於　我唐，所以賢才閒生，英傑代出。翊贊王業，震蕩風猷。經綸雲雷，勘剪禍亂者，其惟榆林郡王韓公焉。　王諱義方，南陽郡人。周姬之胤緒，武王之苗裔。分茅錫土，食邑於韓，故韓姓興焉。因官受封，宅之於洛，今稱河南洛陽人也。曾祖諱遠，　皇中郎將。　祖諱津，　皇中散大夫、太子洗馬。考諱獻，　河陽軍監軍使、朝請大夫、内常侍，贈左監門衛大將軍，賜紫金魚袋。皆承華襲慶，遊藝依仁。博之以文，約之以禮。或青袍狎友，朱紱方來；或紫綬搢紳，金章佩服。爰自漢魏，岠於隋唐。宣揚四　黼，藻天下者，備詳青史，略而不書。　王軒冕貴族，　乾坤粹靈。藝出九流，功標七略。幼趨庭訓，聞禮聞詩，長而立身，乃文乃武。英威冠世，奇伎當時，龍劍星揮，烏弓月引。猿臂發而穿石，鷹翼張而静林。至於神韜秘策，拔幟沉沙。吴起謝以深機，子房慚其妙術。以琴棋爲雅興，幹蠱承家；以弓劍爲風流，輸忠奉國。頃建中末年，希烈拒　命。至自劍南東川，帥師應援荆襄江西兵馬進討淮西。位以材昇，爵以位序。都監軍使　韓公〔一〕表奏授開府儀同三司、檢校太子賓客、榆林王，食邑五百户。元和初，少誠騷擾，兵戈再興。　王身居卒先，躬擐甲胄。河陽軍節度使　孟公〔二〕奏授大理卿，正直居心，刑不渝法。授合州長史，功深半刺，政洽一同。爲　元戎之腹心，作大軍之領袖。自孟津迨於上黨，遂署昭義軍節度押衙、隨身槍牌平戎陌刀等四軍兵馬使。洎元和八載，恒陽不龔，交戰於野。　王署堯山、任縣、安樂城三鎮都兵馬使，外禦戎醜，内睦軍情。全師以和，師出以律。挫犬羊於百勝，掃氛祲於六奇。殘寇魂飛，兇徒膽裂。昭義軍節度使、工部尚書、高平郡王郗公〔三〕特表上陳。九年十月　詔王授監察御史。紫泥出禁，白簡離秦。繡服含香，乘驄莅職。丁酉歲，以疾辭官，尋醫潞府。享壽七十一，八月廿四日奄終上黨之私第。以其年十一月十七日歸葬於東都河清縣北金鵝村親仁鄉清敬里之原，窆也。　夫人李氏，哀哀晝哭，痛甚敬姜。嗣子振，昭義軍十將、試徐州司馬、潁川縣開國男。不墜箕裘，榮親紹祖。絶漿七日，泣血三年。追遠慎終，居喪合禮。遂招墨客，刊石爲文。詞曰：

世有明德，天垂將星。彎弓月滿，破敵雲征。一掃氛祲，再除攙槍。封王列爵，麟閣書名。輀車將載，毁宗行躐。何以周身，黄腸玄甲。何以飾棺，龍帷畫翣。地卜㘵崗，墳封馬鬣。昔重元海，今稱柳莊。魄散漳浦，魂歸洛陽。孀妻嗣子，執紼隨喪。刻斯金石，萬古傳芳。

〔一〕「韓公」名諱不詳，待考。
〔二〕「孟公」即孟元陽。
〔三〕「郗公」即郗士美。

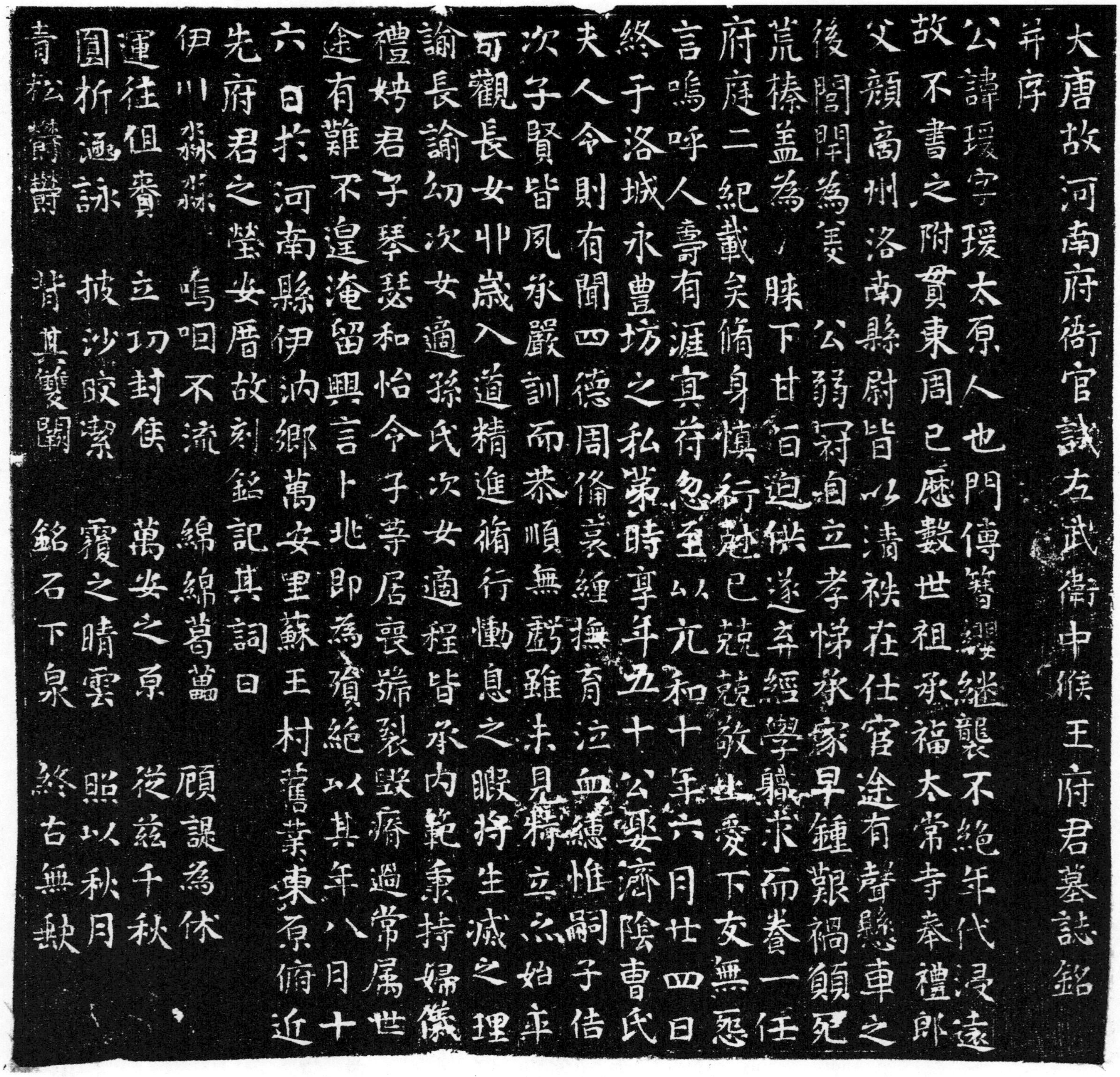
大唐故河南府衙官試左武衛中候王府君墓誌銘
并序
公諱瑗字瑗太原人也門傳簪纓繼襲不絕年代浸遠
故不書之附貫東周已歷數世祖承福太常寺奉禮郎
父顏商州洛南縣尉皆以清秩在仕宦途有聲懸車之
後閭閈爲美　公弱冠自立孝悌承家早鍾艱禍顏兒
荒榛盖爲　睐下甘旨迫供遂弃經學躬求而養一任
府庭二紀載矣脩身慎行歷已兢兢敬共愛下友無惡
言嗚呼人壽有涯冥符忽至以元和十年六月廿四日
終于洛城永豐坊之私第時享年五十公娶濟陰曹氏
夫人令則有聞四德周脩哀纏撫育泣血纏惟嗣子佶
次子賢皆夙承嚴訓而恭順無虧雖未見稱立亦始卒
可觀長女卅歲入道精進脩行勵息之暇將生滅之理
諭長諭幼次女適孫氏次女適程皆承內範秉持婦儀
禮娣君子琴瑟和怡令子等居喪號裂毀瘠過常屬世
途有難不遑淹留興言卜兆即爲殯絕以其年八月十
六日於河南縣伊汭鄉萬安里蘇王村舊塋東原脩近
先府君之塋安厝故刻銘記其詞曰
伊川淼淼　嗚咽不流　綿綿蒿萬　顧謀爲休
運往俎賫　立功封侯　萬安之原　從茲千秋
圓析涵詠　披沙皎潔　霞之晴雲　照以秋月
青松鬱鬱　背其雙闕　銘石下泉　終古無缺

大唐故
王府君
墓誌銘

二八一　大唐故河南府衙官試左武衛中候王府君（瑗）墓誌銘

元和十年（八一五）八月十六日葬。
誌文二十二行，滿行二十一字。正書。誌長、寬均三十七厘米。
誌蓋正書：大唐故王府君墓誌銘

大唐故河南府衙官試左武衛中候王府君墓誌銘并序

公諱瑗，字瑗，太原人也。門傳簪纓，繼襲不絶。年代浸遠，故不書之。附貫東周，已歷數世。祖承福，太常寺奉禮郎。父顔，商州洛南縣尉。皆以清秩在仕，宦途有聲。懸車之後，閒閑爲美。公弱冠自立，孝悌承家。早鍾艱禍，顧死荒榛。蓋爲 膝下，甘旨迫供。遂弃經學，職求而養。一任府庭，二紀載矣。脩身慎行，尅己兢兢。敬上愛下，友無怨言。嗚呼！人壽有涯，冥符忽至。以元和十年六月廿四日終於洛城永豐坊之私第，時享年五十。公娶濟陰曹氏，夫人令則有聞，四德周備。哀纏撫育，泣血繐帷。嗣子佶，次子賢，皆夙承嚴訓，而恭順無虧。雖未見特立，亦始卒可觀。長女丱歲入道，精進脩行，慟息之暇，將生滅之理，諭長諭幼。次女適孫氏，次女適程。皆承内範，秉持婦儀。禮娉君子，琴瑟和怡。令子等居喪號裂，毁瘠過常。屬世途有難，不遑淹留。輿言卜兆，即爲殞絶。以其年八月十六日於河南縣伊汭鄉萬安里蘇王村舊業東原，俯近先府君之塋安厝。故刻銘記，其詞曰：

伊川淼淼，嗚咽不流。綿綿葛藟，顧諟爲休。運往徂賫，立功封侯。萬安之原，從兹千秋。圓折涵詠，披沙皎潔。覆之晴雲，照以秋月。青松鬱鬱，背其雙闕。銘石下泉，終古無缺。

唐故潁川陳府君墓誌銘并序
鄉貢進士王周輔述
聖唐元和十年龍集乙未二月癸卯府君遇疾殁於東都洛
陽縣綏福里之私第享齡五十知生者弔知死者傷即以其
年十一月廿九日克備塗芻權窆於清洛之南伊川村之平
原筮之吉也公諱宥字啓遠其先潁川人也即漢末洪範
苗生之後五代祖唐初有大功食封於大梁故世為浚儀人
也茂緒昭顯弈葉騰芳 大王父適之皇唐事府司直
王父嘉試左清道率府率 烈考秀試左武衛胄曹參軍
偕雜才難挹茂德惟高服禮居仁為衣為徑公即武衛公之
第二子也仁挺自然之姿風承累世之存氣事簡易體本溫
良孝悌敬和既以睦於宗族信義禮讓亦以洽於朋儕列乃
口絕否臧之言貌有寬和之色遊藝據德實叶君子之風避
世退身詎謝古人之操嗚呼積善無應隨化溘然天何言哉
人是有惑是以聞風之人莫不始歎夫人彭城劉氏溫惠柔
明敬靜和淵哲言本期於偕老不料而見於霜居有子二人
長曰德源次曰德周幼習義方長居仁理心導五孝豈過二
連尚恐丘隴無虞封樹有變見託為誌媿不盡言垂芳如之
何刻于墓門之石銘曰
太丘之胤兮慶垂於君 君之景行兮避迹共聞知非之年
兮纔及 死生之理兮遽然去若閱川之水 来如出岫
之雲逮玄宮兮於茲勝地 勒銘刻石兮以表孤墳

二八二　唐故潁川陳府君（宥）墓誌銘

元和十年（八一五）十一月二十九日葬。
誌文二十二行，滿行二十三字。正書。誌長三十八・五厘米、寬三十九厘米。
王周輔撰。

唐故潁川陳府君墓誌銘并序

鄉貢進士王周輔述

聖唐元和十年龍集乙未二月癸卯，府君遇疾歿於東都洛陽縣綏福里之私第，享齡五十。知生者吊，知死者傷。即以其年十一月廿九日克備塗芻，權窆於清洛之南，伊川村之平原，筮之吉也。公諱　宥，字啓遠，其先潁川人也。即漢末洪範先生之後，五代祖唐初有大功，食封於大梁，故世爲浚儀人也。茂緒昭顯，弈葉騰芳。大王父適之，　皇詹事府司直。　王父嘉，試左清道率府率。　烈考秀，試左武衛冑曹參軍。偕雄才難挹，茂德惟高，服禮居仁，爲衣爲徑。公即武衛公之第二子也。仁挺自然之姿，夙承累世之存。範事簡易，體本温良。孝悌敬和，既以睦於宗族；信義禮讓，亦以洽於朋儕。矧乃口絶否臧之言，貌有寬和之色。遊藝據德，實叶君子之風；避世退身，詎謝古人之操。嗚呼！積善無應，隨化溘然。天何言哉！人是有惑。是以聞風之人，莫不茹嘆。夫人彭城劉氏，温惠柔明，敬静和淑。誓言本期於偕老，不料而見於霜居。有子二人，長曰德源，次曰德周。幼習義方，長居仁里。心遵五孝，喪過二連。尚恐丘隴無虞，封樹有變。見託爲誌，愧不盡言。垂芳如之何，刻於墓門之石。銘曰：

太丘之胤兮慶垂於君，君之景行兮遐邇共聞。知非之年兮纔及，死生之理兮遽□。去若閲川之水，來如出岫之雲。建玄宮兮於兹勝地，勒銘刻石兮以表孤墳。

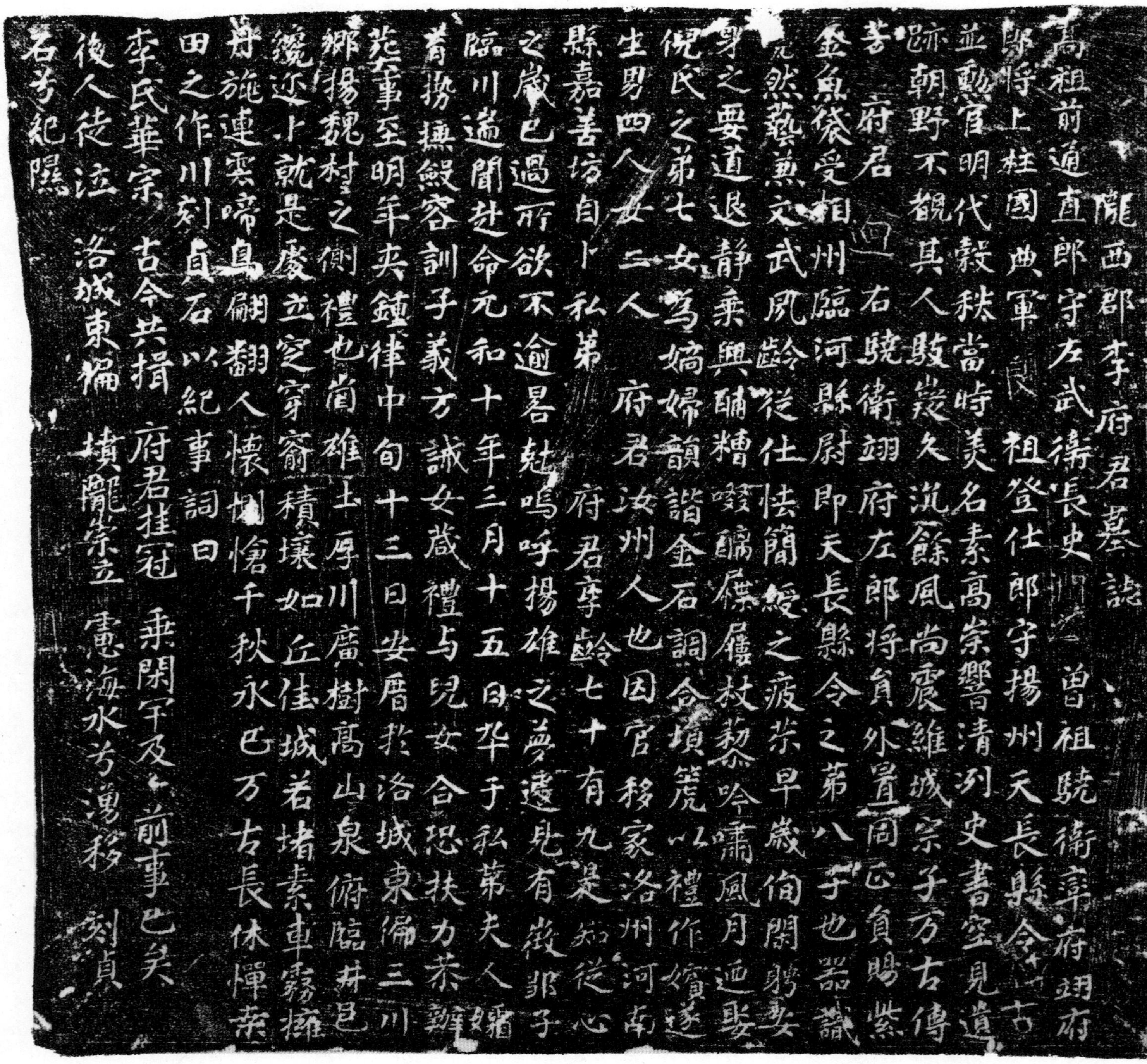
隴西郡李府君墓誌

二八三　隴西郡李府君（迴）墓誌

元和十一年（八一六）二月十三日葬。

誌文二十三行，滿行二十二字。正書。誌長三十四厘米、寬三十六厘米。

隴西郡李府君墓誌

高祖，前通直郎、守左武衛長史潤之。曾祖，驍衛率府翊府郎將、上柱國、典軍良。　祖，登仕郎、守揚州天長縣令□古。並勳官明代，穀秩當時。美名素高，崇響清洌。史書空見遺迹，朝野不睹其人。駭嶷久沉，餘風尚震。維城宗子，萬古傳芳。　府君逈，　右驍衛翊府左郎將員外置同正員，賜紫金魚袋，受相州臨河縣尉，即天長縣令之第八子也。器識□然，藝兼文武。夙齡從仕，怯簡綬之疲薾；早歲徇閑，聘安身之要道。退静乘興，餔糟啜醨。屧屨杖藜，吟嘯風月。迺娶倪氏之第七女爲嫡婦，韻諧金石，調合塤篪。以禮作嬪，遂生男四人，女二人。　府君汝州人也。因官移家洛州河南縣嘉善坊，自卜私第。

府君享齡七十有九，是知從心之歲已過，所欲不逾晷剋。嗚呼，揚雄之夢，遽見有徵；鄒子臨川，遄聞赴命。元和十年三月十五日卒於私第。夫人孀育，勢撫斂容。訓子義方，誡女箴禮。與兒女合恐扶力，恭辦葬事。至明年夾鍾律中旬十三日安厝於洛城東偏三川鄉楊魏村之側，禮也。崗雄土厚，川廣樹高。山泉俯臨，井邑纔邇。卜就是處，立窆穿窬。積壤如丘，佳城若堵。素車霧擁，丹旐連雲。啼鳥翩翻，人懷惻愴。千秋永已，萬古長休。憚桑田之作川，刻貞石以紀事，詞曰：

李氏華宗，古今共揖。府君掛冠，乘閑罕及。前事已矣，後人徒泣。洛城東偏，墳隴崇立。慮海水兮湧移，刻貞石兮紀隰。

唐故宋州司法參軍翟府君夫人天水姜氏墓誌
元和歲乙未　故宋州司法參軍翟府君　夫人姜氏殁
明年五月甲申安宅兆於河南縣委粟鄉之原先時
司法府君權厝於關中至是不克合祔蓋時未襲吉從權
道也　夫人之先勳烈茂德弈世昌熾著明于家諜矣
夫人則崖州舍城縣丞諱煎之曾孫同安郡太守贈祕書
監諱神翊之孫徐州司戶參軍贈左散騎常侍諱挺之次
女故相國吉州刺史贈禮部尚書公輔之妹　夫人幼明
達有志尚及執婦道於　司法府君勳以敬順合於詩禮
夙夜祗慄而不怠者逾二紀焉後　司法府君因官周旋
他邦　夫人從之率儉約以正厥家至於撫孤弱馭幼賤
溫慈仁恕之道造次無虧違　相國兄稱其德且以為宗
族之儀表既孀之後循釋氏教喜慍之色益不見於容止
矣嗚呼德備而不降以上壽何天之報應繆盭如此乎
夫人無子有女一人本於元和成於孝慈夙禀
嚴旨歸于　侍御史談公鴻直幼罹　疊酷且不逮事
獲侍　外祖母備蒙訓導之慈尚懼德行不昭於後銜哀
紀述用書墓石　德門清芬兮　夫人襲之蘊仁之
厚兮宜福以綏天奪上壽兮報應曷虧爰此隕傾兮卜宅
郊圻琢石紀德兮永永有輝
元和十一年五月十九日書　外孫鴻直撰并書

二八四　唐故宋州司法參軍翟府君夫人天水姜氏墓誌

元和十一年（八一六）五月十九日葬。

誌文二十一行，滿行二十二字。正書。誌長四十一厘米、寬四十厘米。

談鴻直撰并書。

唐故宋州司法參軍翟府君夫人天水姜氏墓誌

元和歲乙未　故宋州司法參軍翟府君　夫人姜氏歿，明年五月甲申安宅兆於河南縣委粟鄉之原。先時，　司法府君權厝於關中，至是不克合祔，蓋時未襲吉，從權道也。夫人之先，勳烈茂德，弈世昌熾，著明於家諜矣。夫人則崖州舍城縣丞諱尌之曾孫。同安郡太守贈秘書監諱神翊之孫。徐州司户參軍贈左散騎常侍諱挺之次女。故相國、吉州刺史、贈禮部尚書公輔之妹。夫人幼明達有志尚。及執婦道於　司法府君，動以敬順，合於詩禮。夙夜祇慄而不怠者，逾二紀焉。後　司法府君因官周旋他邦，　夫人從之。率儉約以正厥家，至於撫孤弱、馭幼賤，温慈仁恕之道，造次無暫違。　相國兄稱其德，且以爲宗族之儀表。既孀之後，脩釋氏教。喜慍之色，益不見於容止矣。嗚呼！德備而不降以上壽，何天之報應，繆盭如此乎。夫人無子，有女一人。本於元和，成於孝慈。夙禀　嚴旨，歸於　侍御史談公。孺直幼罹　釁酷，且不逮事，獲侍　外祖母。備蒙訓導之慈尚，懼德行不貽於後。銜哀紀述，用書墓石。

德門清芬兮　夫人襲之。藴仁之厚兮宜福以綏。天奪上壽兮報應曷虧。爰此隕傾兮卜宅郊圻。琢石紀德兮永永有輝。

元和十一年五月十九日書

外孫孺直撰并書

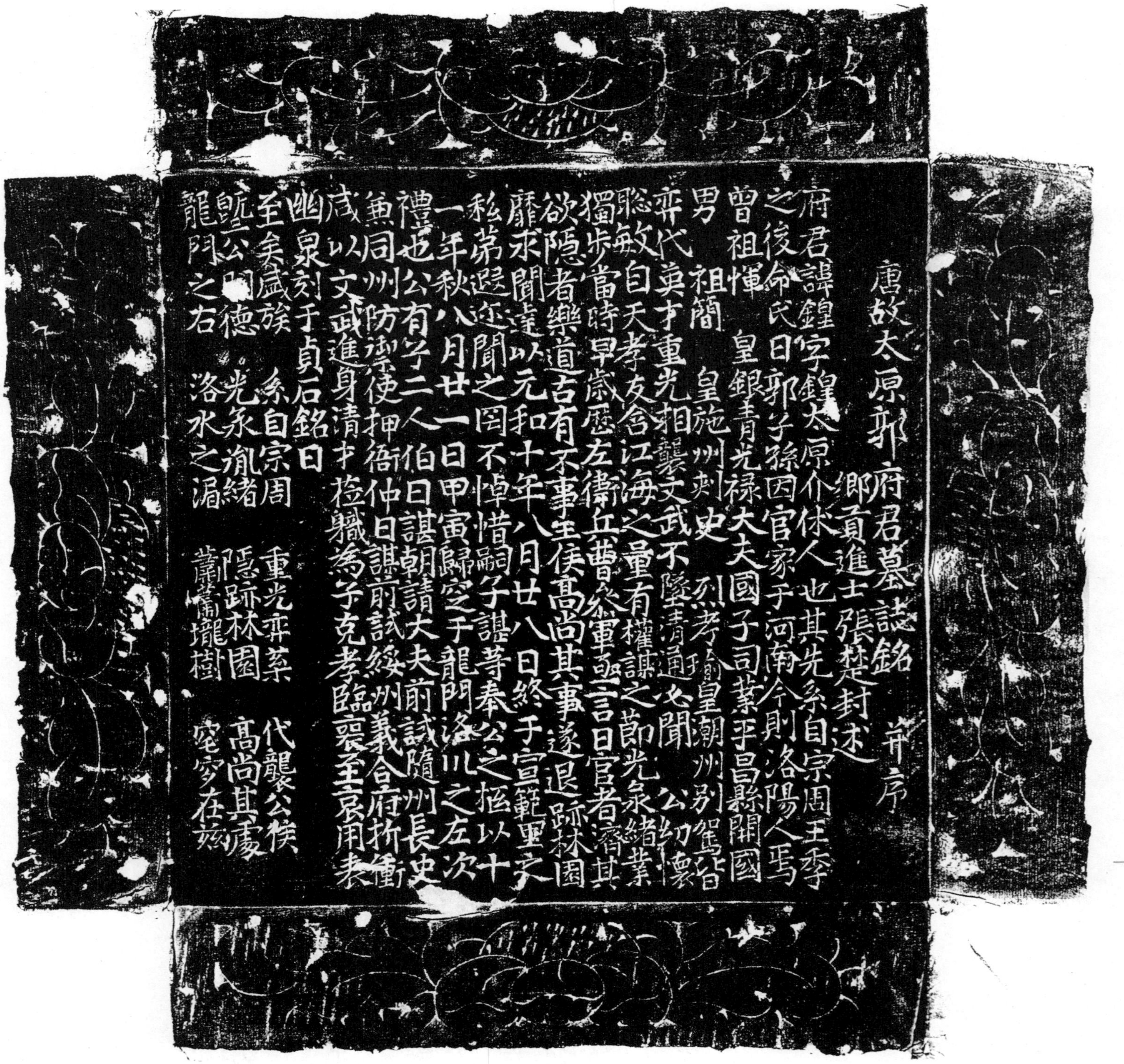
唐故太原郭府君墓誌銘　并序
鄉貢進士張楚封述
府君諱鍠字鍠太原介休人也其先系自宗周王季
之後命氏曰郭子孫因官家于河南今則洛陽人焉
曾祖惲　皇銀青光祿大夫國子司業平昌縣開國
男　祖簡　皇施州刺史　烈考瑜皇潮州別駕皆
弈代奕葉重光相襲文武不墜清通令聞　公幼懷
聰敏自天孝友含江海之量有權謀之節光象緒業
獨步當時早歲歷左衛兵曹參軍每言曰官者済其
欲隱者樂道古有不事王侯高尚其事遂退跡林園
靡求聞達以元和十年八月廿八日終于宣範里
私第遐邇聞之罔不悼惜嗣子謂等奉公之柩以十
一年秋八月廿一日甲寅歸窆于龍門洛水之左次
禮也公有子二人伯曰謀朝請大夫前試隨州長史
兼同州防禦使押衙仲曰謂前試綏州義合府折衝
咸以文武進身清才檢職為子克孝臨喪至哀用表
幽泉刻于貞石銘曰
至矣盛族　系自宗周　重光弈葉　代襲公侯
既公明德　光象胤緒　隱跡林園　高尚其處
龍門之右　洛水之湄　蕭蕭壠樹　窀穸在茲

二八五　唐故太原郭府君（鍠）墓誌銘

元和十一年（八一六）八月二十一日葬。

誌文二十行，滿行二十字。正書。誌長、寬均三十一厘米。

張楚封撰。

唐故太原郭府君墓誌銘并序

鄉貢進士張楚封述

府君諱鍠，字鍠，太原介休人也。其先系自宗周，王季之後，命氏曰郭。子孫因官家於河南，今則洛陽人焉。曾祖惲，皇銀青光禄大夫、國子司業、平昌縣開國男。祖簡，皇施州刺史。烈考瑜，皇潮州別駕。皆弈代英才，重光相襲。文武不墜，清通必聞。公幼懷聰敏，自天孝友。含江海之量，有權謀之節。光承緒業，獨步當時。早歲歷左衛兵曹參軍。亟言曰：「官者，濟其欲，隱者樂道。古有不事王侯，高尚其事。」遂退迹林園，靡求聞達。以元和十年八月廿八日終於宣範里之私第。遐邇聞之，罔不悼惜。嗣子諶等，奉公之柩，以十一年秋八月廿一日甲寅歸窆於龍門洛川之左次，禮也。公有子二人，伯曰諶，朝請大夫，前試隨州長史，兼同州防禦使押衙。仲曰謀，前試綏州義合府折衝。咸以文武進身，清才蒞職。爲子克孝，臨喪至哀。用表幽泉，刻於貞石，銘曰：

至矣盛族，系自宗周。重光弈葉，代襲公侯。暨公□德，光承胤緒。隱迹林園，高尚其處。龍門之右，洛水之湄。蕭蕭隴樹，窀穸在茲。

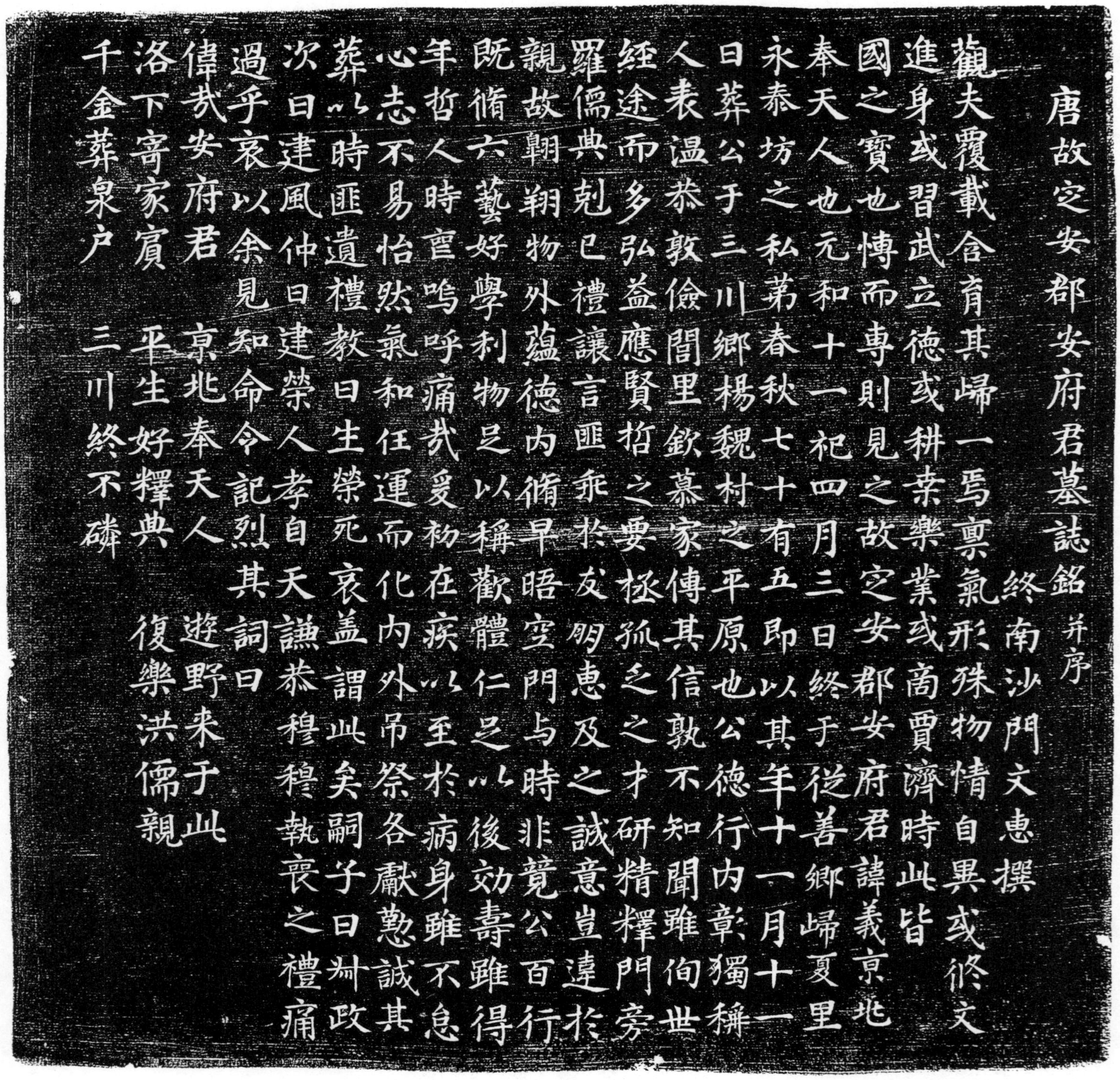
唐故定安郡安府君墓誌銘并序
終南沙門文惠撰
覲夫覆載含育其歸一焉稟氣形殊物情自異或修文
進身或習武立德或耕桑樂業或商賈濟時此皆
國之寶也慱而専則見之故定安郡安府君諱義京兆
奉天人也元和十一祀四月三日終于從善鄉歸夏里
永泰坊之私第春秋七十有五即以其年十一月十一
日葬公于三川鄉楊魏村之平原也公德行内彰獨稱
人表温恭敦儉閭里欽慕家傳其信孰不知聞雖徇世
経途而多弘益應賢哲之要拯孤乏之才研精釋門旁
羅儒典剋己禮讓言匪乖於友朋恵及之誠意豈違於
親故翱翔物外藴德内循早晤空門与時非覺公百行
既循六藝好學利物足以稱歡體仁足以後効壽雖得
年哲人時宣嗚呼痛哉爰初在疾以至於病身雖不急
心志不易怡然氣和任運而化内外吊祭各獻懃誠其
葬以時匪遺禮教日生榮死哀蓋謂此矣嗣子日丗政
次日建風仲日建榮人孝自天謙恭穆穆執喪之禮痛
過乎哀以余見知命令記烈其詞曰
偉哉安府君　京北奉天人　遊野來于此
洛下寄家賔　平生好釋典　復樂洪儒親
千金葬泉户　三川終不磷

大唐故
安府君
墓誌銘

二八六　唐故定安郡安府君（義）墓誌銘

元和十一年（八一六）十一月十一日葬。
誌文二十一行，滿行二十一字。正書。誌長四十五・五厘米、寬四十五厘米。
文惠撰。
誌蓋正書：大唐故安府君墓誌銘

唐故定安郡安府君墓誌銘并序

終南沙門文惠撰

觀夫覆載含育，其歸一焉，禀氣形殊，物情自異。或脩文進身，或習武立德。或耕桑樂業，或商賈濟時，此皆　國之寶也。博而專，則見之故定安郡安府君，諱義，京兆奉天人也。元和十一祀四月三日終於從善鄉歸夏里永泰坊之私第，春秋七十有五，即以其年十一月十一日葬公於三川鄉楊魏村之平原也。公德行内彰，獨稱人表。温恭敦儉，閭里欽慕。家傳其信，孰不知聞？雖侚世經途，而多弘益。應賢哲之要，拯孤乏之才。研精釋門，旁羅儒典。剋己禮讓，言匪乖於友朋；惠及之誠，意豈違於親故。翺翔物外，藴德内脩。早晤空門，與時非競。公百行既脩，六藝好學。利物足以稱歎，體仁足以後效。壽雖得年，哲人時喪。嗚呼痛哉！爰初在疾，以至於病。身雖不怠，心志不易。怡然氣和，任運而化。内外吊祭，各獻勤誠。其葬以時，匪遺禮教。曰生榮死哀，蓋謂此矣。嗣子曰叔政，次曰建風，仲曰建榮，人孝自天，謙恭穆穆，執喪之禮，痛過乎哀。以余見知，命令記烈。其詞曰：

偉哉安府君，京兆奉天人。遊野來於此，洛下寄家賓。平生好釋典，復樂洪儒親。千金葬泉户，三川終不磷。

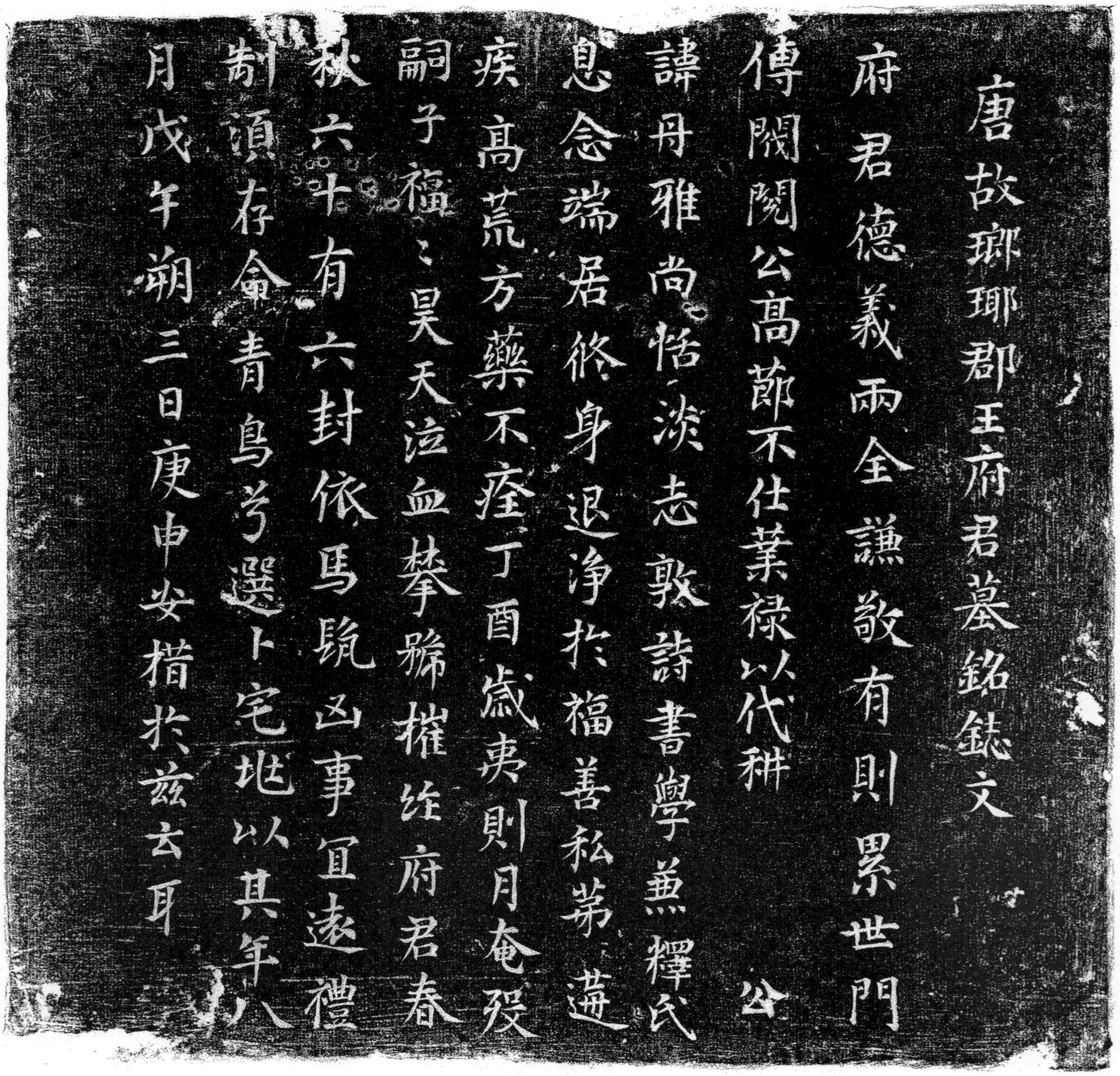
唐故瑯瑘郡王府君墓銘誌文
府君德義兩全謙敬有則累世門
傳閥閱公高節不仕業祿以代耕　公
諱舟雅尚恬淡志敦詩書學兼釋氏
息念端居終身退淨於福善私第遘
疾高荒方藥不痊丁酉歲夷則月奄歿
嗣子福〻昊天泣血攀號權絰府君春
秋六十有六封依馬鬣凶事宜遠禮
制須存命青烏兮選卜宅兆以其年八
月戊午朔三日庚申安措於茲玄耳

唐故王府
君墓誌銘

二八七　唐故瑯瑘郡王府君（舟）墓銘誌文

元和十二年（八一七）八月三日葬。

誌文十行，滿行字數不等。正書。誌長三十五厘米，寬三十四厘米。

誌蓋正書：唐故王府君墓誌銘

唐故瑯琊郡王府君墓銘誌文

公諱舟。府君德義兩全，謙敬有則。累世門傳閥閱。公高節不仕，業禄以代耕。雅尚恬淡，志敦詩書。學兼釋氏，息念端居。修身退浄於福善私第。遘疾高荒，方藥不痊。丁酉歲夷則月奄歿。嗣子福福昊天泣血，攀號摧絰。府君春秋六十有六。封依馬鬣，凶事宜遠，禮制須存。命青烏兮選卜宅兆。以其年八月戊午朔三日庚申安厝於兹云耳。〔一〕

〔一〕王舟葬於丁酉歲八月三日，初一日爲戊午，三日爲庚申。檢《中華日曆通典》，應爲元和十二年。

唐故居士吳郡顧府君墓誌銘并序
承務郎前行欽王府參軍韓玄卿撰
公諱旭字元旭其先顓頊之苗裔夏姒之後至漢建元中有封顧
余侯者卒葬吳縣其後子孫因命氏焉遂為吳郡人也承夏禹之
休烈得天地之正氣數千百年間賢哲繼踵軒冕相續或道高德
重坐為帝師或行著孝悌作為人範皆詳于史策璨然可知也高
祖寶崇 制授睦州刺使曾祖君璘上柱國祖德狀 制授越州司
馬父思齊鄉貢明經公則孝廉之季子也生而秀發長而岐嶷懷
不羈之才抱超世之器居鄉黨詩書史籍靡不周覽九流七略之奇
與六藝百家之玄微曆象五行天時人事皆洞達消息無留滯其
博識精敏有如是者而性尚玄默不患無位隱耀育德含光保和
晦人世之端流何浮名之是貴遂乃考性命之理達否泰之端怡
神於恬淡之間栖心於自然之境非管晏之勤志笑沮溺之營形
未若揚其波以隨流渾其跡以從俗無奕義然後取不窺苟得之
財年及强仕養生送終之費悉備之無闕逍遥然順天地之理以
元和十三年三月一日隱化于河南縣義新鄉之私宮享年七十
有七公娶清河崔氏生三子二女長子曰惟郭次曰惟悅次曰惟
蘊夫人有令淑之稱無松筠之壽元和八年先公而殁窆于洛陽
縣三川鄉楊魏村之平原嗣子惟蘊亦能祗奉嚴訓克紹家聲苍
茲鞠凶哀毀過禮即以其月廿六日奉寧神于先塋之異穴侯時
之吉以議合祔盖遵理命禮也其銘曰
汪汪大禹 郁郁芳烈 源長流遠 千祀不絶 慶流後胤
降生賢哲 藏真遯世 養性怡 茫茫宇宙 造化無窮
生也有死 賢愚共同 公則殁矣 空餘清風 千秋万古
瀍洛之東

二八八 唐故居士吳郡顧府君（旭）墓誌銘

元和十三年（八一八）三月二十六日葬。

誌文二十五行，滿行二十五字。正書。誌長、寬均五十一厘米。韓玄卿撰。

誌蓋正書：唐故吳郡顧府君墓誌

唐故吳郡顧府君墓誌

唐故居士吴郡顧府君墓誌銘并序

承務郎前行欽王府參軍韓玄卿撰

公諱旭，字元昶。其先顓頊之苗裔，夏姒之後。至漢建元中，有封顧余侯者，卒葬吴縣。其後子孫，因命氏焉，遂爲吴郡人也。承夏禹之休烈，得天地之正氣。數千百年間，賢哲繼踵，軒冕相續。或道高德重，坐爲帝師；或行著孝惇，作爲人範。皆詳於史策，璨然可知也。高祖寶崇，　制授睦州刺使。曾祖君璨，上柱國。祖德扶，　制授越州司馬。父思齊，鄉貢明經。公則孝廉之季子也。生而秀發，長而岐嶷。懷不羈之才，抱超世之器。居弱冠，詩書史籍，靡不周覽。九流七略之奇奥，六藝百家之玄微。曆象五行，天時人事，皆洞達消，曾無留滯，其博識精敏，有如是者。而性尚玄默，不患無位。隱耀育德，含光保和。嗟人世之湍流，何浮名之足貴。遂乃考性命之理，達否泰之端。怡神於恬淡之間，棲心於自然之境。非管晏之勤志，笑沮溺之勞形。未若揚其波以隨流，渾其迹以從俗。無爽義然後取，不窺苟得之財。年及强仕，養生送終之費，悉備之無闕，逍遥然順天地之理。以元和十三年三月一日隱化於河南縣義新鄉之私宫，享年七十有七。公娶清河崔氏，生三子二女。長子曰惟郭，次曰惟悦，次曰惟藴。夫人有令淑之稱，無松筠之壽。元和八年先公而殁，窆於洛陽縣三川鄉楊魏村之平原。嗣子惟藴，亦能祇奉嚴訓，克紹家聲。薦兹鞠凶，哀毁過禮。即以其月廿六日奉寧神於先塋之異穴，俟時之吉，以議合祔，蓋遵理命，禮也。其銘曰：

汪汪大禹，郁郁芳烈。源長派遠，千祀不絶。慶流後胤，降生賢哲。藏真遁世，養性怡□。茫茫宇宙，造化無窮。生也有死，賢愚共同。公則殁矣，空餘清風。千秋萬古，瀍洛之東。

唐故試右内率府兵曹叅軍安定皇甫府君墓誌銘并序
前鄭州滎陽縣尉裴援撰
皇甫姓望安定自得姓後世有顯位至君大
父銑為尚書左丞卒贈工部尚書父政御史大夫
師閫越二鎮後告老為左散騎常侍卒贈禮部
尚書君禮部第三子諱堙字肅之自幼及壯以
恭友儒厚聞於堂族兄曰埕曰堪弟曰墠皆以
明敏貞幹任事獨君優游處順不與衆苟合
故常靜默以書酒自娛悦元和十二年睦州刺史
韋公士諤舊為君家門客請佐軍事至明年春
來會稽覲州舅河東裴公因中風病以五月八日
卒年卅九妻崔氏從母女生子男一人女七人卜得
其月廿五日歸東都以八月廿一日塟舊塋吉銘曰
德必復兮慶有源以光以大兮予君祖先
嗣其業兮志彌堅璆球琳兮佩蕙蘭
于嗟不淑兮天何言

二八九　唐故試右内率府兵曹參軍安定皇甫府君（堙）墓誌銘

元和十三年（八一八）八月二十一日葬。

誌文十六行，滿行字數不等。正書。誌長、寬均三十九・五厘米。裴援撰。

唐故試右内率府兵曹參軍安定皇甫府君墓誌銘并序

前鄭州滎陽縣尉裴援撰

皇甫姓望安定，自得姓後，世有顯位。至君大父侁爲尚書左丞，卒贈工部尚書。父政，御史大夫，帥閩越二鎮，後告老爲左散騎常侍，卒贈禮部尚書。君禮部第三子，諱塤，字肅之。自幼及壯，以恭友儒厚聞於黨族。兄曰墐，曰堪，弟曰墠。皆以開敏貞幹任事，獨君優游處順，不與衆苟合，故常静默，以書酒自娱悦。元和十二年，睦州刺史羊公士諤舊爲君家門客，請佐軍事。至明年春來會稽覲叔舅河東公。因中風病，以五月八日卒，年卅九。妻崔氏，從母女。生子男一人，女七人。卜得其月廿五日歸東都，以八月廿一日葬舊塋吉，銘曰：

德必復兮慶有源，以光以大兮於君祖先。嗣其業兮志彌堅，執球琳兮佩茝蘭。于嗟不淑兮天何言。

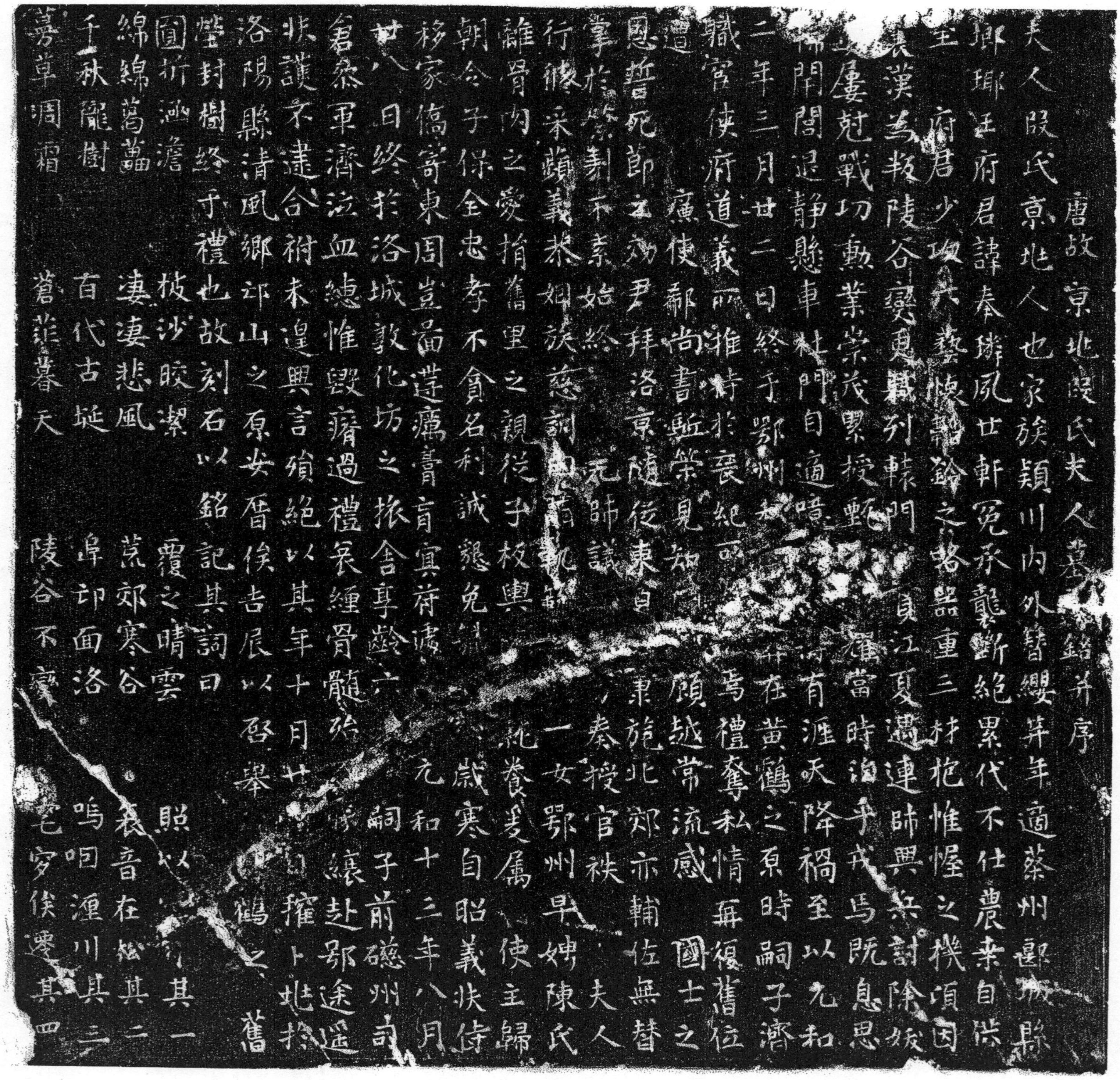

二九〇　唐故京兆段氏夫人（王奉璘妻）墓誌銘

元和十三年（八一八）十月二十□日葬。

誌文二十五行，滿行二十四字。正書。誌長、寬均三十六・五厘米。

唐故京兆段氏夫人墓誌銘并序

夫人段氏，京兆人也。家族潁川，内外簪纓。笄年適蔡州郾城縣瑯琊王府君諱奉璘，夙世軒冕，承襲斷絶。累代不仕，農桑自供。王　府君少攻六藝，懷韜鈐之略；器重三材，抱帷幄之機。頃因襄漢爲叛，陵谷變更。職列轅門，□□江夏。遇連帥興兵，討除妖□。屢剋戰功，勳業崇茂。累授甄□，□耀當時。洎乎戎馬既息，思□閈閭。退静懸車，杜門自適。噫□□壽有涯，天降禍至。以元和二年三月廿二日終於鄂州□□□，葬在黄鶴之原。時嗣子濟職宦使府，道義所推。□於喪紀可□□焉。禮奪私情，再復舊位。遭　廉使郗尚書驅策見知，□□顧越常流。感　國士之恩，誓死節之效。尹拜洛京，隨從東夏。□秉旄北郊，亦輔佐無替。掌於繁劇，不紊始終。　　元帥議□□□奏授官秩。　　夫人行修采蘋，義恭姻族，慈訓□□，軌範□□。一女鄂州早娉陳氏。離骨肉之愛，捐舊里之親。從子板輿□□就養。爰屬　使主歸朝，令子保全忠孝，不貪名利。誠懇免職，□□歲寒。自昭義扶侍移家，僑寄東周。豈圖遘癘膏肓，冥符遽□，□元和十三年八月廿八日終於洛城敦化坊之旅舍，享齡六□□。嗣子前磁州司倉參軍濟泣血繐帷，毁瘠過禮。哀纏骨髓，殆不勝縗。赴鄂途遥，扶護不逮，合祔未遑，興言殞絶。以其年十月廿□日權卜兆於洛陽縣清風鄉邙山之原安厝，俟吉辰以啓舉□黄鶴之　舊塋封樹，終於禮也。故刻石以銘記，其詞曰：

圓折涵澹，披沙皎潔。覆之晴雲，照以□□。其一。綿綿葛藟，凄凄悲風。荒郊寒谷，哀音在松。其二。千秋隴樹，百代古埏。阜邙面洛，嗚咽瀍川。其三。蔓草凋霜，蒼茫暮天。陵谷不變，窀穸俟遷。其四。

亡室滎陽鄭氏墓誌銘并序
聖唐元和十三年戊戌秋八月壬子朔七
日戊午不幸終於長安永寧里王氏之私
第享年二十四有女二人孩提之歲以十
四年二月廿四日歸窆于河南府河南縣
伊汭鄉萬安里尹樊原　大塋之禮也
夫人即監察御史鐵之孫太原少尹驌弟
五女嗚呼生於士族沒於士族生榮死哀
可勝慟耶況貞資玉也馨德蘭也光昭內
外實歸于我常謂天能福善神能佑人奈
何德不贖身壽難踰命每至時更夜寂風
歸月慘撫視幼稚心骨悽斷是用刊乎幽
礎庶寫悲欝文曰
人誰不死死貴其壽奈何青春奄辭白晝
玉沉濁水花零曉風誰謂室邇聞其庭空
東洛西秦雲離月苦寧復我知悠悠終古
夫朝議郎前行少府監丞王磁書并篆字

二九一　亡室滎陽鄭氏（王磁妻）墓誌銘

元和十四年（八一九）二月二十四日葬。
誌文十七行，滿行十六字。正書。誌長、寬均四十厘米。
王磁書。

亡室滎陽鄭氏墓誌銘并序

聖唐元和十三年戊戌秋八月壬子朔七日戊午不幸終於長安永寧里王氏之私第，享年二十四。有女二人，孩提之歲。以十四年二月廿四日歸窆於河南府河南縣伊汭鄉萬安里尹樊原大塋之禮也。夫人即監察御史鐬之孫，太原少尹驌第五女。嗚呼！生於士族，没於士族。生榮死哀，可勝慟耶。况貞資玉也，馨德蘭也。光昭内外，實歸於我。常謂天能福善，神能佑人。奈何德不贖身，壽難踰命。每至時更夜寂，風號月慘。撫視幼稚，心骨悽斷。是用刊乎幽礎，庶寫悲鬱。文曰：

人誰不死，死貴其壽。奈何青春，奄辭白晝。玉沉濁水，花零曉風。誰謂室邇，闃其庭空。東洛西秦，雲離月苦。寧復我知，悠悠終古。

夫朝議郎前行少府監丞王磁書并篆字

唐故潁川郡陳府君曲氏夫人墓誌銘并叙

唐故曲
氏夫人
墓誌銘

二九二　唐故潁川郡陳府君（郢）曲氏（真如惠）夫人墓誌銘

元和十五年（八二〇）一月二十三日葬。
誌文十九行，滿行二十字。正書。誌長、寬均三十厘米。
陳孟宣撰并書。
誌蓋正書：唐故曲氏夫人墓誌銘

唐故潁川郡陳府君曲氏夫人墓誌銘并叙〔一〕

夫人釋號真如惠，十八代祖因晉穆公封郡，因郡立氏，守姓定焉。曾門高門，稚忘省説。綱消源迹，先門冠年悟道，厭走俗流。遂燒八石，鍊五金，求長生之術。隱道逍遥，白門不仕。夫人即逍遥公之長女。年纔十八，備針縷之功，藴性冲和，順坤顯德。乃禮適陳府君諱郢。公鑾珮而禮之，琴瑟而敬之。鳳凰偕生，命各有數。府君元和九年十月五日奄終遐限。殯祔先没馮翊郡黨夫人之墟穴，禮合常儀，未乖遺典。夫人孀道五年，灌經訓子。至十三年五月廿六日奄歸幽路。長子季裳雖生身黨夫人，立孝節於孟母，腹育子孟宣、稚女延娘子等哀號咷裂，天地沉光，形毀神傷，願求隨殞，禮儀有限，合厝郊塋。遂乃兆吉移凶，永安魂道。元和十五年正月廿三日殯於塋内舊墓西南，可逕二丈，用景穴以藏之，順生禮也。慮天地乖錯，陵谷頽隳。枝派流離，無依本驗。乃刻石而記之，以全永認。銘曰：

蕭蕭兮風觸松柏，昏昏兮天地不已。生死兮常也可驚，盛衰兮塵徒阡陌。

洛陽白屋士孤子陳孟宣撰并書

〔一〕該墓誌字口結滿土銹未能清理，致使拓本漫漶不清，此録文據原石録出。

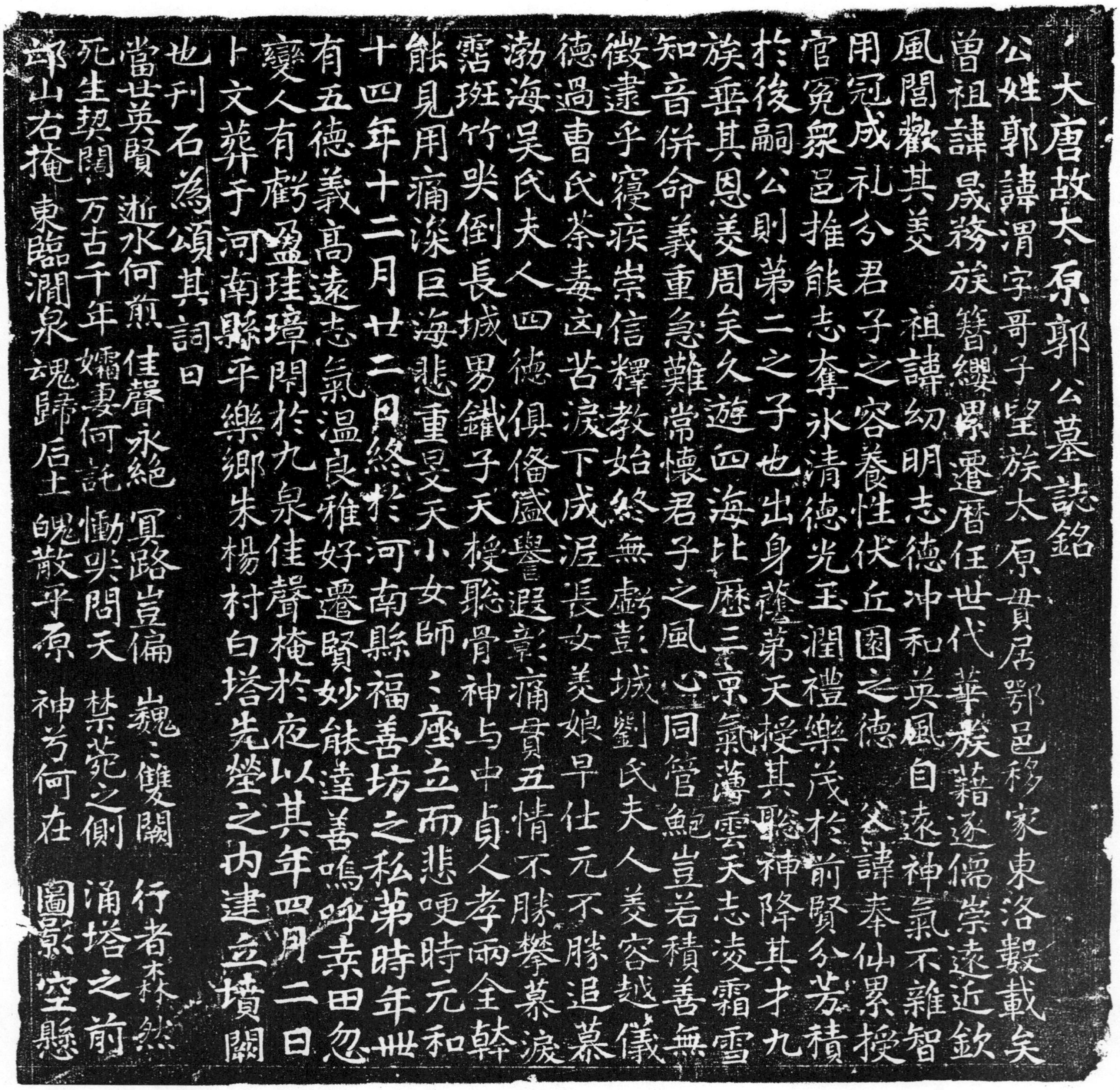
大唐故太原郭公墓誌銘
公姓郭諱渭字哥子望族太原貫居鄂邑移家東洛𣪘載矣
曾祖諱晟務族簪纓累遷歷任世代華族籍遂儒崇遠近欽
風閭歎其美 祖諱幼明志德沖和英風自遠神氣不雜智
用冠成礼分君子之容養性伏丘園之德 父諱奉仙累授
官寃衆邑推能志奪氷清德光王潤禮樂茂於前賢分芳積
於後嗣公則第二之子也出身禮第天授其聡神降其才九
族垂其恩美周矣久遊四海比歷三京氣薄雲天志凌霜雪
知音併命義重急難常懷君子之風心同管鮑豈若積善無
徵逮乎寢疾崇信釋教始終無虧彭城劉氏夫人美容越儀
德過曹氏荼毒亾苦淚下成涅長女美娘早仕元不勝追慕
渤海吳氏夫人四德俱備箴譽遐彰痛貫五情不勝攀慕淚
霑斑竹哭倒長城男鐵子天授聡骨神与中貞人孝兩全幹
能見用痛深巨海悲重旻天小女師二二座立而悲哽時元和
十四年十二月廿二日終於河南縣福善坊之私第時年卌
有五德義高遠志氣溫良雅好遷賢妙能達善嗚呼丧田忽
變人有虧盈珪璋閟於九泉佳聲掩於夜以其年四月二日
卜文葬于河南縣平樂鄉朱楊村白塔先塋之內建立墳闕
也刊石為頌其詞曰
當世英賢 逝水何煎 佳聲永絕 冥路豈偏 巍巍雙闕 行者森然
死生契闊 万古千年 孀妻何託 慟哭問天 禁苑之側 涌塔之前
邙山右掩 東臨澗泉 魂歸后土 魄散平原 神兮何在 圖影空懸

大唐故郭府君墓誌銘

二九三　大唐故太原郭公（渭）墓誌銘

元和十五年（八二〇）四月二日葬。
誌文二十二行，滿行二十三字。正書。誌長四十·五厘米、寬四十厘米。
誌蓋篆書：大唐故郭府君墓誌銘

大唐故太原郭公墓誌銘

公姓郭，諱渭，字哥子。望族太原，貫居鄂邑，移家東洛數載矣。曾祖諱晟，務族簪纓，累遷曆任。世代華族，籍逐儒崇。遠近欽風，閭歡其美。　祖諱幼明，志德冲和，英風自遠。神氣不雜，智用冠〔一〕。成禮分君子之容，養性伏丘園之德。　父諱奉仙，累授官冕，衆邑推能。志奪冰清，德光玉潤。禮樂茂於前賢，分芳積於後嗣。公則第二之子也。出身蔭第，天授其聰。神降其才，九族垂其恩美周矣。久遊四海，比歷三京。氣薄雲天，志凌霜雪。知音併命，義重急難。常懷君子之風，心同管鮑。豈若積善無徵，逮乎寢疾。崇信釋教，始終無虧。彭城劉氏夫人美容越儀，德過曹氏。荼毒凶苦，淚下成泥。長女美娘早仕，元不勝追慕。渤海吴氏夫人四德俱備，盛譽遐彰。痛貫五情，不勝攀慕。淚霑斑竹，哭倒長城。男鐵子天授聰骨，神與中貞。人孝兩全，幹能見用。痛深巨海，悲重旻天。小女師師，座立而悲哽。時元和十四年十二月廿二日終於河南縣福善坊之私第，時年卌有五。德義高遠，志氣温良。雅好遷賢，妙能達善。嗚呼！桑田忽變，人有虧盈。珪璋閉於九泉，佳聲掩於夜〔二〕。以其年四月二日卜文葬於河南縣平樂鄉朱楊村白塔先塋之内，建立墳闕也〔三〕。刊石爲頌，其詞曰：

當世英賢，逝水何煎。佳聲永絶，冥路豈偏。巍巍雙闕，行者森然。死生契闊，萬古千年。孀妻何託，慟哭問天。禁苑之側，湧塔之前。邙山右掩，東臨澗泉。魂歸后土，魄散平原。神兮何在，圖影空懸。

〔一〕此處疑有闕字。

〔二〕此處疑有闕字。

〔三〕根據墓誌内容，郭渭卒於元和十四年十二月廿二日。因此，「以其年四月二日卜文葬於河南縣平樂鄉朱楊村白塔先塋之内」中的其年當爲十五年四月二日。

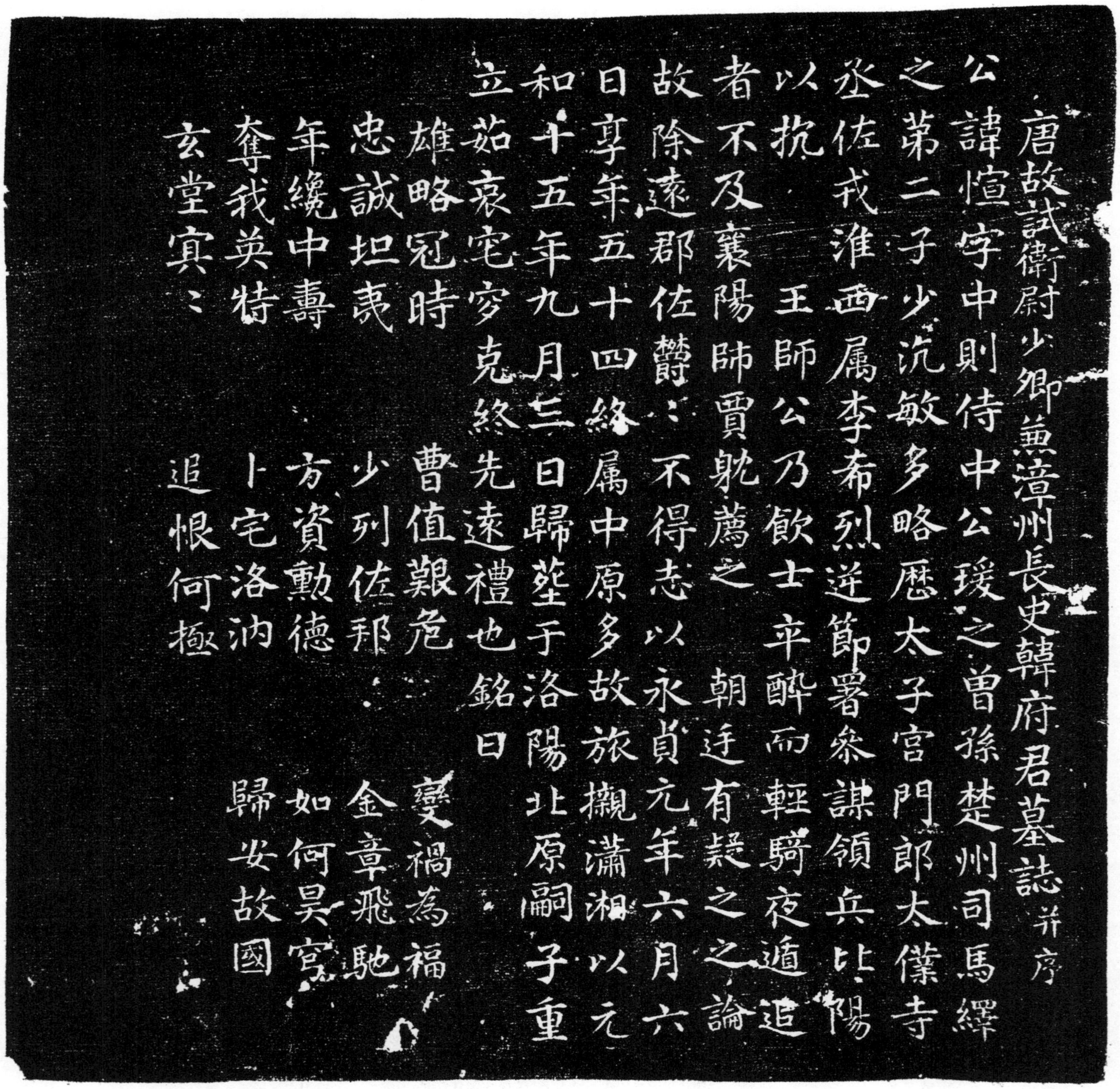
唐故試衛尉少卿兼漳州長史韓府君墓誌并序
公諱愃字中則侍中公瑗之曾孫楚州司馬繹
之第二子少沇敏多略歷太子宮門郎太僕寺
丞佐戎淮西屬李希烈逆節署參謀領兵比陽
以抗　王師公乃飲士卒醉而輕騎夜遁追
者不及襄陽師賈耽薦之　朝廷有疑之之論
故除遠郡佐贊〻不得志以永貞元年六月六
日享年五十四終屬中原多故旅櫬瀟湘以元
和十五年九月三日歸塟于洛陽北原嗣子重
立茹哀宅穸克終先遠禮也銘曰
雄略冠時　曹值艱危　變禍為福
忠誠坦夷　少列佐邦　金章飛馳
年纔中壽　方資勳德　如何昊穹
奪我英特　卜宅洛汭　歸安故國
玄堂寘〻　追恨何極

二九四　唐故試衛尉少卿兼漳州長史韓府君（愃）墓誌

元和十五年（八二〇）九月三日葬。

誌文十五行，滿行十八字。正書。誌長、寬均三十七厘米。

誌蓋篆書：唐故試衛尉少卿兼漳州長史韓公墓誌

唐故試衛
尉少卿兼
漳州長史
韓公墓誌

唐故試衛尉少卿兼漳州長史韓府君墓誌并序

公諱愃，字中則。侍中公瑗之曾孫，楚州司馬繹之第二子。少沉敏多略，歷太子宫門郎、太僕寺丞。佐戎淮西，屬李希烈逆節，署參謀領兵，比陽以抗王師。公乃飲士卒醉而輕騎夜遁，追者不及。襄陽帥賈耽薦之，朝廷有疑之之論。故除遠郡佐，鬱鬱不得志，以永貞元年六月六日享年五十四終。屬中原多故，旅櫬瀟湘。以元和十五年九月三日歸葬於洛陽北原。嗣子重立茹哀窀穸，克終先遠，禮也。銘曰：

雄略冠時，曹值艱危。變禍爲福，忠誠坦夷。少列佐邦，金章飛馳。年纔中壽，方資勳德。如何昊穹，奪我英特。卜宅洛汭，歸安故國。玄堂冥冥，追恨何極。